O Homem Medíocre

Dados Internacionais de Catalogação na Publicação (CIP)
(Câmara Brasileira do Livro, SP, Brasil)

Ingenieros, José, 1877-1925.
O homem medíocre / José Ingenieros ; tradução
Lycurgo de Castro Santos ; [ilustrações Rita]. —
2ª edição — São Paulo : Ícone, 2012.

Título original: El hombre mediocre
ISBN 85-274-0862-7
ISBN 978-85-274-0862-2

1. Caráter. 2. Ética. 3. Idealismo. 4. Mediocridade.
5. Personalidade. 6. V alores (Ética). I. Rita.
II. Título.

06-2307   CDD-155.232

Índices para catálogo sistemático:

1. Mediocridade : Psicologia do caráter   155.232

JOSÉ INGENIEROS

O HOMEM MEDÍOCRE

Tradução:
Lycurgo de Castro Santos

2ª edição

© Copyright 2012.
Ícone Editora Ltda.

Produção
Ícone Editora
São Paulo – SP

Imagem da Capa
"Alegoria de La Justicia", RAFAEL

Revisão
Rosa Maria Cury Cardoso

Capa
Richard Veiga

Diagramação
Nelson Mengue Surian

Proibida a reprodução total ou parcial desta obra,
de qualquer forma ou meio eletrônico, mecânico,
inclusive através de processos xerográficos,
sem permissão expressa do editor
(Lei nº 9.610/98).

Todos os direitos reservados pela
ÍCONE EDITORA LTDA.
Rua Anhanguera, 56 – Barra Funda
CEP 01135-000 – São Paulo – SP
Tel./Fax.: (11) 3392-7771
www.iconeeditora.com.br
e-mail: iconevendas@iconeeditora.com.br

SUMÁRIO

Prefácio 7

Introdução 11
1. A emoção do ideal 11
2. Um idealismo fundado na experiência 12
3. Os temperamentos idealistas 23
4. O idealismo romântico 29
5. O idealismo estóico 32
6. Símbolo 40

Capítulo I – O Homem Medíocre 41
1. Aurea mediocritas? 41
2. Os homens sem personalidade 45
3. Em torno do homem medíocre 48
4. Conceito social da mediocridade 52
5. O espírito conservador 55
6. Perigos sociais da mediocridade 61
7. A vulgaridade 63

Capítulo II – A Mediocridade Intelectual 67
1. O homem rotineiro 67
2. Os estigmas da mediocridade intelectual 74
3. A maledicência 79
4. O sendero da glória 84

Capítulo III – Os Valores Morais 91
1. A moral de Tartufo 91
2. O homem honesto 103
3. Os trânsfugas da honestidade 107
4. Função social da virtude 112

5. A pequena virtude e o talento moral 116
6. O gênio moral – a santidade 122

Capítulo IV – Os Caracteres Medíocres **127**
1. Homens e sombras 127
2. A domesticação dos medíocres 133
3. A vaidade 141
4. A dignidade 145

Capítulo V – A Inveja **151**
1. A paixão dos medíocres 151
2. Psicologia dos invejosos 156
3. Os roedores da glória 161
4. Uma cena dramática – seu castigo 165

Capítulo VI – A Velhice Niveladora **167**
1. As cãs 167
2. Etapas da decadência 169
3. A bancarrota dos engenhosos 172
4. Psicologia da velhice 174
5. A virtude da impotência 178

Capítulo VII – A Mediocracia **183**
1. O clima da mediocracia 183
2. A pátria 188
3. A política das piaras 190
4. Os arquétipos da mediocracia 197
5. A aristocracia do mérito 210

Capítulo VIII – Os Forjadores de Ideais **219**
1. O clima do gênio 219
2. Sarmiento 224
3. Ameghino 233
4. A moral do gênio 243

PREFÁCIO

José Ingenieros nasceu em Palermo, Itália, em 24 de abril de 1877 e faleceu em Buenos Aires, Argentina, em 31 de outubro de 1925. Foi médico, teórico da ciência, sociólogo e psiquiatra. Publicou inúmeros trabalhos no campo da psiquiatria e da criminologia, além de haver fundado a *Revista de Filosofia,* um periódico bimestral, guia do pensamento argentino no início do século passado.

A presente obra é fruto das suas lições sobre a psicologia do caráter, professadas na cátedra da Faculdade de Filosofia (curso de 1910). Apareceu pela primeira vez impressa em Madrid (janeiro de 1913, dez mil exemplares).

José Ingenieros é o símbolo mesmo do homem genial. É possível vislumbrar neste volume seu conhecimento enciclopédico, sua afinidade com as vicissitudes da alma humana e seu incansável afã professoral. O positivismo em suas formulações, patente do começo ao fim da obra, não é um positivismo árido, como seria todo positivismo fundado em um realismo radical; ao contrário, Ingenieros mostra-se essencialmente idealista, desde que o idealismo seja experimentado, vivido.

Explica-se sua obstinada luta contra a mediocridade: passou a vida buscando iluminar as mentes servis, desatando-as das invisíveis amarras da vulgaridade. O texto todo, destinado aos jovens universitários, nos quais depositava uma esperança infinita de genialidade, é um alerta, a todos, para os perigos do rebaixamento moral, contido na classificação dos tempos modernos.

Providos dos gens de nossos antepassados, recebemos, durante a infância e a adolescência, uma miríade de normas sociais; deveriam elas, por princípio, aprimorar-nos para uma vida superior. Elas o fazem; mas, por caminhos escusos. Pois representam, de acordo com o simbolismo várias vezes empregado por Nietzsche, toda a carga depositada sobre a corcova do pobre camelo, que a carrega a cada dia em maior número, com maior pesar, indiferente aos olhos do seu dono.

Acontece-nos carregar a carga até o dia em que, por qualquer destas indefectíveis forças misteriosas, internas ou externas, nos vemos obrigados a tomar o caminho que não é de ninguém. Deixamos o hábito, a rotina, e seguimos esse caminho algo extasiados, envoltos no odor agradável de uma sonhada liberdade de ser. Ocorre que ainda somos camelos e temos sobre as costas um peso que nos fatiga e não nos permite o mergulho pleno nesta liberdade. Então, conforme Nietzsche, topamos pela frente com um tremendo dragão verde, soltando bolas de fogo pelas nervosas narinas, que nos sacode de nós mesmos num grande e largo susto; este é o momento crítico, pois não há volta: temos que enfrentar, na nossa condição de camelo, o feroz dragão que nos impede, sem qualquer escrúpulo, de prosseguirmos no nosso caminho.

Neste momento, temos duas opções. Ou nos rendemos ao dragão, que nada mais é do que a projeção daquela carga de deveres e obrigações que nos foi imposta desde criança, e então nos tornamos o homem medíocre de Ingenieros, ou sacrificamos em todos os versos aquelas normas, o exercício do camelo, símbolo fatídico de nossa vida rotineira, hipócrita e servil. Se somos cavalheiros o suficiente e dotados da coragem solar, transformamo-nos, ao alvorecer, num singular leão de olhos vermelhos, pronto para colocar o dragão sob suas poderosas garras.

O gênio de Ingenieros é da ordem dos leões.

Avançar enfrentando dragões é o destino dos idealistas iluminados. O idealista que coloca em ação, em cada singular mo-

O Homem Medíocre 9

mento, o seu Ideal, vive efetivamente o seu Destino, não obstante as circunstâncias externas que o mundo aparentemente lhe oferece: pois essas circunstâncias são exatamente a ignorância corporificada, conhecida pelos orientais há mais de dois mil anos. Ignorância é enxergar apenas as vicissitudes externas do mundo circunstancial: o grande equívoco do realismo.

Ocorre que o idealismo de Ingenieros não pode se submeter apenas a um processo racional científico, lógico e dialético: tem que transcender. Para isso, é preciso que o idealismo surja como fruto da máxima potência das funções da psique; é a vida vivida em seu máximo apogeu.

Jung definia essas funções da seguinte forma: a racional (pensamento propriamente dito), a emocional (*feeling*), a sensorial (visão, tato, audição, paladar e olfato) e a intuitiva. Pois bem, todos nós, além de termos uma função predominante, normalmente herdada, damos a ela a qualidade de extrovertida ou introvertida. O introvertido que tem como principal função o pensamento, difere em sua percepção de realidade – de mundo, de universo – daquele extrovertido que se vale da função sensorial para viver.

A vida máxima, a genialidade, o ser, não é alcançado com a utilização parcial de qualquer uma dessas funções, inclusive a sobrevalorizada função racional, como muitos o imaginam. Ao contrário, apenas a utilização de todas as funções é capaz de operar a nossa transformação de meros artiodáctilos servis em fabulosos leões dourados. Ela está, por assim dizê-lo, no centro da cruz – como Cristo –, ou no centro do peito – no fundo de nosso coração.

Não nascemos gênios. Não temos, quando da infância, o exercício efetivo da assim chamada função transcendental da psique; temos, e todos o têm, a função em potência. À medida que desenvolvemos as funções primárias acima mencionadas, e temos que desenvolver todas as que nos são dadas, para não nos tornarmos medíocres, fortalecemos a possibilidade do aparecimento da função transcendental. Isto se dá, como dizia Dante, no final da primeira metade da vida, quando deparamos com a selva escura, o nosso dragão.

Essa possibilidade é universal. Não é apenas humana; as próprias moléculas, em determinado momento, deixam de seguir o padrão que lhes era regular, que fora visto com olhos precisos pelo cientista. Por quê? Qual seria o motivo pelo qual o padrão é desviado, é revolucionado, é transgredido?

Ingenieros nos dá essa resposta em letras graúdas: o destino do gênio é ser gênio.

Algo anterior e interior às coisas determina esse salto fora da cerca. Evidentemente que a hipocrisia, o servilismo e a rotina, impedem o salto. São vícios originados num profundo medo de viver: nada mais contrário ao exercício efetivo da função transcendente, que nos abre o ser do universo. Pois seria possível ao ser do universo ter medo do próprio ser do universo!

Justamente esse medo faz do medíocre uma figura patética aos olhos do sábio. Este sabe, todavia, que o patetismo que se lhe apresenta à vista não passa de uma ilusão: a ilusão do próprio pateta desconhecido do ser. E frente a ele o sábio demonstra não a raiva, a intolerância, a aversão, mas a compaixão. Pois sabe, naturalmente, que o medíocre de hoje é o gênio do amanhã, e se ao sábio cabe alguma tarefa sagrada neste aparente mar de ilusões, essa tarefa é aliviar a carga que imagina carregar o camelo; este ainda não sabe que é um verdadeiro leão.

Com isso em mente devemos ler Ingenieros, o qual, como um *bodhisattva** genuíno, estará presente neste mundo de ilusões, até que seja iluminado o último dos seus seres.

Lycurgo de Castro Santos, primavera de 2001.

---

* *Bodhisattva* – ser de luz. No budismo, Mahayana é um ser que atingiu a iluminação, mas continua espontaneamente na roda do tempo até que o último dos seres atinja o nirvana. (N.T.)

Introdução
A Moral dos Idealistas

1. A emoção do ideal

Quando colocamos a proa visionária na direção de uma estrela qualquer e nos voltamos às magnitudes inalcançáveis, no afã de perfeição e rebeldes à mediocridade, levamos dentro de nós, nesta viagem, a força misteriosa de um ideal. É um fogo sagrado, capaz de nos levar às grandes ações. É necessário, todavia, que o tenhamos sempre sob nossa custódia. Pois, se o deixarmos apagar, não se acende jamais. Se tal força morrer dentro de nós, ficaremos simplesmente inertes; não passamos, neste caso, da mais gelada bazófia humana. Na verdade, apenas vivemos por causa desta partícula de sonho que colocamos sobre o real. Ela é, com propriedade, a flor-de-lis de nosso brasão, o penacho de nosso temperamento. Inumeráveis signos a revelam: aperta-nos a garganta quando nos recordamos da cicuta imposta a Sócrates, da cruz erguida por Cristo e da fogueira acesa a Giordano Bruno; abstraímo-nos no infinito quando lemos um diálogo de Platão, um ensaio de Montaigne ou um discurso de Helvécio; quando nosso coração estremece pensando na desigual fortuna destas paixões, nas quais fomos, alternadamente, o Romeu de tal Julieta e o Werther de tal Carlota; quando nossos sentidos gelam de emoção ao declamarmos uma estrofe de Musset, que surpreendentemente rima de acordo com nosso sentir; quando, finalmente, admiramos a mente preclara dos gênios, a sublime virtude dos santos, a magna façanha dos heróis, inclinamo-nos com igual veneração diante dos criadores da Verdade ou da Beleza.

Nem todos, é preciso que se diga, extasiam-se diante de um crepúsculo, sonham frente à aurora ou se arrepiam na eminência de uma tempestade. Nem tampouco gostam de passear com Dante, rir com Moliére, tremer com Shakespeare ou assombrar com Wagner; nem mesmo emudecem diante de David, da Ceia ou do Partenón. É para poucos essa inquietude de perseguir avidamente alguma quimera, venerando filósofos, artistas e pensadores que fundiram em sínteses supremas suas visões do ser e da eternidade, voando para o além do real. Os seres desta estirpe, cuja imaginação é povoada de ideais e cujo sentimento polariza em direção a eles toda a personalidade, formam uma raça distinta dentro da humanidade: são idealistas.

Definindo nossa própria emoção, poderíamos dizer, com aqueles que se sentem poetas: o ideal é um gesto do espírito em direção a alguma perfeição.

2. Um idealismo fundado na experiência

Os filósofos do porvir, para se aproximarem das formas de expressão cada vez menos inexatas, deixaram aos poetas o privilégio da linguagem figurada; e os sistemas futuros, desprendendo-se de velhos resíduos místicos e dialéticos, irão colocando cada vez mais a Experiência como fundamento de toda hipótese legítima.

Não é arriscado pensar que na ética futura florescerá um *idealismo moral,* independente de dogmas religiosos e de apriorismos metafísicos: os ideais de perfeição, fundados na experiência social e evolutivos como ela mesma, constituirão a íntima consistência de uma doutrina da perfectibilidade indefinida, propícia a todas as possibilidades de enaltecimento humano.

O Homem Medíocre 13

Um ideal não é uma fórmula morta, senão uma hipótese perfectível; para que sirva, deve ser concebida assim, ou seja, atuante em função da vida social da qual incessantemente advém. A imaginação, é certo, partindo da experiência, antecipa juízos sobre futuros aperfeiçoamentos: os ideais, entre todas as crenças, representam o resultado mais alto da função de pensar.[1]

A evolução humana é um contínuo esforço do indivíduo para adaptar-se à natureza, que, à sua maneira, também evolui. Para que esse esforço se verifique plenamente, necessita ele conhecer a realidade ambiente e prever o sentido das próprias adaptações: os caminhos de sua própria perfeição. Suas etapas se refletem na mente humana como ideais. Um indivíduo, um grupo, uma raça são idealistas, porque circunstâncias propícias determinam sua imaginação a conceber aperfeiçoamentos possíveis.

Os ideais são formações naturais. Aparecem quando a função de pensar alcança um desenvolvimento tal que a imaginação, em maior grau, pode se antecipar à experiência propriamente dita. Não são entidades misteriosamente infundidas nos homens, nem tampouco nascem ao azar. Formam-se como todos os fenômenos acessíveis, por exemplo, à nossa observação. São efeitos de causas, acidentes, por assim dizer, na evolução universal investigada pelas ciências e resumida pelas filosofias. É muito fácil, pois, explicá-la, quando se compreende. Nosso sistema solar, por exemplo, é

---

[1] O ideal, neste caso, tem a mesmíssima função do mito. Joseph Campbell distingue quatro funções para ele: a mística, que leva o indivíduo à percepção do transcendente; a cosmológica, que revela ao indivíduo e à sociedade o cosmos onde vivem; a sociológica, que insere o indivíduo dentro de um determinado contexto social; finalmente, a função biológica, insubstituível mecanismo que permite ao indivíduo superar as diversas fases de sua vida, adaptando-se à seguinte (infância, adolescência, maturidade e velhice). Aqui podemos falar, por exemplo, do ideal do herói, do santo, e do sábio e dos mitos a eles inerentes (Buda, Cristo, Sócrates, São Francisco, Galaahad, Merlim, Robinson Crusoé, etc.) como sendo uma coisa só. (N.T.)

um ponto no cosmos; neste ponto, é um simples detalhe o planeta no qual habitamos; neste detalhe, a vida é um transitório equilíbrio químico da superfície; entre as complicações deste equilíbrio vivente, a espécie humana data de um período brevíssimo; no homem, desenvolve-se a função de pensar como um aperfeiçoamento da adaptação ao meio; um dos seus modos é a imaginação, que permite generalizar os dados da experiência, antecipando seus resultados possíveis e abstraindo dela ideais de perfeição.

Assim, a filosofia do porvir, em vez de negá-los, permitirá afirmar a sua realidade como aspectos legítimos da função de pensar, reintegrando-os na concepção natural do universo. Um ideal é um ponto e um momento entre os infinitos possíveis que povoam o espaço e o tempo.

$$***$$

Evoluir é variar. Na evolução humana o pensamento varia incessantemente. Toda variação é adquirida por temperamentos predispostos; as variações úteis tendem a conservar-se. A experiência determina a formação natural de conceitos genéricos, cada vez mais sintéticos; a imaginação abstrai destes conceitos certos caracteres comuns, elaborando ideais gerais que podem ser hipóteses acerca do incessante vir-a-ser: assim se formam os ideais que para o homem são normativos da conduta, em consonância com suas hipóteses. Os ideais não são apriorísticos, mas induzidos de uma vasta experiência;[2] sobre ela se empina a imaginação para

---

[2] A questão é extremamente controvertida. Não seríamos nós apenas uma ponta de um grande mistério, como a ponta de um *iceberg,* que oculta sob as ondas a imensidão do seu ser? Para Carl Jung, os arquétipos – típicos modos de apreensão – existem *a priori.* Compõem nosso inconsciente coletivo desde tempos imemoriais e são anteriores a qualquer experiência, a exemplo das idéias universais de Platão. (N.T.)

prever o sentido em que varia a humanidade. Todo ideal representa um novo estado de equilíbrio entre o passado e o porvir.

Os ideais podem não ser verdade; são crenças. Sua força se estriba nos seus elementos afetivos: influem sobre nossa conduta na medida em que cremos. Por isso a representação abstrata das variações futuras adquire um valor moral: as mais proveitosas à espécie são concebidas como aperfeiçoamentos. O futuro se identifica com o perfeito. E os ideais, por serem visões antecipadas do vir-a-ser, influenciam sobre a conduta e são o instrumento natural de todo progresso humano.

Enquanto a instrução se limita a estender as noções que a experiência atual considera mais exatas, a educação consiste em sugerir os ideais que se presumem propícios à perfeição.

***

O conceito do melhor é um resultado natural da evolução mesma. A vida tende naturalmente a aperfeiçoar-se. Aristóteles dizia que a atividade é um movimento do ser em direção à própria *entelequia:* seu estado de perfeição. Tudo o que existe persegue sua *entelequia,* e essa tendência se reflete em todas as outras funções do espírito. A formação de ideais, pois, está submetida a um determinismo que, por ser complexo, não é menos absoluto. Não são obra de uma liberdade que escapa às leis de todo universo, nem produtos de uma razão pura que ninguém conhece. São crenças aproximadas sobre a perfeição do vir-a-ser. O futuro é o melhor do presente, pois sobrevém a uma seleção natural. Os ideais são um *élan* em direção ao melhor, enquanto simples antecipações daquilo que virá.

À medida que a experiência humana se amplia, observando a realidade, os ideais são modificados pela imaginação, que é plástica e não repousa jamais. Experiência e imaginação seguem vias

16   JOSÉ INGENIEROS

paralelas, ainda que esta se antecipe em muito àquela. A hipótese voa, enquanto o fato caminha. Às vezes o amanhã aproxima-se mal e o pé, não obstante, pisa sempre firme; mas o vôo pode ser sempre retificado, enquanto o passo não pode voar nunca.

A imaginação é mãe de toda originalidade; deformando o real em direção à sua perfeição, ela cria ideais e lhes dá impulso com o ilusório sentimento da liberdade: o livre-arbítrio é um erro útil para a gestação dos ideais. Por isso tem, praticamente, o valor de uma realidade. Demonstrar que é uma simples ilusão, devida à ignorância de causas inúmeras, não implica negar sua eficácia. As ilusões têm tanto valor para dirigir a conduta, como as verdades mais exatas; podem ter mais valor que elas em muitas situações, caso sejam intensamente pensadas ou sentidas. O desejo de ser livre nasce do contraste entre duas motivações irredutíveis: a tendência a se preservar no ser, implicada na herança, e a tendência a aumentar o ser, implicada na variação. A primeira se traduz no princípio da estabilidade e a segunda no princípio do progresso.

Em todo ideal, seja qual for a ordem a cujo aperfeiçoamento se direcione, há um princípio de síntese e de continuidade: "é uma idéia fixa ou uma emoção fixa". Como propulsores da atividade humana, equivalem-se e implicam-se reciprocamente, ainda que, no primeiro caso, predomine a razão, e no segundo caso, a paixão. "Este princípio de unidade, centro de atração e ponto de apoio de todo trabalho da imaginação criadora, vale dizer, de uma síntese subjetiva que tende a objetivar-se, é o ideal", disse Ribot. A imaginação despoja a realidade de todo mal e a adorna com todo o bem, depurando a experiência, cristalizando-a nos moldes de perfeição que concebe mais puros. Os ideais são, por fim, reconstruções imaginativas da realidade que se avizinha a cada instante.

São sempre individuais. Um ideal coletivo é a coincidência de muitos indivíduos em um mesmo afã de perfeição. Não é que

O Homem Medíocre 17

uma idéia os una, senão que análoga maneira de sentir e de pensar convergem em direção a um ideal "comum" a todos eles. Cada era, século ou geração pode ter o seu ideal; geralmente é o patrimônio de uma seleta minoria, que com razoável esforço consegue transmitir às gerações seguintes. Cada ideal pode encarnar-se em um gênio; em princípio, enquanto ele o define ou o plasma, apenas é compreendido por um pequeno núcleo de espíritos sensíveis ao ritmo da nova crença.

***

O conceito abstrato de uma perfeição possível toma sua força da Verdade que os homens lhe atribuem: todo ideal é uma fé na possibilidade mesma da perfeição. Em seu protesto involuntário contra o mal, revela-se sempre uma indestrutível esperança no melhor; em sua agressão ao passado fermenta uma sã levedura de porvir.

Não é um fim, mas é um caminho. É sempre relativo, como toda crença. A intensidade com que habitualmente se realiza não depende de sua verdade efetiva, mas sim da verdade que lhe é atribuída. Ainda quando interpreta de modo equivocado a perfeição por vir, é ideal para quem crê sinceramente em sua verdade ou em sua excelência.

Reduzir o idealismo a um dogma de escola metafísica equivale a castrá-la. Chamar idealismo às fantasias de mentes enfermas ou ignorantes, que assim acreditam sublimar sua incapacidade de viver e de ilustrar-se, é uma das tantas superficialidades alimentadas pelos espíritos palavristas. Os mais vulgares dicionários filosóficos suspeitam deste mal-entendido deliberado: "Idealismo: palavra muito vaga que não deve ser utilizada sem uma posterior explicação".

Existem tantos idealismos como ideais; e tantos ideais como idealistas; e tantos idealistas como homens capazes de conceber perfeições e capazes de viver em direção a elas. Deve ser recusado todo monopólio de ideais, bem como aquele que o reclama em nome de escolas filosóficas, sistema de moral, credos religiosos, fanatismo de seita ou dogmas de estética.

O "idealismo" não é privilégio das doutrinas espirituais que desejariam opô-la ao "materialismo", chamando assim, respectivamente, a todas as demais; este equívoco, tão explorado pelos inimigos das Ciências – temidas justamente como fontes da Verdade e da Liberdade – duplica-se ao sugerir que a matéria é uma antítese da idéia, depois de confundir o ideal com a idéia e esta com o espírito, como entidade transcendente e distinta do mundo real. Trata-se, visivelmente, de um jogo de palavras, secularmente repetido por seus beneficiários, que transportam às doutrinas filosóficas o sentido que têm os vocábulos idealismo e materialismo na ordem moral. O desejo de perfeição no conhecimento da Verdade pode animar com igual ímpeto tanto ao filósofo monista quanto ao dualista, ao teólogo e ao ateu, ao estóico e ao pragmatista. O particular ideal de cada um concorre ao ritmo total da perfeição possível, antes que obstar ao esforço similar dos demais.

Ademais, é mais estreita ainda a tendência corrente de se confundir o idealismo, que se refere aos ideais, com as tendências metafísicas que assim se denominam porque consideram as "idéias" mais reais que a realidade mesma, ou pressupõem que elas são a realidade única, forjada por nossa mente, como no sistema hegeliano. "Ideólogos" não pode ser sinônimo de "idealistas", ainda que o mal uso induza a crer assim.

Não poderíamos restringi-lo ao pretendido idealismo de certas escolas estéticas, porque todas as maneiras do naturalismo e do realismo podem se constituir em um ideal de arte quando seus sacerdotes são Michelangelo, Ticiano, Flaubert ou Wagner; o esforço imaginativo dos que perseguem uma ideal harmonia de ritmos, de cores, de linhas ou de sons, equivale-se,

O Homem Medíocre

19

sempre que em sua obra transpareça um modo de beleza ou uma original personalidade.[3]

Não podemos, enfim, confundi-lo com certo idealismo ético que tende a monopolizar o culto da perfeição em favor de algum dos fanatismos religiosos predominantes em cada época. Assim, acrescente-se ao fato de não existir um único e inevitável Bem ideal, a impossibilidade de inseri-lo nos catecismos para mentes obtusas. O esforço individual em direção à virtude pode ser tão magnificamente concebido e realizado pelo peripatético como pelo cirenaico, pelo cristão como pelo anarquista, pelo filantrópico como pelo epicurista, pois todas as teorias filosóficas são igualmente compatíveis com a aspiração individual em direção ao aperfeiçoamento humano. Todos eles podem ser idealistas, caso saibam iluminar-se em sua doutrina; e em todas as doutrinas podemos observar dignos e futriqueiros, virtuosos e sem-vergonha. O desejo e a possibilidade de perfeição não são patrimônio de credo algum: recorde-se a água daquela fonte, citada por Platão, que não podia ser contida em jarro algum.

A experiência, e apenas ela, decide sobre a legitimidade dos ideais, em cada tempo e lugar. No curso da vida social, selecionam-se naturalmente; sobrevivem os mais adaptados, os que melhor prevêem o sentido da evolução; vale dizer, aqueles que coincidem com o aperfeiçoamento efetivo. Enquanto a experiência não dá seu julgamento final, todo ideal é respeitável, ainda que pareça absurdo. E é útil por sua força de contraste; se é falso, apenas morre, não causa dano. Todo ideal, por ser uma crença, pode conter uma parte de erro, ou ser mesmo totalmente equivocado; é uma visão remota, e portanto exposta a ser inexata. O único mal é care-

---

[3] James Joyce, seguindo Santo Tomás de Aquino, distingue a arte imprópria da arte própria. A primeira, arte imprópria, é pornográfica ou didática: uma nos atrai como objeto de desejo; a outra nos incita ao medo. Já a arte própria detém características próprias: sobressai dentre todas as coisas ao nosso redor, revela harmonia de cada elemento com o todo e é capaz de nos causar um estado de epifania, ou seja, iluminação. (N.T.)

cer de ideais e escravizar-se nas contingências da vida prática imediata, renunciando à possibilidade da perfeição moral.

Quando um filósofo enuncia ideais, para o homem ou para a sociedade, sua compreensão imediata é tanto mais difícil quanto mais estes se elevam sobre os pré-juízos e os palavrismos convencionais no ambiente que o rodeia; o mesmo ocorre com a verdade do sábio e com o estilo do poeta. A sanção alheia é fácil para aquele que concorda com as rotinas secularmente praticadas; é difícil quando a imaginação não põe maior originalidade no conceito ou na forma.

Este desequilíbrio entre a perfeição concebível e a realidade praticável estriba-se na natureza mesma da imaginação, rebeldia quanto ao tempo e ao espaço. Deste contraste legítimo não se infere que os ideais lógicos, estéticos ou morais, devam ser contraditórios entre si, ainda que sejam heterogêneos e marquem o passo em compasso desigual, segundo os tempos: não existe uma Verdade amoral ou feia, nem foi nunca a Beleza absurda ou nociva, nem teve o Bem suas raízes no erro ou na desarmonia. De outro modo, conceberíamos perfeições imperfeitas.

Os caminhos da perfeição são convergentes. As formas infinitas do ideal são complementárias: jamais contraditórias, ainda que assim o pareça. Se o ideal da ciência é a Verdade, da moral o Bem e da arte a Beleza, formas preeminentes de toda excelência, não se concebe que possam ser antagonistas.

Os ideais estão em perpétuo dever-ser, como as formas da realidade a que se antecipam. A imaginação os constrói observando a natureza, como um resultado da experiência; mas, uma vez formados, já não estão nela, são antecipações dela, vivem sobre ela para assinalar seu futuro. E quando a realidade evolui em direção a um ideal antes previsto, a imaginação se aparta novamente da realidade, afasta dela o ideal, proporcionalmente. A realidade nunca pode igualar-se ao sonho nesta perpétua perseguição da quimera. O ideal é um "limite": toda realidade é uma "dimensão variável"

O Homem Medíocre

que pode acercar-se do ideal indefinidamente, sem alcançá-lo nunca. Por muito que o "variável" se acerque do seu "limite", é concebível que poderia dele acercar-se ainda mais, apenas confundindose ambos no infinito.

Todo ideal é sempre relativo a uma imperfeita realidade presente. Não há ideal absoluto. Afirmar o contrário implicaria abjurar de sua essência mesma, negando a possibilidade infinita da perfeição. Erravam os velhos moralistas ao acreditarem que, no ponto onde estava seu espírito, neste momento, convergiam todo o espaço e todo o tempo; para a ética moderna, livre desta grave falácia, a relatividade dos ideais é um postulado fundamental. Apenas possuem um caráter comum: sua permanente transformação em direção aos aperfeiçoamentos ilimitados.

É própria de gente primitiva toda moral cimentada em superstições e dogmatismos. E é contrária a todo idealismo, excluindo mesmo todo ideal. Em cada momento e lugar a realidade varia; com esta variação, desloca-se o ponto de referência dos ideais. Nascem e morrem, convergem ou se excluem, empalidecem ou se acendem; são, também eles, viventes como os cérebros em que germinam ou arraigam, em um processo sem fim. Não havendo um esquema final e insuperável de perfeição, tampouco existem dois ideais humanos. Formam-se por mudanças incessantes; sempre evoluem; sua regeneração é eterna.[4]

Essa evolução dos ideais não segue um ritmo uniforme no curso da vida social ou individual. Existem climas morais, horas, momentos, em que toda uma raça, um povo, uma classe, um partido, uma seita concebe um ideal e esforça-se por realizá-lo. É assim na evolução de cada homem, isoladamente considerado.

Existem também climas, horas e momentos em que os ideais murmuram apenas ou se calam: a realidade oferece imediatas

---

[4] Como a Fênix, essa ave gigantesca mitológica que renasce das próprias cinzas. (N.T)

satisfações aos apetites e a tentação de estar completo afoga todo afã de perfeição.

Cada época tem certos ideais que pressentem melhor o porvir, entrevistos por poucos, seguidos pelo povo ou afogados por sua indiferença, ora a orientá-lo como pólos magnéticos, ora a quedar latentes até encontrar a glória em momentos de clima propício. E outros ideais morrem, porque são crenças falsas: ilusões que o homem forja sobre si mesmo ou quimeras verbais que os ignorantes perseguem dando golpes na sombra.

***

Sem ideais seria inexplicável a evolução humana. Eles existiram e sempre existirão. Palpitam por detrás de todo esforço magnífico realizado por um homem ou por um povo. São faróis sucessivos na evolução mental dos indivíduos e das raças. A imaginação os acende, sobrepondo-se continuamente à experiência, antecipando os seus resultados. Essa é a lei do porvir humano: os acontecimentos, inabitados de todo para a mente humana, recebem vida e calor dos ideais, sem cuja influência permaneceriam inertes e os séculos seriam mudos. Os fatos são pontos de partida; os ideais são faróis luminosos que, de trecho em trecho, iluminam a rota. A história da civilização mostra uma infinita inquietude de perfeições, que grandes homens pressentem, anunciam ou simbolizam. Frente a estes heraldos, em cada momento da peregrinação humana, adverte-se uma força que obstrui todos os senderos: a mediocridade, que é uma incapacidade de ideais.

***

Assim concebido, convém reintegrar o idealismo em toda futura filosofia científica. Talvez pareça estranho aos que usam pa-

O Homem Medíocre

lavras sem definir seus sentidos e aos que temem complicar-se no palavreado dos verbalistas.

Definido com claridade, separado de seus males seculares, será sempre o privilégio de uns quantos homens que honram, por suas virtudes, a espécie humana. Como doutrina do aperfeiçoamento, superior a toda afirmação dogmática, o idealismo ganhará, certamente; tergiversado pelos míopes e pelos fanáticos, rebaixar-se-á. Erram os que se voltam ao passado, colocando o rumo em direção aos pré-juízos mortos, vestindo o idealismo com andrajos que são sua mortalha; os ideais vivem da Verdade, que se constrói; nem pode ser vital qualquer um que a contradiga em seu ponto no tempo. É cegueira opor à imaginação do futuro a experiência do presente, o ideal à Verdade, como se fosse conveniente apagar as luzes do caminho para não se desviar da meta. É falso; a imaginação e a experiência caminham de mãos dadas. Sozinhas, não andam.

Ao idealismo dogmático que os antigos metafísicos colocaram nas "idéias" absolutas e apriorísticas, opomos um idealismo experimental que se refere aos ideais de perfeição, incessantemente renovados, plásticos, evolutivos como a vida mesma.

3. Os temperamentos idealistas

Nenhum Dante poderia elevar Gil Blas, Sancho e Tartufo até a morada, no paraíso, de Cyrano, Quixote e Stockmann. São dois mundos morais, duas raças, dois temperamentos: Sombras e Homens. Seres desiguais não podem pensar de igual maneira. Sempre haverá evidente contraste entre o servilismo e a dignidade, a torpeza e o gênio, a hipocrisia e a virtude. A imaginação dará a alguns o impulso original até o perfeito; a imitação organizará, em outros, os hábitos coletivos. Sempre haverá, por força, idealistas e medíocres.

O aperfeiçoamento humano efetua-se com ritmo diverso nas sociedades e nos indivíduos. A maioria possui uma experiência submissa ao passado: rotinas, pré-juízos, domesticidade. Poucos eleitos variam, avançando sobre o porvir; ao reverso de Anteo, que, tocando o solo, recobrava novos alentos, tomam-nos cravando suas pupilas nas distantes constelações, aquelas de aparência inacessível. Esses homens, predispostos à emancipação do seu rebanho, buscando alguma perfeição além do atual, são os "idealistas". A unidade do gênero não depende do conteúdo intrínseco de seus ideais, mas de seu temperamento: se é idealista, perseguindo as quimeras mais contraditórias, sempre que elas impliquem um sincero afã de enaltecimento. Qualquer um. Os espíritos febris por algum ideal são adversários da mediocridade: sonhadores contra utilitários, entusiastas versus apáticos, generosos combatem os calculistas, indisciplinados enfrentam os dogmáticos. São alguém ou algo contra os que não são ninguém nem nada. Todo idealista é um homem qualitativo: possui um sentido das diferenças que lhe permite distinguir entre o mal que observa, e o melhor que imagina. Os homens sem ideais são quantitativos; podem apreciar o mais e o menos, mas nunca distinguem o melhor do pior.

***

Sem ideais seria inconcebível o progresso. O culto do "homem prático", limitado às contingências do presente, importa uma renúncia a toda perfeição. O hábito organiza a rotina e nada cria em direção ao porvir; apenas dos imaginativos espera, a ciência, suas hipóteses; a arte, seu vôo; a moral, seus exemplos; a história, suas páginas luminosas. São a parte viva e dinâmica; os práticos não fizeram mais do que se aproveitar do esforço do imaginativo, vegetando na sombra. Todo porvir tem sido uma criação dos homens capazes de pressenti-lo, concretando-o em infinita sucessão de ideais. Mais fez a imaginação construindo sem trégua, do que o cálculo destruindo sem descanso. A excessiva prudência dos medíocres pretende paralisar, sempre, as iniciativas mais fecundas. Isto não quer dizer que a imaginação exclui a experiência: esta é útil, mas sem

O HOMEM MEDÍOCRE

aquela é estéril. Os idealistas aspiram a conjugar em sua mente a inspiração e a sabedoria; por isso, com freqüência, vivem travados por seu espírito crítico quando os anima uma emoção lírica e esta lhes turva a vista quando observam a realidade. Do equilíbrio entre a inspiração e a sabedoria nasce o gênio. Nas grandes horas, de uma raça ou de um homem, a inspiração é indispensável para criar; esta chispa acende-se na imaginação e a experiência converte-se em fogueira. Todo idealismo é, por isso, um afã de cultura intensa: conta, entre seus inimigos mais audazes, com a ignorância, madrasta de obstinadas rotinas.

A humanidade não chega até onde querem os idealistas em cada perfeição particular; mas sempre chega além de onde haveria ido sem seu esforço. Um objetivo que foge diante deles converte-se em estímulo para que se persigam novas quimeras. O pouco que podem todos, depende do muito que muitos desejam. A humanidade não possuiria seus bens presentes se alguns idealistas não os tivessem conquistado, vivendo com a obsessiva aspiração de outros bens melhores.

Na evolução humana os ideais mantêm-se em equilíbrio instável. Todo melhoramento real é precedido por tentativas e averiguações de pensadores audazes, postos em tensão em direção a ele, rebeldes quanto ao passado, ainda que sem a intensidade necessária para violentá-lo; essa luta é um refluxo perpétuo entre o mais concebido e o menos realizado. Por isso, os idealistas são forçosamente inquietos, como tudo o que vive, como a vida mesma; contra a tendência mansa dos rotineiros, cuja estabilidade parece inércia de morte. Esta inquietude se exacerba nos grandes homens e nos gênios, mesmo que o meio seja hostil às suas quimeras, como é freqüente. Não agita, todavia, os homens sem ideais, informe argamassa da humanidade.

***

Toda juventude é inquieta. O impulso até o melhor apenas pode ser esperado dela: jamais dos esmorecidos e dos senis. Ademais, apenas é juventude a que se qualifica como sana e iluminada, a que olha para a frente e não para trás; nunca os decrépitos de poucos anos, prematuramente domesticados pelas superstições do passado: o que neles parece primavera é tibieza outonal, ilusão de aurora que já é um apagão de crepúsculo. Apenas há juventude nos que trabalham com entusiasmo para o porvir. Por isso, nos caracteres excelentes, pode persistir a juventude sobre o acúmulo dos anos.

Nada cabe esperar dos homens que entram na vida sem a febre por algum ideal; aos que nunca foram jovens, parece-lhes descarrilhado todo sonho. E não se nasce jovem: A juventude é algo que se conquista. E sem um ideal, a conquista da juventude é impossível.

$$***$$

Os idealistas costumam ser esquivos ou rebeldes aos dogmatismos que os oprimem. Resistem à tirania da engrenagem niveladora, abjetam todo tipo de coação, sentem o peso das honras com que intentam domesticá-los e fazê-los cúmplices dos interesses criados, dóceis, maleáveis, solidários, uniformes na comum mediocridade. As forças conservadoras que compõem o subsolo social pretendem amalgamar os indivíduos, decapitando-os; detestam as diferenças, renegam as exceções, anatematizam aquele que se aparta em busca de sua própria personalidade. O original, o imaginativo, o criador não teme tais ódios: desafia-os, ainda que sabendo que são eles terríveis porque são irresponsáveis. Por isso, todo idealista é uma vivente afirmação do individualismo, ainda que persiga uma quimera social; pode viver para os demais, nunca dos demais. Sua independência é uma reação hostil a todos os dogmáticos. Concebendo-se incessantemente capazes de se aperfeiçoarem, os temperamentos idealistas querem dizer a todo momento de suas vidas, como Quixote: "eu sei quem sou". Vivem animados deste afã afirmativo. Em seus ideais cifram sua aventura suprema e sua perpétua desdita. Neles se intensifica a paixão que anima sua fé; esta, ao chocar-se contra a realidade social, pode parecer desprezo, isolamento, misantropia: a clássica "torre de marfim", reprovada a quantos se arrepiam ao contato

O Homem Medíocre

dos obtusos. Dir-se-ia que Teresa de Ávila deles deixou escrita uma eterna imagem: "bichos-da-seda somos, bichinhos que tecemos a seda de nossas vidas e que no casulo da seda nos encerramos para que o bicho morra e do casulo saia voando a mariposa".

***

Todo idealismo é exagerado, necessita sê-lo. E deve ser cálido seu idioma, como se desbordasse a personalidade sobre o impessoal; o pensamento sem calor é morto, frio, carece de estilo, não tem firma. Jamais foram tíbios os gênios, os santos e os heróis. Para se criar uma partícula de Verdade, de Virtude ou de Beleza, é preciso um esforço violento e original contra alguma rotina ou prejuízo,[5] da mesma forma, para dar uma lição de dignidade deve ser

---

[5] Ingenieros trata em diversas passagens da malfadada rotina humana. A quebra da rotina é algo inevitável nos espíritos altaneiros. Thomas Mann, em sua obra *A montanha mágica,* revela com acuidade ímpar este estado de "quebra" da rotina, quando o herói, Hans Castorp, deixa a cidade em direção ao sanatório: "Dois dias de viagem apartam um homem – e especialmente um jovem que ainda não criou raízes firmes na vida – do seu mundo cotidiano, de tudo quanto ele costuma chamar seus deveres, interesses, cuidados e projetos... O espaço que, girando e fugindo, se roja de permeio entre ele e seu lugar de origem, revela forças que geralmente se julgam privilégios do tempo; produz de hora em hora novas metamorfoses íntimas, muito parecidas com aquelas que o tempo origina, mas em certo sentido mais intensas ainda. Tal qual o tempo, o espaço gera o olvido; porém o faz desligando o indivíduo das suas relações, e pondo-o num estado livre, primitivo; chega até mesmo a transformar, num só golpe, um pedante ou um burguesote numa espécie de vagabundo... para fins de restabelecimento, quer dizer, para exercitar, renovar e revolucionar o organismo que corria perigo, e já estava a ponto de se ammalhar, de enlanguescer e de entibiar, na desarticulada monotonia da existência rotineira... O hábito representa a modorra, ou ao menos o enfraquecimento, do senso de tempo, e o fato dos anos de infância serem vividos mais vagarosamente, ao passo que a vida posterior se desenrola e foge cada vez mais depressa – esse fato também se baseia no hábito. Sabemos perfeitamente que a intercalação de mudanças de hábitos, ou de hábitos novos,

desgovernado qualquer servilismo. Todo ideal é, instintivamente, extremado; deve sê-lo com toda certeza, caso contrário, correrá o risco de se rebaixar ao enfrentar a mediocridade dos demais. Frente aos hipócritas que mentem com objetivos vis, o exagero dos idealistas é apenas uma verdade apaixonada. A paixão é seu atributo necessário, ainda quando pareça desviar-se da verdade; leva à hipérbole, ao erro mesmo; à mentira nunca. Nenhum ideal é falso para quem o professa: o idealista crê em seu ideal como sendo verdadeiro e coopera para sua realização, com fé, com desinteresse. O sábio busca a Verdade por buscá-la e goza arrancando da natureza segredos para ele inúteis ou perigosos. O artista busca também a sua verdade, porque a Beleza estética é uma verdade animada pela imaginação, mais do que pela experiência. O moralista persegue a Verdade por meio do Bem, que é uma reta lealdade da conduta para consigo mesmo e para com os demais. Ter um ideal é como servir à sua própria Verdade. Sempre.

***

Alguns ideais revelam-se como paixão combativa e outros como pertinaz obsessão; de igual maneira, distinguem-se dois tipos de idealistas, segundo predomine o coração ou o cérebro. O idealismo sentimental é romântico: a imaginação não é inibida pela crítica e os ideais vivem de sentimento. No idealismo experimental, os ritmos afetivos são encarrilhados pela experiência e a crítica coordena a imaginação: os ideais tornam-se reflexivos e serenos.

---

constitui o único meio para manter a nossa vida, para refrescar a nossa sensação de tempo, para obter um rejuvenescimento, um reforço, uma retardação da nossa experiência do tempo, e com isso, o renovamento da nossa sensação de vida em geral. Tal é a finalidade da mudança de lugar e de clima, da viagem de recreio, e nisso reside o que há de salutar na variação e no episódico". (N.T.)

O Homem Medíocre 29

Corresponde, o primeiro, à juventude; e o segundo, à madurez. O primeiro é adolescente, cresce, pula e luta; o segundo é adulto, fixa-se, resiste e vence.

O idealista perfeito seria romântico aos vinte anos e estóico aos cinqüenta; é tão anormal o estoicismo na juventude como o romantismo na idade madura. O que em princípio acende a sua paixão, deve cristalizar-se depois em suprema dignidade: essa é a lógica de seu temperamento.

4. O idealismo romântico

Os idealistas românticos são exagerados porque são insaciáveis. Sonham o mais para realizar o menos; compreendem que todos os ideais contêm uma partícula de utopia e perdem algo quando se realizam: de raças ou de indivíduos, nunca se integram como se pensam. Em poucas coisas o homem pode chegar ao Ideal que a imaginação assinala: sua glória está em marchar em direção a ele, sempre inalcançado e inalcançável. Depois de iluminar seu espírito com todos os resplendores da cultura humana, Goethe morre pedindo mais luz; e Musset quer amar incessantemente depois de haver amado, oferecendo sua vida por uma carícia e seu gênio por um beijo. Todos os românticos parecem perguntar-se, com o poeta: "Por que não é infinito o poder humano, como o desejo?" Têm uma curiosidade de mil olhos, sempre atenta para não perder a mais imperceptível precipitação no mundo que a solicita. Sua sensibilidade é aguda, plural, caprichosa, artista, como se os nervos houvessem centuplicado sua impressionabilidade. Seu gesto segue prontamente o caminho das nativas inclinações: entre dez partidos, adotam aquele destacado pelo bater mais intenso de seu coração. São dionisíacos. Suas aspirações se traduzem por esforços ativos sobre o meio social ou por uma hostilidade contra tudo que se opõe aos seus corações e sonhos. Constroem seus ideais sem conceder nada à realidade, recusando-se ao controlador da experiência, agredindo-a se ela o contraria. São ingênuos e sensíveis, fáceis de se comoverem, acessíveis ao entusiasmo e à ternura; com essa ingenuidade ímpar que os homens práticos ignoram. Um minuto lhes basta para decidir toda uma vida. Seu ideal cristaliza em firmezas inequívocas quando a realidade os fere com maior intensidade.

***

Todo romântico está por Quixote contra Sancho, por Cyrano contra Tartufo, por Stockmann contra Gil Blas: por qualquer ideal contra a mediocridade. Prefere a flor ao fruto, pressentindo que este não poderia existir jamais sem aquela. Os temperamentos acomodados sabem que a vida guiada pelo interesse brinda proveitos materiais; os românticos acreditam que a suprema dignidade gesta no sonho e na paixão. Para eles, um beijo de tal mulher vale mais que cem tesouros de Golconda.

A eloqüência do romântico está em seu coração: dispõe destas "razões que a razão ignora", como dizia Pascal. Nelas estriba o encanto irresistível dos Musset e dos Byron: sua ardência apaixonada nos estremece, asfixia-nos como se uma garra apertasse o nosso pescoço, faz sobressaltar as veias, o suor corre em nossas têmporas, nossa respiração, afinal, torna-se ofegante. Suas heroínas e protagonistas povoam as insônias juvenis, como se os descrevessem com uma vara mágica, previamente embebida com a tinta do cálice de uma poetisa grega: Safo, por acaso, a mais lírica. Seu estilo é de luz e de cores, sempre aceso, ardente às vezes. Escrevem como falam os temperamentos apaixonados, com esta eloqüência das vozes roucas por um desejo ou por um excesso, essa "voz calada" que enlouquece as mulheres finas e faz de cada amador romântico um Dom Juan. São eles os aristocratas do amor, com eles sonham todas as Julietas e Isoldas. Em vão confabulam contra eles as mascaradas hipocrisias mundanas; os

O Homem Medíocre

espíritos grosseiros desejariam inventar uma balança para pesar a utilidade imediata de suas inclinações. Como não possuem tal balança, renunciam a segui-las.

O homem incapaz de alentar nobres paixões esquiva-se do amor como se este fosse um abismo: ignora que ele, o amor, depura todas as virtudes e é o mais eficaz dos moralistas. Vive e morre sem haver aprendido a amar. Caricaturiza esse sentimento, guiando-se pela sugestão de sórdidas conveniências. Os demais é que lhe elegem, primeiro, as queridas e que lhe impõem, depois, a esposa. Pouco lhe importa a fidelidade das primeiras, enquanto lhe servem de adorno; nunca exige inteligência da outra, se é apenas um degrau em seu mundo. Musset lhe parece pouco sério e encontra o inferno em Byron; teria, com toda segurança, queimado George Sand e Teresa de Ávila lhe parece um pouco exagerada. Persigna-se, alguém suspeita que Cristo pode amar a pecadora Madalena. Crê firmemente que Werther, Jocelyn, Mimi, Rolla e Manon são símbolos do mal, criados pela imaginação de artistas enfermos. Aborrece-lhe a paixão funda e sentida; detesta mesmo os romantismos sentimentais. Prefere a compra tranqüila ao invés da conquista comprometedora. Ignora as supremas virtudes do amor, que é sonho, desejo, perigo, toda imaginação, concorrendo para o embelezamento do instinto, e não simples vertigem brutal dos sentidos.[6]

---

[6] O poeta Vinícius de Morais escreve *Da solidão:* "Não, a maior solidão é a do ser que não ama. A maior solidão é a do ser que se ausenta, que se defende, que se fecha, que se recusa a participar da vida humana. A maior solidão é a do homem encerrado em si mesmo, no absoluto de si mesmo, e que não dá a quem pede o que ele pode dar de amor, de amizade, de socorro. O maior solitário é o que tem medo de amar, o que tem medo de ferir e de ferir-se, o ser casto da mulher, do amigo, do povo, do mundo. Esse queima como uma lâmpada triste, cujo reflexo entristece também tudo em torno. Ele é a angústia do mundo que a reflete. Ele é o que se recusa às verdadeiras fontes da emoção, as que são o patrimônio de todos, e, encerrado em seu duro privilégio, semeia pedras do alto da sua fria e desolada torre". Vinícius de Morais, *Poesia Completa e Prosa,* Nova Aguilar, 1998, pp. 945-946. (N.T.)

Nas eras de rebaixamento, quando está em seu apogeu a mediocridade, os idealistas alinham-se contra os dogmatismos sociais, seja qual for o regime dominante. Algumas vezes, em nome do chamado romantismo político, agitam um ideal democrático e humano. Seu amor por todos os que sofrem é justo ânimo contra os que oprimem a sua própria individualidade. Dir-se-ia que chegam até a amar as vítimas para protestar contra o verdugo indigno; mas sempre ficam fora de todo agrupamento, sabendo que nele pode incubar-se uma nova submissão para o porvir.

Em todo aperfeiçoamento cabe um romantismo; sua orientação varia com os tempos e com as inclinações. Existem épocas em que ele floresce mais, como nas horas de reação que se seguiram ao *frenesi* libertário da revolução francesa. Alguns românticos acreditam ser eles providenciais e sua imaginação se revela por um misticismo construtivo, como em Fourier e Lamennais, precedidos por Rosseau, que foi um Marx calvinista, e seguidos por Marx, que foi um Rosseau judeu. Em outros, o lirismo tende, como em Byron e Ruskin, a converter-se em religião estética. Em Mazini e Koussouth, toma cor política. Fala em tom profético e transcende pela boca de Lamartine e Hugo. Em Stendhal, acossa com ironia os dogmatismos sociais; e, em Vigny, desdenha-os amargamente. Dói em Musset e se desespera em Amiel. Fustiga a mediocridade com Flaubert e Barbey d'Aurevilly. Em outros, converte-se em rebelião aberta contra tudo que apequena e domestica o indivíduo, como em Emerson, Stirner, Guyau, Ibsen ou Nietzsche.

5. O idealismo estóico

As rebeldias românticas são embotadas pela experiência; ela freia muitas impetuosidades enganadoras e dá aos ideais mais sólida firmeza. As lições da realidade não matam o idealis-

O Homem Medíocre
33

ta; educam-no. Seu afã de perfeição torna-se mais centrípeto e digno, busca os caminhos propícios, aprende a se esquivar das suspeitas com que a mediocridade o observa. Quando a força das coisas se sobrepõe à sua pessoal inquietude e os dogmatismos sociais coíbem seus esforços por endireitá-los, seu idealismo torna-se experimental. Não pode submeter a realidade aos seus ideais, mas os defende dela, procurando salvá-los de toda míngua e empobrecimento. O que antes se projetava para fora, polariza-se no próprio esforço, interioriza-se. "Uma grande vida", escreveu Vigny, "é um ideal de juventude realizado na idade madura". É inerente à primeira, a ilusão de impor seus sonhos, rompendo as barreiras que lhe opõe a realidade; quando a experiência adverte que o corpo não cai, o idealista se entrincheira em virtudes intrínsecas, custodiando seus ideais, realizando-os em alguma medida, sem que a solidariedade possa conduzi-lo a torpes cumplicidades. O idealismo sentimental e romântico transforma-se em idealismo experimental e estóico; a experiência regula a imaginação, fazendo-a ponderada e reflexiva. A pujança impetuosa dá lugar à serena harmonia clássica: o idealismo dionisíaco converte-se em idealismo apolíneo.

É natural que seja assim. Os romantismos não resistem à experiência crítica: se duram até passados os limites da juventude, seu ardor não equivale à sua eficiência. Foi um equívoco de Cervantes a avançada idade com que Don Quixote empreende a busca de sua quimera. É mais lógico Dom Juan, casando-se na mesma altura da vida em que Cristo morre; os personagens que Murger criou na vida boêmia, detêm-se neste limiar da madurez. Não pode ser de outra maneira. O acúmulo dos contrastes acaba por coordenar a imaginação, orientando-a, sem rebaixá-la.

E se o idealista é uma mente superior, seu ideal assume formas definitivas: plasma a Verdade, a Beleza, ou a Virtude em um crisol mais perene, tende a fixar-se e a persistir em obras. O tempo o consagra e seu esforço torna-se exemplar. A posteridade o julga clássico. Todo classicismo provém de uma seleção natural entre ideais que foram em seu tempo românticos e que têm sobrevivido através dos séculos.

***

Poucos sonhadores encontram tal clima e tal ocasião para lhes engrandecer a genialidade. A maioria resulta exótica e inoportuna; os sucessos cujo determinismo não podem modificar, esterilizam seus esforços. Daí a razão de certa aquiescência às coisas que não dependem do próprio mérito, a tolerância de toda indesviável fatalidade. Ao sentirem a coerção exterior não se abaixam, nem tampouco se contaminam: apartam-se, refugiam-se em si mesmos para engrandecer à margem, de onde observam o viscoso riacho que corre murmurando sem que em seu murmúrio se ouça um grito. São os verdadeiros juízes de sua época: vêem de onde vem e como corre o turbilhão carregado de multidões. Descobrem os omissos que se deixam opacar pelo limo, bem como aqueles que perseguem esses enaltecimentos falazes, rivais do verdadeiro mérito e da justiça.

O idealista estóico mantém-se hostil ao seu meio, da mesma forma que o romântico. Sua atitude é de aberta resistência à mediocridade organizada, resignação desdenhosa ou renúncia altiva, sem compromissos. Importa-lhe pouco agredir o mal que os outros consentem; melhor estar livre para realizar toda perfeição que apenas dependa de seu próprio esforço. Adquire uma "sensibilidade individualista", que não é egoísmo vulgar nem desinteresse pelos ideais que agitam a sociedade em que vive. São notórias as diferenças entre o individualismo doutrinário e o sentimento individualista; o primeiro é teoria e o segundo é atitude. Em Spencer, a doutrina individualista é acompanhada de sensibilidade social; em Bakounine, a doutrina social coexiste com

O Homem Medíocre 35

uma sensibilidade individualista. É questão de temperamento e não de idéias; aquele é a base do caráter. Todo individualismo, como atitude, é uma revolta contra os dogmas e os valores falsos respeitados nas mediocracias; revela energias anelosas de expandir-se, contidas por mil obstáculos opostos pelo espírito gregário. O temperamento individualista chega a negar o princípio da autoridade, subtrai-se aos pré-juízos, desacata qualquer imposição e desdenha as hierarquias independentes do mérito. Os partidos, seitas e facções lhe são indiferentes por igual, enquanto não descobre neles ideais consoantes com os seus próprios. Acredita mais nas virtudes firmes dos homens do que na mentira escrita dos princípios teóricos; enquanto não se refletem nos costumes, as melhores leis de papel não modificam a estupidez de quem as admira nem o sofrimento de quem as agüenta.

***

A ética do idealista estóico difere radicalmente destes individualismos sórdidos que recrutam as simpatias dos egoístas. Duas morais essencialmente distintas podem nascer da estima de si mesmo. O digno elege a elevada, de Zenon ou de Epicuro; o medíocre opta sempre pela inferior e encontra-se em Aristipo. Aquele busca refúgio em si mesmo com o propósito de purificar-se; este se ausenta dos demais para esconder-se da própria sombra. O individualismo é nobre se um ideal o alimenta e o eleva; sem ideal, é uma queda a um nível mais baixo ainda do que a mediocridade.

Na Cirenaica grega, quatro séculos antes do início da era cristã, Aristipo anunciou que a única regra da vida era o prazer máximo, buscado por todos os meios, como se a natureza ditara ao homem que saciasse todos os sentidos, independente de qualquer ideal. A sensualidade erigida em sistema, levava ao prazer tumultuoso, sem qualquer tipo de seleção. Chegaram, os Cirenaicos, a desprezar a vida mesma; seus últimos seguidores exaltaram o suicídio. Tal ética, praticada instintivamente pelos céticos e pelos depravados de todos os tempos, não foi efetivamente erigida em sistema desde então. O prazer – como simples sensualidade quantitativa – é absurdo e imprevisível; não pode sustentar uma moral. Seria o mesmo que investir, da faculdade de julgar, os sentidos. Devem ser outros os investidos. Estaria a felicidade centrada na busca de um interesse bem ponderado? Um egoísmo prudente e qualitativo, que elija e calcule, tomaria o lugar dos apetites cegos. Em vez do prazer tosco, teríamos o deleite refinado, que prevê, coordena, prepara, goza antes e infinitamente mais, pois a inteligência gosta de centuplicar os gozos futuros com sábias alquimias de preparação. Os epicuros já se apartam do cirenaísmo. Aristipo mantinha que a dita encontrava-se no grosseiro gozo material; Epicuro, por sua vez, coloca-a na mente, idealizando-a por meio da imaginação. Para aquele, valem todos os prazeres, perseguidos de qualquer maneira, desatados, sem freio algum; para este, devem ser eleitos e dignificados os prazeres por um selo de harmonia. A original moral de Epicuro é toda refinamento: seu criador viveu uma vida honrada e pura. Sua lei foi buscar a dita e fugir da dor, preferindo as coisas que deixam um saldo a favor da primeira. Esta aritmética das emoções não é incompatível com a dignidade, o gênio e a virtude, que são perfeições ideais; permite cultivá-las, se nelas pode encontrar uma fonte de prazer.

Não obstante, é em outra moral helênica, que encontra seus moldes perfeitos, o idealismo experimental. Zenon deu à humanidade uma suprema doutrina acerca da virtude heróica. A dignidade identifica-se com o ideal. Com efeito, não conhece, a história, mais belos exemplos de conduta. Sêneca, digno da corte do próprio Nero, além de predicar com arte magnífica sua doutrina, aplicou-a com bastante coragem na hora extrema. Apenas

O HOMEM MEDÍOCRE

Sócrates morreu melhor do que ele, e ambos mais dignamente do que Jesus. São as três grandes mortes da história.[7] A dignidade Estóica teve seu apóstolo em Epíteto.[8] Uma convincente eloqüência de sofista caldeava suas palavras de liberto. Viveu como o mais humilde, satisfeito com o que tinha, dormindo em casa sem portas, entregando-se à meditação e à educação dos demais, até o decreto que excluiu os filósofos de Roma. Ensinou a distinguir, em todas as coisas, o que depende e o que não depende de nós. Quanto ao primeiro, ninguém pode coibi-lo; já o

---

[7] O que importa é como nos dirigimos frente à morte: uma pessoa que está a ponto de ser executada por um grupo de atiradores pode gritar, xingar e se impor desesperadamente frente a ela; outra pode, em semelhante contexto, manter um profundo silêncio, como se seu espírito já estivesse se banhando em outras águas. O abade Kwaisen, em abril de 1582, tinha em seu monastério, no Japão, dezenas de refugiados que eram perseguidos pelo exército de Nobunaga. Logo, este decidiu atear fogo no monastério, após encurralar Kwaisen, os monges e os refugiados na torre do edifício. Os monges e os refugiados se sentaram, então, de pernas cruzadas, defronte à imagem de Buda, e ouviram o discurso de Kwaisen: "Nós estamos agora cercados pelas chamas, e como vocês revolveriam sua Roda do Dharma neste momento crítico? Cada um diga sua palavra". E assim se sucedeu; cada um expressou o que sentia naquele crítico momento. No final, disse o abade Kwaisen antes de ingressar no fogo-*samadhi*: "Para uma meditação pacífica, não precisamos nós irmos às montanhas ou aos riachos; quando os pensamentos estão tranqüilizados, mesmo o fogo não passa de uma leve e refrescante brisa". Cf. Daisetz t. Suzuki, *Zen and Japanese Culture,* Princenton, 1993, pp.78-79. (N.T)

[8] Conferir *A arte de viver*; de Epíteto (c. 60-120 d.C.), por Sharon Lebell, editora Sextante, 2000. Veja-se, a propósito, o questionamento do filósofo estóico: "Como é possível que alguém que não tenha nada; nem vestimenta, nem casa, nem lar, nem criado, nem cidade, viva tranqüilo e feliz? Olha, Deus te enviou um homem para lhe mostrar com atos e feitos como pode ser assim. Olhe-me. Não tenho cidade, casa, possessões ou criados: o solo é meu colchão. Não tenho esposa, nem filhos, nem cobiço nada, exceto a terra e o céu, e uma pobre capa. Sem embargo, de que careço? Será que me afeta o pesar, o temor? Não sou livre?" (citado por Joseph Campbell, *Las Máscaras de Dios – Mitología Occidental*, Alianza, 1992, p. 275). (N.T.)

segundo, está subordinado a forças estranhas. Colocar o ideal naquilo que depende de nós e sermos indiferentes ao resto: aí está uma fórmula para o idealismo experimental.

É desdenhável tudo o que costuma desejar ou temer o egoísta. Se as resistências no caminho da perfeição dependem de outros, convém fazer delas caso omisso, como se não existissem, e redobrar o esforço enaltecedor. Nenhum contratempo material desvia o idealista. Se desejasse influenciar de imediato coisas que dele não dependem, encontraria obstáculos em todas as partes; contra essa hostilidade de seu ambiente apenas pode rebelar-se com a imaginação, olhando cada vez mais para seu interior. O que serve a um ideal, vive dele; ninguém o forçará a sonhar o que não quer nem o impedirá de alcançar os seus sonhos.

**

Esta moral não é uma contemplação passiva; renuncia apenas a participar do mal. Seu assentimento ao inevitável não é apatia nem inércia. Apartar-se não é morrer; é, simplesmente, esperar a possível hora de fazer, apressando-a com a pré-visão ou com o exemplo. Se a hora chega, pode ser afirmação sublime, como o foi com Marco Aurélio, nunca igualado no reger destinos de povos: apenas ele pôde inspirar as páginas mais profundas de Renan e as mais líricas de Paul de Saint Victor. Delicado e penetrante, seu estoicismo foi mais propício para fomentar caracteres do que para consolar corações. Com ele alcançou, o pensamento antigo, a sua mais tranqüila nobreza. Entre perversos e ingratos que o rodeavam, ensinou a dar seus racimos, como a videira, sem reclamar qualquer preço, preparando-se para oferecer outros frutos na colheita futura. Os idealistas estóicos são homens de sua estirpe: dir-se-ia que ignoram o bem que fazem aos seus próprios inimigos. Quando cobra força a corrupção dos domesticados,

O Homem Medíocre

quando mais sufocante torna-se o clima das mediocracias, eles criam um novo ambiente moral, semeando ideais: uma nova geração, aprendendo a amá-los, enobrece. Frente às burguesias, alucinadas por incrementar o nível do bem-estar material, – ignorando que sua maior miséria é a falta de cultura –, eles concentram seus esforços para aquilatar o respeito pelas coisas do espírito e o culto de todas as originalidades altaneiras. Enquanto a vulgaridade obstrui as vias do gênio, da santidade e do heroísmo, eles concorrem a restituí-las, mediante a sugestão de ideais, preparando a chegada daquelas horas fecundas que caracterizam a ressurreição das raças: o clima do gênio.

Toda ética idealista transmuta os valores e eleva o nível do mérito; as virtudes e os vícios trocam seus matizes, para mais ou para menos, criando novos equilíbrios. Essa é, no fundo, a obra dos moralistas: sua originalidade está em mudanças de tom que modificam as perspectivas de um quadro, cujo fundo é quase impermutável. Frente à mesmice comum, que empurra o ser vulgar, o caráter digno afirma com veemência seu ideal. Uma mediocracia sem ideais, – como um indivíduo ou um grupo –, é vil e cética, covarde: contra ela cultivam fundos anelos de perfeição. Frente à ciência feita ofício, a Verdade como um culto; frente à honestidade de conveniência, a Virtude desinteressada; frente à arte lucrativa dos funcionários, a Harmonia translúcida da linha, da forma e da cor; frente às cumplicidades da política mediocrática, as máximas expansões do Indivíduo dentro de cada sociedade.

Quando os povos se domesticam e se calam, os grandes forjadores de ideais levantam a sua voz. Uma ciência, uma arte, um país, uma raça, estremecidos por seu eco, podem sair de seu curso habitual. O Gênio é um guia que põe o destino entre dois parágrafos da história. Se aparece na origem, cria ou funda; se nos ressurgimentos, transmuta ou desorbita. Neste instante, retomam seu vôo todos os espíritos superiores, alentando pensamentos altos e obras perenes.

6. Símbolo

No vaivém eterno das eras, o porvir é sempre dos visionários. A interminável contenda entre o idealismo e a mediocridade tem o seu símbolo: não pôde Cellini cravá-lo em sítio mais digno do que a maravilhosa praça de Firenze. Nunca uma mão de ourives plasmou um conceito mais sublime: Perseu exibindo a cabeça de Medusa, cujo corpo agita-se em contorções próprias de réptil debaixo de seus pés alados. Quando os temperamentos idealistas detêm-se diante do prodígio de Benvenuto, anima-se o metal, revive sua fisionomia, seus lábios parecem articular palavras perceptíveis.

E diz aos jovens que toda luta por um Ideal é santa, ainda que seja ilusório o resultado; que é louvável seguir seu temperamento e pensar com o coração, pois ele contribuirá para criar uma personalidade firme; que todo gérmen de romantismo deve ser alentado, para cobrir com grinaldas de aurora a única primavera que não volta jamais.

E aos maduros, cujos primeiros cabelos brancos salpicam de outono suas mais veementes quimeras, instiga-os a custodiar seus ideais debaixo do manto da mais severa dignidade, frente às tentações que conspiram para encerrá-los no Estige,[9] onde abismam os medíocres.

E no gesto do bronze parece que o Idealismo decapitou a Mediocridade, entregando sua cabeça ao juízo dos séculos.

---

[9] Refere-se, segundo à mitologia grega, ao rio do Inferno. (N.T.)

Capítulo I

O Homem Medíocre

Cacciarli i ciel per non esser, men belli,
Né lo profondo Inferno li riceve...

1. Aurea mediocritas?

Há certa hora na qual o pastor ingênuo assombra-se diante da natureza que o envolve. A penumbra se espessa, a cor das coisas se conforma num cinza homogêneo das silhuetas, a primeira umidade crepuscular levanta de todas as plantas um vago perfume, aquieta-se o rebanho a fim de dormir, a remota campainha toca seu aviso vesperal. A implacável claridade lunar embranquece ao cair sobre as coisas; algumas estrelas inquietam, com seu brilho, o firmamento e um distante rumor de riacho brincalhão vindo da brenha parece conversar misteriosos temas. Sentado na pedra menos áspera que encontra à beira do caminho, o pastor contempla e emudece, convidado em vão a meditar, pela convergência do lugar e da hora. Sua admiração primitiva é simples estupor. A poesia natural que o rodeia, ao refletir-se em sua imaginação, não se converte em poema. Ele é, apenas, um objeto no quadro, uma pincelada: como a pedra, a árvore, a ovelha, o caminho; um acidente na penumbra. Para ele todas as coisas têm sido sempre assim e seguiram sendo, desde a terra em que pisa até o rebanho de que cuida.

A imensa massa dos homens pensa com a cabeça deste ingênuo pastor: não entende o idioma de quem lhe explica algum mistério do universo ou da vida, a evolução eterna de tudo que é conhecido, nem tampouco a possibilidade de aperfeiçoamento humano na contínua adaptação do homem à natureza. Para conceber uma perfeição é necessário certo nível ético e é indispensável um mínimo de educação intelectual. Sem eles, pode haver fanatismos e superstições; ideais, jamais.

Os que vivem abaixo deste nível e não adquirem essa educação, permanecem sujeitos a dogmas que outros lhes impõem, escravos de fórmulas paralisadas pela ferrugem do tempo. Suas rotinas e seus pré-juízos parecem-lhes eternamente invariáveis; sua obtusa imaginação não concebe perfeições passadas nem futuras; o estreito horizonte de sua experiência constitui o limite necessário de sua mente. Não podem formar um ideal. Encontraram no alheio uma chispa capaz de acender suas paixões; serão sectários, podem sê-lo. E não advertirão sequer a ironia de quantos os convidam a arrebanhar-se em nome de ideais que possam servir, não compreender. Todo sonho seguido por multidões, apenas é pensado por poucos visionários que são seus amos.

A desigualdade humana não é uma descoberta moderna. Plutarco escreveu, há séculos, que "os animais de uma mesma espécie diferem menos entre si que alguns homens de outros" *(Obras morais*, v. 3). Montaigne subscreveu esta opinião: "Há mais distância entre tal e tal homem, que entre tal homem e tal besta; vale dizer, o mais excelente animal está mais próximo do homem menos inteligente do que este último de outro homem grande e excelente" *(Ensaios*, v. I, cap. XLII). Não pretendem dizer mais os que seguem afirmando a desigualdade humana: ela será, no futuro, tão absoluta como em tempos de Plutarco ou de Montaigne.[1]

---

[1] Disse um anatomista britânico, Arthur Keith, no começo do século passado: "No interior do cérebro há cerca de dezoito bilhões de unidades microscópicas vivas ou células nervosas. Estas unidades estão agrupadas em miríades de grupos que se entrelaçam por meio de um sistema de comunicação cuja complexidade não tem paralelo nas criações humanas. De todas as milhões de células nervosas no cérebro não existe nenhuma ilhada. Todas estão conectadas e participam na manipulação ininterrupta das correntes de mensagens que afluem ao cérebro desde os olhos, os ouvidos, os dedos, os pés, os membros e o resto do corpo... Se a natureza não pode reproduzir o mesmo simples modelo dos dedos, quanto mais impossível será que produza o mesmo modelo em dois cérebros, cuja organização é tão incrivelmente complexa! Cada

O HOMEM MEDÍOCRE 43

Há homens mentalmente inferiores ao meio termo de sua raça, de seu tempo, de sua classe social; também existem os superiores. Entre uns e outros flutua uma grande massa impossível de caracterizar por inferioridades ou por excelência.

Os psicólogos não querem ocupar-se destes últimos; a arte os desdenha por serem desprovidos de cores; a história ignora seus nomes. São pouco interessantes; em vão buscar-se-ia neles a aresta definida, a pincelada firme, o detalhe característico. Com igual desdém os cobrem os moralistas; individualmente não merecem o desprezo, que assola os perversos, nem a apologia, reservada aos virtuosos.

Sua existência é, sem embargo, natural e necessária. Em tudo o que oferece gradação há mediocridade; na escala da inteligência humana, ela representa o claro-escuro entre o talento e a estupidez.

Não diremos, por isso, que sempre é louvável. Horácio não disse *aurea mediocritas* no sentido geral e absurdo que proclamam os incapazes de sobressair por seu gênio, por suas virtudes ou por suas obras. Outro foi o parecer do poeta: pondo ênfase na tranqüilidade e na independência como o maior bem-estar do homem, enalteceu o prazer de um viver simples, que dista por igual da opulência e da miséria, chamando áurea a essa mediocridade material. Em certo sentido epicúrio, sua sentença é verdadeira e confirma o remoto provérbio árabe: "um

---

criança nasce com um certo equilíbrio de faculdades, aptidões, inclinações e tendências instintivas. Não há dois com o mesmo equilíbrio e cada cérebro tem que enfrentar um caudal de experiências distintas. Não me admiro, pois, que um homem esteja em desacordo com outro a respeito das realidades últimas da vida, mas sim de que tantos, pese a diversidade de suas naturezas inatas, cheguem a um grau elevado de acordo". *Apud* Joseph Campbell, *Las Máscaras de Dios – Mitología Creativa,* Alianza, 1992, p. 55. (N.T.)

mediano bem-estar tranqüilo é preferível à opulência cheia de preocupações".[2]

Inferir disto que a mediocridade moral, intelectual e de caráter é digna de respeitosa homenagem, implica torcer a intenção mesma de Horácio: em versos memoráveis *(ad pis., 472)*, menosprezou os poetas medíocres: ... *Mediocribus esse poetis. Non dí, non homines, non concessere columnae.*

É lícito estender sua crítica a quantos homens o são de espírito. Por que subverteríamos o sentido clássico da *aurea mediocritas?* Por que suprimir desníveis entre os homens e as sombras, como se rebaixando um pouco os excelentes e polindo um pouco os toscos se atenuariam as desigualdades criadas pela natureza?

Não concebemos o aperfeiçoamento social como um produto da uniformidade de todos os indivíduos, senão como a combinação harmônica de originalidades incessantes multiplicadas. Todos os inimigos da diferenciação vêm a sê-lo do progresso; é natural, por fim, que considerem a originalidade um defeito imperdoável.

Os que tal sentenciam inclinam-se a confundir o sentido comum com o bom sentido, como se emaranhando a significação dos vocábulos, quisessem assemelhar as idéias correspondentes.

---

[2] Há um termo japonês, *wabi,* que justamente designa este estado de espírito. Diz Suzuki (o. c., p. 23 e ss.) *"Wabi* realmente significa 'pobreza' ou, negativamente, 'não estar na moda da sociedade de seu tempo'. Ser pobre, não ser dependente de coisas deste mundo – riqueza, poder, e reputação – e ainda sentir internamente a presença de algo de supremo valor, acima do tempo e da posição social, isto é o que constitui essencialmente *wabi.* Dito em termos da vida prática do dia-a-dia, *wabi* é para ficar satisfeito com uma pequena cabana, um quarto de dois ou três *tatami,* como a cabana de madeira de Thoreau, e com um prato de vegetais apanhados no campo na vizinhança, e talvez estar escutando o barulho de uma gentil chuva de primavera... é verdadeiramente o culto à pobreza... apenas permanecer quieto, contente com a contemplação mística da Natureza, e sentir-se em casa com o mundo, é mais inspirador para nós, ao menos alguns de nós". (N.T.)

O Homem Medíocre   45

Afirmemos, desde já, que são antagonistas. O sentido comum é coletivo, eminentemente retrógrado e dogmatista; o bom sentido é individual, sempre inovador e libertário. Pela submissão a um ou a outro, reconhecem-se a servidão e a aristocracia naturais. Desta insalvável heterogeneidade nasce a intolerância dos rotineiros frente a qualquer centelha original; estreitam suas filas para se defenderem, como se fossem crimes as diferenças. Esses desníveis são um postulado fundamental da psicologia. Os costumes e as leis podem estabelecer direitos e deveres comuns a todos os homens; mas estes serão sempre tão desiguais como as ondas que agitam a superfície de um oceano.

2. Os homens sem personalidade

Individualmente considerada, a mediocridade poderá ser definida como uma ausência de características pessoais que permitam distinguir o indivíduo em sua sociedade. Esta oferece a todos um mesmo fardo de rotinas, pré-juízos e domesticidades; basta reunir cem homens para que eles coincidam no impessoal: "Junte mil gênios em um Concílio e terá a alma de um medíocre". Essas palavras denunciam o que em cada homem não pertence a ele mesmo e que, ao somarem-se muitos, revela-se pelo baixo nível das opiniões coletivas.

A personalidade individual começa no ponto preciso em que cada um se diferencia dos demais; em muitos homens esse ponto é simplesmente imaginário. Por esse motivo, ao classificar os caracteres humanos, tem-se compreendido a necessidade de separar aqueles que carecem de traços característicos: produtos do meio em que vivem, das circunstâncias, da educação que lhes é ministrada, das pessoas que os tutelam, das coisas que os rodeiam. "Indiferentes", chamou Ribot aos que vivem sem que se note sua existência. A sociedade pensa e quer por eles. Não têm voz, senão eco. Não há linhas definidas nem em sua própria sombra, que é, apenas, uma penumbra.

46 JOSÉ INGENIEROS

Cruzam o mundo furtivamente, temerosos de que alguém possa reprovar-lhes esta ousadia de existir em vão, como contrabandistas da vida.

E assim o são. Ainda que nós, homens, carecemos de uma missão transcendental sobre a terra, em cuja superfície vivemos tão naturalmente como a rosa ou o verme, nossa vida não é digna de ser vivida senão quando a enobrece algum ideal: os mais altos prazeres são inerentes à proposição de uma perfeição e à sua busca. As existências vegetativas não têm biografia: na história de sua sociedade apenas vive aquele que deixa rastros nas coisas ou nos espíritos. A vida vale pelo uso que dela fazemos, pela obras que realizamos.[3] Não viveu mais aquele que conta com mais anos; mas sim, aquele que sentiu melhor um ideal; os cabelos brancos denunciam a velhice, mas não dizem quanta juventude a precedeu. A medida social do homem está na duração de suas obras: a imortalidade é o privilégio de quem as faz sobreviventes aos séculos, e por elas se mede.

O poder que se maneja, os favores que se mendigam, o dinheiro que se acumula, as dignidades que se conseguem, têm certo valor efêmero que pode satisfazer os apetites do que não leva em si mesmo, em suas virtudes intrínsecas, as forças morais que embelezam e qualificam a vida: a afirmação da própria personalidade e a quantidade de hombridade postam na dignificação de nosso eu. Viver é aprender, para ignorarmos menos; é amar, para nos

---

[3] Vale lembrar, aqui, as considerações do narrador do conto "O Espelho", de Guimarães Rosa: "Será este nosso desengonço e mundo o plano – intersecção de planos – onde se completam de fazer as almas? Se sim, a 'vida' consiste em experiência extrema e séria: sua técnica – ou pelo menos parte – exigindo o consciente alijamento, o despojamento, de tudo o que obstrui o crescer da alma, o que a atulha e soterra? Depois, o 'salto mortale' (...) E o julgamento-problema, podendo sobrevir com a simples pergunta: – 'Você chegou a existir?'" ("O Espelho", in *Primeiras Estórias,* Nova Fronteira, 22ª edição, 1988, p. 72) – (N.T.).

O Homem Medíocre

vincularmos a uma parte maior da humanidade; é admirar, a fim de compartilharmos as excelências da natureza e dos homens; é um esforço pelo melhor, um incessante afã de elevação em direção a ideais definidos.

Muitos nascem; poucos vivem. Os homens sem personalidade são inumeráveis e vegetam moldados pelo meio, como cera fundida no cunho social. Sua moralidade de catecismo e sua inteligência quadriculada os reduzem a uma perpétua disciplina do pensar e da conduta; sua existência é negativa como unidades sociais.

O homem de fino caráter, por outro lado, é capaz de mostrar encrespamentos sublimes, como o oceano; nos temperamentos domesticados, tudo parece quieta superfície, como nos manguezais. A falta de personalidade faz com que estes últimos sejam incapazes de iniciativa e resistência. Desfilam inadvertidos, sem aprender nem ensinar, diluindo em tédios sua insipidez, vegetando na sociedade que ignora a sua existência: zeros à esquerda que nada qualificam e para nada contam. Sua falta de robustez moral faz com que cedam à mais leve pressão, sofram todas as influências, altas e baixas, grandes e pequenas, transitoriamente arrastados à altura pela mais leve brisa ou embrulhados pela leve marola de um riacho. Barcos de amplas velas, mas desprovidos de timão, não sabem determinar seu próprio rumo: ignoram se irão varar uma praia arenosa ou arrebentar-se contra um penhasco.

Estão em todas as partes, ainda que em vão buscaríamos um só que se reconhecesse; se o achássemos seria um original, pelo simples fato de alistar-se na mediocridade. Quem não se atribui alguma virtude, certo talento ou um firme caráter? Muitos cérebros torpes se envaidecem com sua teimosia, confundindo a paralisação com a firmeza, que é dom de poucos eleitos; os pândegos se jactam de sua burla e falta de vergonha, equivocando-se com a engenhosidade; os servis e os ingênuos pavoneiam-se de honestos, como se a incapacidade do mal pudera, em algum caso, confundir-se com a virtude.

Se tivéssemos em conta a boa opinião que todos os homens têm de si mesmos, seria impossível discorrer dos que se caracterizam pela ausência de personalidade. Todos acreditam ter uma; e muito sua. Nenhum se dá conta de que a sociedade o submeteu a essa operação aritmética que consiste em reduzir muitas quantidades a um denominador comum: a mediocridade.

Estudemos, pois, os inimigos de toda perfeição, cegos em relação aos astros. Existe uma biografia vastíssima acerca dos inferiores e insuficientes, desde o criminoso e o delirante, até o retardado e o idiota; há, também, uma rica literatura consagrada a estudar o gênio e o talento, razão pela qual a história e a arte convergem a fim de manterem seu culto. Uns e outros, todavia, são exceções. O habitual não é o gênio nem o idiota, não é o talento nem o imbecil. O homem que nos rodeia aos milhares, o que prospera e se reproduz no silêncio e na névoa, é o medíocre.

Toca ao psicólogo dissecar sua mente com firme escalpelo, tal como faz com os cadáveres o professor eternizado por Rembrandt na *Lição de Anatomia:* seus olhos parecem iluminar-se ao contemplar as entranhas mesmas da natureza humana e seus lábios palpitam de eloqüência serena ao dizer sua verdade a quantos o rodeiam.

Por que não deitamos o homem sem ideais sobre nossa mesa de autópsias, até saber o que é, como é, o que faz, o que pensa, para que serve?

As descrições do caráter, ações e costumes de tal homem constituirão um capítulo básico da psicologia e da moral.

3. Em torno do homem medíocre

Com diversas denominações, e com pontos de vista heterogêneos, procurou-se, algumas vezes, definir o homem sem

O Homem Medíocre 49

personalidade. A filosofia, a estatística, a antropologia, a psicologia, a estética e a moral, contribuíram para a determinação de tipos mais ou menos exatos; não se tem observado, todavia, o valor essencialmente social da mediocridade. O homem medíocre – como, em geral, a personalidade humana – apenas pode ser definida em relação à sociedade em que vive, e por sua função social.

Se pudéssemos medir os valores individuais, seriam graduados em escala contínua, de baixo para o alto. Entre os tipos extremos e escassos, observaríamos uma massa abundante de sujeitos, mais ou menos equivalentes, acumulados nos estágios centrais da série. Vã ilusão seria a de quem pretendesse buscar ali o hipotético arquétipo da humanidade, o Homem normal que buscara já Aristóteles; séculos mais tarde, a peregrina ocorrência reapareceu no tempestuoso espírito de Pascal. Mediano, todavia, não é sinônimo de normalidade. O homem normal não existe; não pode existir. A humanidade, como todas as espécies viventes, evolui sem cessar; suas mudanças operam-se desigualmente em numerosos agregados sociais, distintos entre si. O homem normal em uma sociedade não o é em outra; o de há mil anos não o seria hoje, nem no porvir.

Morel equivocava-se, por se esquecer disto, ao concebêlo como um exemplar da *edición princeps* da humanidade, lançada à circulação pelo Supremo Artífice. Partindo desta premissa, definia a degeneração, em todas as suas formas, como uma divergência patológica do perfeito exemplar originário. A partir desta concepção, para se chegar ao culto do homem primitivo era preciso apenas um passo; distanciaram-se, felizmente, de tal prejuízo, os antropólogos contemporâneos. O homem – dizemos agora – é um animal que evolui nas mais recentes idades geológicas do planeta; não foi perfeito em sua origem, nem consiste, sua perfeição, em voltar a suas formas ancestrais, surgidas da animalidade simiesca. Não sendo assim, fatalmente renovaríamos as divertidíssimas lendas do anjo caído, da árvore do bem e do mal, da tentadora serpente, da maçã aceita por Adão e do paraíso perdido...

Quetelet pretendeu formular uma doutrina antropológica ou social acerca do Homem médio: seu ensaio é uma inquisição estatística complicada por inocentes aplicações do abusado *in medio stat virtus*. Não incorreremos no erro de admitir que os homens medíocres podem ser reconhecidos por atributos físicos ou morais que representem um termo médio dos observados na espécie humana. Neste sentido seria um produto abstrato, sem corresponder a nenhum indivíduo de existência real.

O conceito de normalidade humana apenas poderia ser relativo a determinado ambiente social; seriam normais os que melhor "marcam o passo", os que se alinham com mais exatidão nas filas de um convencionalismo social? Neste sentido, homem normal não seria sinônimo de homem equilibrado, senão de *Homem domesticado;* a passividade não é um equilíbrio, não é uma complicada resultante de energias, mas apenas a ausência. Como confundir os grandes equilibrados, Leonardo e Goethe, com os amorfos? O equilíbrio entre dois pratos carregados não pode ser comparado com a quietude de uma balança vazia. O homem sem personalidade não é um modelo, senão uma sombra; se há perigos na idolatria dos heróis e dos homens representativos, à maneira de Carlyle ou Emerson, mais perigoso ainda é repetir essas fábulas que permitiriam olhar como uma aberração toda excelência de caráter, de virtude e de intelecto. Bovio assinalou esse grave erro, pintando o homem médio com características psicológicas precisas: "É dócil, acomodado a todas as pequenas oportunidades, adaptadíssimo a todas as temperaturas de um dia variável, avisado para os negócios, resistente às combinações dos astutos; sem embargo, deslocado de sua medíocre esfera e ungido por uma feliz combinação de intrigas, ele tomba sempre, em seguida, precisamente porque é um equilibrista e não leva em si forças do equilíbrio. Equilibrista não significa equilibrado. Esse é o prejuízo mais grave, do homem medíocre equilibrado e do gênio desequilibrado".

Em seus mais indulgentes comentaristas, esse pretendido equilíbrio se estabelece entre qualidades pouco dignas de admira-

O Homem Medíocre 51

ção, cuja resultante provoca mais lástima do que inveja. Certa vez recebeu Lombroso um telegrama decididamente norte-americano. Era, com efeito, de um grande jornal, e solicitava uma extensa resposta telegráfica à pergunta apresentada com a sugestiva recomendação de um cheque: "Qual é o homem normal?" A resposta desconcertou, sem dúvida, os leitores do jornal. Longe de alardear suas virtudes, traçava um quadro de caracteres negativos e estéreis: "bom apetite, trabalhador, ordenado, egoísta, aferrado aos seus costumes, misioneísta, paciente, respeitador de toda autoridade, animal doméstico". Ou, em mais breves palavras, *fruges consumere natus,* como disse o poeta latino.

Com ligeiras variantes, essa definição evoca a do *Filisteu:* "Produto do costume, desprovido de fantasia, ornado por todas as virtudes da mediocridade, levando uma vida honesta graças à moderação de suas exigências, preguiçoso em suas concepções intelectuais, sobrepondo com paciência comovedora todo o fardo de pré-juízos que herdou de seus antepassados". Nestas linhas refletem-se as investidas, já clássicas, de Heine contra a mentalidade que ele acreditava corrente entre seus compatriotas. Por sua parte, Schopenhauer, em seus *Aforismos,* definiu o perfeito filisteu como sendo um ser que se deixa enganar pelas aparências e leva a sério todos os dogmatismos sociais: constantemente ocupado em submeter-se às farsas mundanas.

A essas definições do homem médio podem aproximar-se outras de caráter intelectual ou estético, não isentas de interesse, ainda que unilaterais. Para alguns, a mediocridade consistiria na inaptidão para exercitar as mais altas qualidades do gênio; para outros, seria a inclinação a pensar quase ao nível da terra. Medíocre corresponderia ao *Burguês,* por contraposição ao *Artista;* Flaubert o definiu como "um homem que pensa de maneira baixa". Julgado com esse critério, parece-lhe detestável.

Assim ele aparece na magnífica silhueta de Hello, atrapalhado prosista católico que nos ensinou a admirar Ruben Dario.

52 JOSÉ INGENIEROS

Distingue o medíocre do imbecil; este ocupa um extremo do mundo e o gênio ocupa o outro; o medíocre está no centro. Será, então, o que em filosofia, em política ou em literatura, chama-se um eclético, um justo meio? De nenhuma maneira, contesta. O que é justo-meio assim o sabe, tem a intenção de sê-lo; o homem medíocre é justo-meio, sem suspeitar desta condição. Ele o é por natureza, não por opinião; por caráter, não por acidente. Em todo minuto de sua vida, em qualquer estado de ânimo, será sempre medíocre. Sua característica, absolutamente inequívoca, é sua deferência em relação à opinião dos demais. Não fala nunca; repete sempre. Julga os homens como os ouve julgar. Reverenciará o seu mais cruel adversário, se este se enaltece; desdenhará seu melhor amigo, se ninguém o elogia. Seu critério carece de iniciativas. Suas admirações são prudentes. Seus entusiasmos são oficiais. Essa definição descritiva – análoga às que repetira Barbey D'Aurevilly –, possui uma sugestiva eloqüência, ainda que parta de premissas estéticas para chegar a conclusões morais.

O "homem normal", de Bovio e de Lombroso, corresponde ao "filisteu" de Heine e de Schopenhauer, aproximando-se ambos do "burguês" anti-artístico de Flaubert e de Barbey D'Aurevilly. Mas, forçoso reconhecê-lo, tais definições são inseguras desde o ponto de vista da psicologia social; convém buscar uma mais exata e inequívoca, abordando o problema por outros caminhos.

4. Conceito social da mediocridade

Nenhum homem é excepcional em todas as suas aptidões; mas poderíamos afirmar que são medíocres, de forma cabal, os que não se sobressaem em nenhuma. Desfilam diante de nós como simples exemplares da história natural, com tanto direito como os gênios e os imbecis. Existem: devem ser estudados. O moralista dirá, depois, se a mediocridade é boa ou má; ao psicólogo, agora,

O Homem Medíocre 53

isto lhe é indiferente; observa os caracteres no meio social em que vivem, descrevendo-os, comparando-os para, afinal, classificá-los da mesma maneira que outros naturalistas observam fósseis em um leito de rio ou mariposas na coroa de uma flor.

Não obstante as infinitas diferenças individuais, existem grupos de homens que podem englobar-se dentro de tipos comuns; tais classificações, simplesmente aproximativas, constituem a ciência dos caracteres humanos, a Etogenia, que reconhece em Teofrasto seu legítimo progenitor. Os antigos fundavam-na sobre os temperamentos; os modernos buscam suas bases na preponderância de certas funções psicológicas. Essas classificações, admissíveis desde um ponto de vista especial, são insuficientes para o nosso propósito.

Se observarmos qualquer sociedade humana, o valor de seus componentes resulta sempre relativo ao conjunto: o homem é um valor social.

Cada indivíduo é o produto de dois fatores: a herança e a educação. A primeira tende a lhe prover de órgãos e de funções mentais que lhes transmitem as gerações precedentes; a segunda é o resultado das múltiplas influências do meio social no qual o indivíduo está obrigado a viver. Esta ação educativa é, por conseguinte, uma adaptação das tendências hereditárias à mentalidade coletiva: uma contínua aclimatação do indivíduo na sociedade.

A criança desenvolve-se *como um animal da espécie humana,* até que começa a distinguir as coisas inertes dos seres vivos e a reconhecer entre estas os seus semelhantes. Os primórdios da sua educação são, então, dirigidos pelas pessoas que a rodeiam, tornando-se cada vez mais decisiva a influência do meio; desde que este predomine, evolui *como um membro de sua sociedade* e seus hábitos se organizam mediante imitação. Mais tarde, as variações adquiridas no curso de sua experiência individual podem fazer com que o homem se caracterize *como uma pessoa diferenciada* dentro da sociedade em que vive.

A imitação desempenha um papel muito amplo, quase exclusivo, na formação da personalidade social; a invenção produz, em troca, as variações individuais. A primeira é conservadora e atua criando hábitos; a segunda é evolutiva e se desenvolve com a imaginação. A diversa adaptação de cada indivíduo ao seu meio depende do equilíbrio entre aquilo que imita e o que inventa. Todos não podem inventar ou imitar da mesma maneira, pois essas aptidões exercitam-se sobre a base de certa capacidade congênita, inicialmente desigual, recebida com a herança psicológica.

O predomínio da variação determina a originalidade. Variar é ser alguém, diferenciar-se é ter um caráter próprio, um penacho, grande ou pequeno: emblema, enfim, de que não vive como simples reflexo dos demais. A função capital do homem medíocre é a paciência imitativa; a do homem superior é a imaginação criadora. O medíocre aspira a confundir-se naqueles que o rodeiam; o original tende a diferenciar-se deles. Enquanto um se predispõe a pensar com a cabeça da sociedade, o outro aspira a pensar com a própria. Nisto se estriba a desconfiança que costuma rodear os caracteres originais: nada parece tão perigoso como um homem que aspira a pensar com sua cabeça.

Podemos recapitular. Considerando cada indivíduo em relação ao seu meio, três elementos concorrem a formar a sua personalidade: a herança biológica, a imitação social e a variação individual.

Todos, ao nascer, recebem como herança da espécie os elementos para adquirir uma *personalidade específica*.

O homem inferior é um animal humano; em sua mentalidade assenhoram-se as tendências instintivas condensadas pela herança e que constituem a "alma da espécie". Sua inaptidão para a imitação impede-o de se adaptar ao meio social em que vive; sua personalidade não se desenvolve até o nível corrente, vivendo por debaixo da moral ou da cultura dominantes, e em muitos casos, fora da legalidade. Essa insuficiente adaptação determina sua incapacidade para pensar como os demais e compartilhar as rotinas comuns.

O Homem Medíocre 55

Os demais, mediante a educação imitativa, copiam das pessoas que os rodeiam uma *personalidade social* perfeitamente adaptada.

O homem medíocre é uma sombra projetada pela sociedade; é, por essência, imitativo e está perfeitamente adaptado para viver em rebanho, refletindo as rotinas, pré-juízos e dogmatismos reconhecidamente úteis para a domesticidade. Assim como o inferior herda a "alma da espécie", o medíocre adquire a "alma da sociedade". Sua característica é imitar a quantos o rodeiam: pensar com a cabeça dos outros e ser incapaz de formar ideais próprios.

Uma minoria, além de imitar a mentalidade social, adquire variações próprias, uma *personalidade individual,* essencialmente diferenciada.

O *homem superior* é um acidente proveitoso para a evolução humana. É original e imaginativo, desadaptando-se do meio social na medida de sua própria variação. Esta se sobrepõe aos atributos hereditários da "alma da espécie" e às aquisições imitativas da "alma da sociedade", constituindo as características singulares da "alma individual", que o distinguem dentro da sociedade. É precursor de novas formas de perfeição, pensa melhor do que o meio em que vive e pode sobrepor ideais seus às rotinas dos demais.

5. O espírito conservador

Tudo o que existe é necessário. Cada homem possui um valor de contraste, se não o tem de afirmação; é um detalhe necessário na infinita evolução do proto-homem ao super-homem. Sem a sombra ignoraríamos o valor da luz. A infâmia nos induz a respeitar a virtude; o mel não seria doce se a aloetina não nos ensinasse o gosto da amargura; admiramos o vôo da águia porque conhecemos o rastejar do verme; encanta mais o gorjeio do rouxinol quando se tem escutado o silvo da serpente. O medíocre representa um progresso, uma vez comparado com o imbecil, ainda que ocupe seu nível se o comparamos com o gênio: suas idiossincrasias sociais são relativas ao meio e ao momento em que atua. De outra maneira, se fosse efetivamente inútil, não existiria: a seleção natural por certo o haveria exterminado. É necessário para a sociedade, como as palavras o são para o estilo. Todavia, não bastaria, para criá-lo, alinhar todos os vocábulos que estão no dicionário; o estilo começa onde aparece a originalidade individual.

Todos os homens de personalidade firme e de mente criadora, seja qual for sua escola filosófica ou seu credo literário, são hostis à mediocridade. Toda criação é um esforço original; a história, naturalmente, conserva o nome de poucos iniciadores e esquece os inúmeros partidários que o imitam. Os visionários de verdades novas, os apóstolos da moral, os inovadores de beleza – desde Renan e Hugo até Guyan e Flaubert –, observam-na como um obstáculo com que o passado obstrui o surgimento de seu trabalho renovador.

Diante da moral social, sem embargo, os medíocres encontram uma justificativa, como tudo o que existe por necessidade. O eterno contraste das forças que ascendem nas sociedades humanas traduz-se pela luta entre duas grandes atitudes, que agitam a mentalidade coletiva: o espírito conservador ou rotineiro e o espírito original ou rebelde.

Belas páginas consagrou-lhe Dorado Monteiro. Crê impossível dividir a humanidade em duas categorias de homens, alguns rebeldes em tudo e outros apenas rotineiros; se assim o fosse, não saberia dizer quais interpretam melhor a vida. Não é factível um viver imóvel de gentes todas conservadoras, nem o é um instável vaivém de rebeldes e insubmissos, para quem nada existente é suficientemente bom e nenhum caminho digno de ser seguido. É verossímil que ambas as forças sejam igualmente imprescindíveis. Obrigados a eleger, daríamos preferência a uma atitude conserva-

O HOMEM MEDÍOCRE

dora? A originalidade necessita de um contrapeso robusto que previna seus excessos; haveria leviandade em fustigar os homens metódicos e de passo tardio, pois eles constituem os tecidos sociais mais resistentes, suporte dos outros. À maneira dos organismos, os distintos elementos sociais servem-se mutuamente de suporte; em vez de se olharem como inimigos, deveriam considerar-se cooperadores de uma obra única, mas complicada. Se no mundo não houvesse mais do que rebeldes, não se poderia caminhar, tornando-se impossível a rebeldia se faltasse contra quem se rebelar. E, sem os inovadores, quem empurraria o carro da vida sobre o qual vão aqueles tão satisfeitos? Em vez de se combater, ambas as partes deveriam entender que não teriam motivo de existir, não fosse a outra. O conservador sagaz pode bendizer o revolucionário, tanto como este àquele. Eis aqui uma nova base para a tolerância: cada homem necessita de seu inimigo.

Se tiveram igual razão de ser os imitadores e os originais, como argüi o pensador espanhol, sua justificação estaria feita. Ser medíocre não é uma culpa; sendo-o, sua conduta é legítima. Acertam os que retiram de sua vida o maior sumo e procuram passar o melhor possível os curtos dias sobre a terra, sem consagrar uma hora ao seu próprio aperfeiçoamento moral, sem se preocupar com o próximo, nem tampouco com as gerações posteriores? É pecado agir deste modo? Pecam, talvez, os que não pensam em si e vivem para os demais: os abnegados, os altruístas, os que sacrificam seus gozos e forças em benefício alheio, renunciando às suas comodidades e mesmo à sua vida, como ocorre todos os dias? Por indefectível que seja pensar no amanhã e dedicar-lhe certa parte de nossos esforços, é impossível deixar de viver no presente, pensando nele, sequer em parte. Antes das gerações que estão por vir, estão as atuais; outrora foram futuras e para elas trabalharam as passadas.

Este raciocínio, ainda que um tanto *sanchesco,* seria respeitável, se colocássemos o problema no terreno abstrato do homem extra-social; vale dizer, fora de toda sanção presente e futura. Evidentemente cada homem é como é e não poderia ser de outra maneira; fazendo abstração de toda moralidade, teria tão pouca culpa de seu delito, o assassino, quanto de sua criação, o gênio. O original e o rotineiro, o folgado e o trabalhador, o mau e o bom, o generoso e o avarento, todos o são com o peso que lhes corresponde; não o seriam se o equilíbrio entre seu temperamento e a sociedade os impedisse.

Por que, então, a humanidade admira os santos, os gênios, os heróis, todos os que inventam, ensinam ou plasmam, os que pensam no porvir, encarnando-o em um ideal, ou aqueles que forjam um império, Sócrates e Cristo, Aristóteles e Bacon, César e Washington? Aplaude-os porque toda a sociedade tem, implícita, uma moral, uma tábua própria de valores que aplica para julgar cada um de seus componentes, não já segundo as conveniências individuais, senão segundo sua utilidade social. Em cada povo e em cada época a medida do excelso está nos ideais de perfeição que se denominam gênio, heroísmo e santidade.

A imitação conservadora deve, pois, ser julgada por sua função de resistência, destinada a conter o impulso criador dos homens superiores e as tendências destrutivas dos sujeitos anti-sociais. No prolegômeno de seu ensaio sobre o gênio e o talento, Nordau faz seu elogio irônico; para toda mente elevada o *filisteu* é a besta negra e nesta hostilidade vê uma evidente ingratidão. Parece-lhe útil; com um pouco de benevolência chegaria a conceder-lhe essa relativa beleza das coisas perfeitamente adaptadas ao seu objetivo. É o fundo de perspectiva na paisagem social. De sua exigüidade estética depende todo o relevo adquirido pelas figuras que ocupam o primeiro plano. Os ideais dos homens superiores permaneceriam em estado de quimeras se não fossem recolhidos e realizados por filisteus, desprovidos de iniciativas pessoais, que vivem esperando – com encantadora ausência de idéias próprias – os impulsos e as sugestões dos cérebros luminosos. É verdade que o rotineiro não cede facilmente às instigações dos originais; mas sua mesma inér-

O Homem Medíocre 59

cia é garantia de que apenas recolhe as idéias de provada conveniência para o bem-estar social. Sua grande culpa consiste em que se encontra desprovido de qualquer necessidade de buscá-lo; seu número é imenso. Apesar de tudo, é necessário; constitui o público desta comédia humana em que os homens superiores avançam para a frente do palco, buscando seu aplauso e sua sanção. Nordau chega a dizer com fina ironia: "Cada vez que alguns homens de gênio se encontram, reunidos em torno de uma mesa de cervejaria, seu primeiro brinde, em virtude do direito e da moral, deveria ser para o filisteu".

É tão exagerado este critério irônico que proclama sua conspicuidade, como o critério estético que o relega à mais baixa esfera mental, confundindo-o com o homem inferior. Individualmente considerado através da lente moral-estética, é uma entidade negativa; mas, tomados os medíocres em seu conjunto, podem ser-lhes reconhecidas funções de lastro, indispensáveis para o equilíbrio da sociedade.

Merecem essa Justiça. A continuidade da vida social seria possível sem essa compacta massa de homens puramente imitativos, capazes de conservar hábitos rotineiros que a sociedade lhes infunde mediante educação? O medíocre não inventa nada, não cria, não empurra, não rompe, não engendra; mas, em contrapartida, custodia zelosamente a armadura de automatismos, pré-juízos e dogmas acumulados durante séculos, defendendo esse capital comum contra as fraudes dos inadaptados. Seu rancor em relação aos criadores é compensado por sua resistência direcionada aos destruidores. Os homens sem ideais desempenham na história humana o mesmo papel que a herança na evolução biológica; conservam e transmitem as variações úteis para a continuidade do grupo social. Constituem uma força destinada a contrastar o poder dissolvente dos inferiores e a conter as antecipações atrevidas dos visionários. A coesão do conjunto, deles necessita, como um mosaico bizantino precisa do cimento que o sustém. Entretanto – há de ser dito – o cimento não é o mosaico.

Sua ação seria nula sem o esforço fecundo dos originais, que inventam aquilo que é imitado depois. Sem os medíocres não haveria estabilidade nas sociedades; mas, sem os superiores não pode ser concebido o progresso, pois a civilização seria inexplicável em uma raça constituída por homens sem iniciativa. Evoluir é variar; apenas se varia mediante invenção. Os homens imitativos limitam-se a atesourar as conquistas dos originais; a utilidade do rotineiro está subordinada à existência do idealista, como a fortuna dos livreiros se estriba no gênio dos escritores. A "alma social" é uma empresa anônima que explora as criações das melhores "almas individuais", resumindo as experiências adquiridas e ensinadas pelos inovadores.

São a minoria; mas, são levedo de maiorias que virão. As rotinas defendidas hoje pelos medíocres são simples glosas coletivas de ideais, concebidos ontem por homens originais. O grosso rebanho social vai ocupando, a passo de tartaruga, as posições atrevidamente conquistadas muito antes por seus sentinelas perdidos na distância; e estes já estão muito longe quando do a massa crê firmar o passo em sua retaguarda. O que ontem foi ideal contra uma rotina, será amanhã rotina, por sua vez, contra outro ideal. Indefinidamente, porque a perfectibilidade é indefinida.

Se os hábitos resumem a experiência passada de povos e de homens, dando-lhes unidade, os ideais orientam sua experiência futura e marcam seu provável destino. Os idealistas e os rotineiros são fatores igualmente indispensáveis, ainda que uns desconfiem dos outros. Complementam-se na evolução social, mesmo que se observem com obliqüidade. Se os primeiros fazem mais pelo porvir, os segundos interpretam melhor o passado. A evolução equilibrada de uma sociedade depende, de um lado, da incessante busca pela perfeição; de outro, da contenção dos excessos desta mesma busca, obtida pelo estabelecimento de firmes tradições.

O Homem Medíocre

6. Perigos sociais da mediocridade

A psicologia dos homens medíocres caracteriza-se por um traço comum: a incapacidade de conceber uma perfeição, de formar um ideal.

São rotineiros, honestos e mansos; pensam com a cabeça dos demais, compartilham a alheia hipocrisia moral e ajustam seu caráter às domesticidades convencionais.

Estão fora de sua órbita a engenhosidade, a virtude e a dignidade, privilégios dos caracteres excelentes; sofrem em razão deles e os desdenham. São cegos para as auroras; ignoram a quimera do artista, o sonho do sábio e a paixão do apóstolo. Condenados a vegetar, não suspeitam que existe o infinito além de seus horizontes,

O horror do desconhecido os ata a mil pré-juízos, tornando-os timoratos e indecisos: nada excita a sua curiosidade; carecem de iniciativa e se voltam sempre ao passado, como se tivessem os olhos na nuca.

São incapazes de virtude; não a concebem ou ela lhes exige demasiado esforço. Nenhum afã de santidade encrespa o sangue em seu coração; muitas vezes não cometem crimes por covardia diante do remorso.

Não vibram nas tensões mais altas de energia; são frios, ainda que ignorem a serenidade; apáticos, destituídos da previsão; acomodados sempre, nunca equilibrados. Não sabem tremer de calafrio sob uma terna carícia, nem provocar uma avalanche de indignação, diante de uma ofensa.

Não vivem sua vida para si mesmos, senão para o fantasma que projetam na opinião de seus semelhantes. Carecem de linha; sua personalidade se borra como um traço de carvão sob o esfuminho, até desaparecer. Trocam sua honra por uma prebenda e trancam à chave a sua dignidade para evitar um perigo; renunciariam a viver antes que gritar a verdade frente ao erro de muitos. Seu cérebro e seu coração estão entorpecidos por igual, como pólos de ímã gasto. Quando se juntam, são perigosos. A força do número supre a debilidade individual: juntam-se aos milhares para oprimir quantos desdenham encadear sua mente com os grilhões da rotina.

Subtraídos à curiosidade do sábio em razão da couraça de sua insignificância, fortificam-se na coesão do total; por isso a mediocridade é moralmente perigosa e seu conjunto é nocivo em certos momentos da história quando reina o clima da mediocridade.

Existem épocas nas quais o equilíbrio social se rompe em seu favor. O ambiente torna-se refratário a todo afã de perfeição; os ideais se esgotam e a dignidade se ausenta; os homens acomodados têm, então, a sua primavera florida. Os estados se convertem em mediocracias; a falta de aspirações para manter alto o nível de moral e de cultura, alarga-se em pântano de forma constante.

Ainda que isolados não mereçam atenção, em conjunto constituem um regime, representam um sistema especial de interesses inalterados. Subvertem a tábua dos valores morais, falseando nomes, desvirtuando conceitos: pensar é um desvario, a dignidade é irreverência, é lirismo a justiça, a sinceridade é tontice; a admiração, uma imprudência; a paixão, ingenuidade; a virtude, uma estupidez.

Na luta das conveniências presentes contra os ideais futuros, do vulgar contra o excelente, é costume ver-se mesclado o elogio do subalterno com a difamação do conspícuo, sabendo que o referido elogio, a exemplo daquela difamação, comove por igual os espíritos embrutecidos. Os dogmatistas e os servis aguçam seus silogismos para falsear os valores na consciência social; vivem na mentira, comem dela. Semeiam, regam, podam, colhem a mentira para, afinal, comê-la novamente. Assim, criam um mundo de valores fictícios que favorece a culminação dos obtusos; assim, tecem sua surda teia em torno dos gênios, dos santos, dos heróis, obstruindo nos povos a

O Homem Medíocre · 63

admiração de sua glória. Fecham o curral cada vez que se escuta, nas cercanias, o guincho inequívoco da águia.

Nenhum idealismo é respeitado. Se um filósofo estuda a verdade, tem que lutar contra os dogmatistas mumificados; se um santo persegue a virtude, se estrumbica contra os pré-juízos morais dos homens acomodados; se o artista sonha novas formas, ritmos ou harmonias, fecham-lhe o passo as regulamentações oficiais da beleza; se o namorado quer amar escutando o seu coração, esbarra nas hipocrisias do convencionalismo; se um juvenil impulso de energia leva a inventar, a criar, a regenerar, a velhice conservadora ata-lhe o passo; se alguém, com gesto decisivo, ensina a dignidade, a turba dos servis lhe responderá ladrando; ao que toma o caminho das alturas, os invejosos lhe carcomem a reputação com sanha e maleficência; se o destino chama um gênio, um santo ou um herói para reconstituir uma raça ou um povo, as mediocracias, tacitamente arregimentadas, resistem-lhe, a fim de enaltecerem seus próprios arquétipos. Todo idealismo encontra nestes climas seu Tribunal do Santo Ofício.

7. A vulgaridade

A vulgaridade é a água-forte da mediocridade. Na ostentação do medíocre reside a psicologia do vulgar; basta insistir nos traços suaves da aquarela para se ter a água-forte.

Dir-se-ia que é um revivescimento de antigos atavismos. Os homens se vulgarizam quando reaparece em seu caráter o que foi mediocridade nas gerações ancestrais: os vulgares são medíocres de raças primitivas: foram perfeitamente adaptados em sociedades selvagens, mas carecem da domesticação que os confundiria com seus contemporâneos. Se conserva uma dócil aclimatação em seu rebanho, o medíocre pode ser rotineiro, honesto e manso, sem ser decididamente vulgar. A vulgaridade é uma acentuação dos estigmas comuns a todo ser gregário; apenas floresce quando as sociedades se desequilibram em desfavor do idealismo. É a renúncia ao pudor daquele que carece de nobreza. Nenhum trabalho original a comove. Desdenha o verbo altivo e os romanticismos comprometedores. Sua zombaria é pouco consistente, sua palavra muda, seu observar opaco. Ignora o perfume da flor, a inquietude das estrelas, a graça do sorriso, o rumor das asas. É a inviolável trincheira oposta ao florescimento do engenho e do bom gosto; é o altar onde oficia Panurgo e Bertoldo cifra seu sonho ao servir-lhe de coroinha.

A vulgaridade é o brasão nobiliárquico dos homens envaidecidos de sua mediocridade; custodiam-na como ao tesouro, o avarento. Põem sua maior jactância em exibi-la, sem suspeitar que é sua vergonha. Estala inoportuna na palavra ou no gesto, rompe em um só segundo o encanto preparado em muitas horas, amassa sob sua pata toda eclosão luminosa do espírito. Incolor, surda, cega, insensível, rodeia-nos e nos encara; deleita-se no grotesco, vive no escuro, agita-se nas trevas. É, em relação à mente, o que são, em relação ao corpo, os defeitos físicos, o aleijamento e o estrabismo: é a incapacidade de pensar e de amar, a incompreensão do belo, o desperdício da vida, toda sordidez. A conduta, em si mesma, não é distinta nem vulgar; a intenção enobrece os atos, eleva-os, idealiza-os e, em outros casos, determina a sua vulgaridade. Certos gestos, que em circunstâncias ordinárias seriam sórdidos, podem resultar poéticos, épicos; quando Cambronne, convidado pelo inimigo a se render, responde sua palavra memorável, eleva-se a um cenário homérico e é sublime.

Os homens vulgares queriam pedir a Circe a beberagem com a qual foram transformados em porcos os companheiros de Ulisses, para receitá-la a todos os que possuem um ideal. Existem por todas as partes e sempre que ocorre um recrudescimento da mediocridade: entre a púrpura e a escória, na avenida e no subúrbio, nos parlamentos e nas prisões, nas universidades e nos estábulos. Em certos momentos, ousam chamar ideais os seus apeti-

O Homem Medíocre 65

tes, como se a urgência de satisfações imediatas pudesse confundir-se com o afã de perfeições infinitas. Os apetites se fartam. Os ideais, nunca.

Repudiam as coisas líricas porque estas obrigam a pensamentos muito altos e a gestos demasiado dignos. São incapazes de estoicismos: sua frugalidade é um cálculo para gozar mais tempo dos prazeres, reservando maior perspectiva de gozo para a velhice impotente. Sua generosidade é sempre dinheiro dado à usura. Sua amizade é uma complacência servil ou uma bajulação proveitosa. Quando acreditam praticar alguma virtude, degradam a honestidade mesma, enfeiando-a com algo de miserável ou baixo que a macula.

Admiram o utilitarismo egoísta, imediato, pequeno, contado. Postos a eleger, nunca seguirão o caminho que lhes indique sua própria inclinação, senão o que lhes marcaria o cálculo de seus iguais. Ignoram que toda grandeza de espírito exige a cumplicidade do coração. Os ideais irradiam sempre em intensas cores; seus préjuízos, ao contrário, são frios, porque são alheios. Um pensamento não fecundado pela paixão é como o sol de inverno; alumbra, mas sob seus raios pode-se morrer gelado. A baixeza do propósito rebaixa o mérito de todo esforço e aniquila as coisas elevadas. Excluindo o ideal, fica suprimida a possibilidade do sublime. A vulgaridade é um vento que gela todo germe de poesia capaz de embelezar a vida.

O homem sem ideais faz da arte um ofício; da ciência, um comércio; da filosofia, um instrumento; da virtude, uma empresa; da caridade, uma festa; do prazer, um sensualismo. A vulgaridade transforma o amor da vida em pusilanimidade; a prudência, em covardia; o orgulho, em vaidade; o respeito, em servilismo. Leva à ostentação, à avareza, à falsidade, à avidez, e à simulação; por trás do homem medíocre assoma o antepassado selvagem que conspira em seu interior, acossado pela fome de atávicos instintos e sem outra aspiração que a sua satisfação.

Nesta crise, enquanto a mediocridade torna-se atrevida e militante, os idealistas vivem desorbitados, esperando outro clima. Ensinam a purificar a conduta no filtro de um ideal; impõem seu respeito àqueles que não podem concebê-lo. No culto aos gênios, aos santos e aos heróis, têm sua arma; despertando-o, assinalando exemplos às inteligências e aos corações, pode minguar a onipotência da vulgaridade, porque em toda larva sonha, por acaso, a mariposa. Os homens que viveram em perpétuo florescimento de virtude, revelam com seu exemplo que a vida pode ser intensa e conservar-se digna; dirigir-se às alturas, sem se encharcar em lodaçais tortuosos; encrespar-se de paixão, tempestuosamente, como o oceano, sem que a vulgaridade turve as águas cristalinas da onda, sem que o murmurar das suas fontes seja afetado pelo opaco do limo.

Em uma meditação de viagem, ouvindo sibilar o vento entre os mastros, a humanidade pareceu-nos como um veleiro que cruza o tempo infinito, ignorando seu ponto de partida e seu destino remoto. Sem velas, seria estéril a pujança do vento; sem vento, de nada serviriam as amplas velas. A mediocridade é o complexo velame das sociedades, a resistência que estas opõem ao vento para utilizar sua pujança; a energia que infla as velas, e arrasta a embarcação inteira, e a conduz, e a orienta, são os idealistas: sempre resistidos por aquela. Assim – resistindo-lhes, como as velas ao vento –, os rotineiros aproveitam o impulso dos criadores. O progresso humano é a resultante deste contraste perpétuo entre massas inertes e energias propulsoras.

Capítulo II
A Mediocridade Intelectual

1. O homem rotineiro

A rotina é um esqueleto fóssil cujas peças resistem à carcoma dos séculos. Não é filha da experiência; é sua caricatura. A primeira é fecunda e engendra verdades; estéril é a outra e mata as verdades.

Em sua órbita giram os espíritos medíocres. Evitam sair dela e cruzar espaços novos; repetem que é preferível o mau conhecido do que o bom por conhecer. Ocupados em desfrutar o existente, cobram horror a toda inovação que perturbe sua tranqüilidade e lhes cause desassossego. As ciências, os heroísmos, as originalidades, os inventos, a virtude mesma, parecem-lhes instrumentos do mal, enquanto desarticulam os caminhos de seus erros: como os selvagens, as crianças e as classes incultas.

Acostumados a copiar escrupulosamente os pré-juízos do meio em que vivem, aceitam sem controle as idéias destiladas no laboratório social: como esses enfermos de estômago estropiado que se alimentam com substâncias já digeridas nos frascos das farmácias. Sua impotência para assimilar idéias novas os constrange a freqüentar as antigas.

A Rotina, síntese de todas as renúncias, é o hábito de renunciar a pensar. Nos rotineiros tudo é menor esforço. A tibieza enferruja sua inteligência. Cada hábito é um risco, porque a familiaridade sucede às coisas detestáveis e às pessoas indignas. Os atos que em princípio provocavam pudor, acabam por parecer naturais; o olho percebe tons violentos como simples matizes, o ouvido escuta as mentiras com o igual respeito com que escuta as verdades. O coração, por sua parte, aprende a não se agitar por ações torpes.

Os pré-juízos são crenças anteriores à observação; os juízos, exatos ou errôneos, são consecutivos a ela. Todos os indivíduos possuem hábitos mentais; os conhecimentos adquiridos facilitam os conhecimentos futuros e marcam seu rumo. Em certa medida, ninguém pode subtrair-se a eles. Não são exclusivos dos homens medíocres; mas, neles, representam sempre uma passiva condescendência ao erro alheio. Os hábitos adquiridos pelos homens originais são genuinamente seus, já que lhes são intrínsecos: constituem seu critério quando pensam e seu caráter quando atuam; são individuais e inconfundíveis. Diferem substancialmente da Rotina, que é coletiva e sempre perniciosa, extrínseca ao indivíduo, comum ao rebanho: consiste em contagiar-se dos pré-juízos que infestam a cabeça dos demais. Aqueles caracterizam os homens; esta empana as sombras. O indivíduo se plasma nos primeiros; a sociedade impõe a segunda. A educação oficial abarca esse perigo: procura borrar toda originalidade pondo iguais pré-juízos em cérebros distintos. O ardil persiste no inevitável trato mundano com homens rotineiros. O contágio mental flutua na atmosfera e acossa por todas as partes; nunca se viu um tonto originalizado por contigüidade mas é freqüente que um indivíduo engenhoso se acomode entre papalvos. É mais contagiosa a mediocridade do que o talento.

Os rotineiros raciocinam com a lógica dos demais. Disciplinados pelo desejo alheio, encaixam-se em seu arquivo social e catalogam-se como recrutas nas filas de um regimento. São dóceis à pressão do conjunto, maleáveis sob o peso da opinião pública que os achata como um inflexível laminador. Reduzidos a sombras vãs, vivem do juízo alheio; ignoram-se a si mesmos, limitando-se a crer como os demais crêem. Os homens excelentes, por outro lado, desdenham a opinião alheia na justa proporção com que respeitam a própria, sempre mais severa, ou a de seus iguais.

O Homem Medíocre 69

São grosseiros, sem se crerem, por isso, desgraçados. Se não presumissem a sua razoabilidade, seu disparate enterneceria. Ouvindo-os falar uma hora, parece que esta compreende mil minutos. A ignorância é o seu verdugo, como o foi outrora do servo e ainda o é do selvagem; ela os faz instrumentos de todos os fanatismos, dispostos à domesticidade, incapazes de gestos dignos. Enviariam, em comissão, um lobo e um cordeiro, surpreendendo-se sinceramente se o lobo voltasse sozinho. Carecem de bom gosto e de aptidão para adquiri-lo. Se o humilde guia do museu não os detém com insistência, passam indiferentes junto a uma madona de Michelângelo ou a um retrato de Rembrandt; à saída, assombram-se com qualquer estante onde se expõem oleografias de toureiros espanhóis ou generais americanos.

Ignoram que o homem vale por seu saber; negam que a cultura é a mais funda fonte da virtude. Não tentam estudar; suspeitam, acaso, da esterilidade de seu esforço, como essas mulas que pelo costume de marchar ao passo perderam o uso do galope. Sua incapacidade de meditar acaba por convencê-los de que não há problemas difíceis e qualquer reflexão lhes parece um sarcasmo; preferem confiar em sua ignorância para adivinhar tudo. Basta que um prejuízo seja verossímil para que o aceitem e o difundam; quando acreditam equivocar-se, podemos jurar que cometeram a imprudência de pensar. A leitura lhes produz efeitos de envenenamento. Suas pupilas deslizam frivolamente sobre centões absurdos; gostam dos mais superficiais, desses em que nada poderia aprender um espírito claro, ainda que resultem bastante profundos para empantanar o torpe. Tragam sem digerir, o que lhes provoca a indigestão mental; ignoram que o homem não vive do que engole, senão do que assimila. A obstrução pode convertê-los em eruditos e a repetição dar-lhes hábitos de ruminante. Todavia, acumular dados não é aprender; tragar não é digerir. A mais intrépida paciência não faz de um rotineiro um pensador; deve-se saber amar e sentir a verdade. As noções mal digeridas apenas servem para obstruir o entendimento.

Povoam sua memória com máximas de almanaque e as ressuscitam de tempos em tempos, como se fossem sentenças. Sua cerebração precária tartamudeia pensamentos vulgares, fazendo gala de simplicidades que são a espuma inocente de sua tontice. Incapazes de avivar sua própria cabeça, renunciam a qualquer sacrifício, alegando a insegurança de seu resultado; não suspeitam que "há mais prazer em marchar em direção à verdade do que chegar a ela".

Suas crenças, marcadas por fanatismos de todos os credos, abarcam zonas circunscritas por superstições pretéritas. Chamam ideais as suas preocupações, sem advertir que são simples rotina engarrafada, paródias de razão, opiniões sem juízo. Representam o sentido comum desbocado, sem o freio do bom sentido.

São prosaicos. Não têm afã de perfeição: a ausência de ideais os impede de pôr em seus atos o grão de sal que poetiza a vida. Satura-lhes essa tontice humana que obcecava Flaubert, insuportavelmente. Descreveu-a em muitos personagens, tanta parte tem na vida real. Homias e Bournisieu são seus protótipos; é impossível julgar se é mais tonto o racionalismo acometido do boticário livre-pensador ou a casuística pegajosa do eclesiástico profissional. Por isso os fez felizes, de acordo com sua doutrina: "Ser tonto, egoísta e ter uma boa saúde, eis aí as três condições para ser feliz. Sem embargo, se lhes falta a primeira tudo está perdido".[1]

Sancho Pança é a encarnação perfeita desta animalidade humana: resume em sua pessoa as mais conspícuas proporções de tontice, egoísmo e saúde. Em hora para ele fatídica, chega a maltratar seu amo, em uma cena que simboliza o desbordamento vilão da mediocridade sobre o idealismo. Horroriza pensar que escritores espa-

---

[1] A esse respeito, vale verificar as palavras de um personagem de Dostoievski: "Asseguro-vos, senhores, que o excesso de consciência é doença, uma doença verdadeira e completa. Para as necessidades diárias do homem, seria mais que suficiente a consciência humana comum, isto é, uma porção igual à metade ou à quarta parte da que é concedida ao homem culto de nosso século XIX (...)" *(Notas do Subterrâneo,* Civilização Brasileira, 1986, p. 15) (N.T.)

O HOMEM MEDÍOCRE
71

nhóis, crendo mitigar com isso os estragos da quixoteria, tornaram-se apologistas do grosseiro Pança, opondo seu bastardo sentido prático aos quiméricos sonhos do cavaleiro; houve quem o encontrou cordial, fiel, crédulo, iludido, em grau suficiente para o transformar em símbolo exemplar de vilarejos. Como não distinguir que um tem ideais e o outro apetites, um tem dignidade e o outro servilismo, um tem fé e o outro credulidade, um delírios originais de sua cabeça e o outro absurdas crendices imitadas da vida alheia? A todos respondeu com profunda emoção o autor da *Vida de Quixote e Sancho,* em que o conflito espiritual entre o senhor e o lacaio se resolve na evocação das palavras memoráveis pronunciadas pelo primeiro: "asno eres e asno há de ser e em asno há de parar quando se te acabe o curso da vida"; dizem os biógrafos que Sancho chorou, até se convencer de que, para sê-lo, faltava-lhe apenas a cauda. O símbolo é cristão. A moral não é menos; frente a cada forjador de ideais alinham-se impávidos mil Sanchos, como se para conter a vinda da verdade, fosse preciso um complô de todas as hostes da estultícia.

A luz solar da originalidade cega o homem rotineiro. Foge dos pensadores alados, albino diante de sua luminosa reverberação. Teme embriagar-se com o perfume de seu estilo. Se estivesse em seu poder, os proscreveria em massa, restaurando a inquisição ou o terror: aspectos equivalentes de um mesmo zelo dogmatista.

Todos os rotineiros são intolerantes; sua exígua cultura os condena a sê-lo. Defendem o anacrônico e o absurdo; não permitem que suas opiniões sofram o calor da experiência. Chamam herege àquele que busca uma verdade ou persegue um ideal; os negros queimam Bruno e Servet, os vermelhos decapitam Lavoisier e Cheiner. Ignoram a sentença de Shakespeare: "o herege não é o que arde na fogueira, senão aquele que a acende". A tolerância dos ideais alheios é virtude suprema daqueles que pensam. É difícil para os semi-cultos; inacessível. Exige um perpétuo esforço de equilíbrio ante o erro dos demais; ensina a suportar essa conseqüência legítima da falibilidade de todo juízo humano. O que fatigou muito para formar suas crenças, sabe respeitar as crenças dos demais. A tolerância é o respeito, nos outros, de uma virtude própria; a firmeza das convicções, reflexivamente adquiridas, faz estimar nos mesmos adversários um mérito cujo preço se conhece.

Os homens rotineiros desconfiam de sua imaginação, persignando-se quando esta os atribula com heréticas tentações. Renegam a verdade e a virtude se elas demonstram o erro de seus pré-juízos; mostram grave inquietude quando alguém se atreve a perturbá-los. Existiram astrônomos que se negaram a olhar o céu através de telescópios, temendo ver desbaratados seus erros mais firmes.

Em toda nova idéia pressentem um perigo; se lhes dissessem que seus pré-juízos são idéias novas, chegariam a acreditar serem perigosos. Essa ilusão os faz dizer coisas estúpidas com a solene prudência de vaticinador que teme desorbitar o mundo com suas profecias. Preferem o silêncio e a inércia; não pensar é a sua única maneira de não se equivocar. Seus cérebros são casas de hospedagem desprovidas de donos; os demais pensam por eles, que agradecem, no íntimo, esse favor.

Em tudo o que não há pré-juízos definitivamente consolidados, os rotineiros carecem de opinião. Seus olhos não sabem distinguir a luz da sombra, como os grosseiros não distinguem o ouro do latão: confundem a tolerância com a covardia, a discrição com o servilismo, a complacência com a indignidade, a simulação com o mérito. Chamam sensatos aos que subscrevem mansamente os erros consagrados e conciliadores aos que renunciam a ter crenças próprias; a originalidade no pensar lhes produz calafrios. Comungam em todos os altares, espezinhando crenças incompatíveis e chamando ecletismo suas máculas; acreditam, por isso, descobrir uma agudeza particular na arte de não se comprometer com juízos decisivos. Não suspeitam que a dúvida do homem superior foi sempre de outra espécie, antes já de que o explicasse Descartes: é o afã de retificar os próprios erros até aprender que toda crença é falível e que os ideais admitem aperfeiçoamentos indefinidos. Os rotineiros, ao contrário, não se corrigem nem se desconvencem

O HOMEM MEDÍOCRE 73

nunca; seus pré-juízos são como os cravos: quanto mais são golpeados mais adentram. Entediam-se com os escritores que deixam rastros onde põem a mão, denunciando uma personalidade em cada frase, máxime se intentam subordinar o estilo às idéias; preferem as descoloridas elucubrações dos autores engalanados, isentas das arestas que dão relevo a toda forma e cujo mérito consiste em transfigurar vulgaridades mediante adjetivos barrocos. Se um ideal vacila e aparece nas páginas, se a verdade faz esquentar o pensamento nas frases, os livros lhes parecem material de fogueira; quando eles podem ser um ponto luminoso no porvir ou em direção à perfeição, os rotineiros desconfiam.

A caixa cerebral do homem rotineiro é uma caixinha vazia. Não podem raciocinar por si mesmos, como se o senso lhes faltasse. Uma antiga lenda conta que quando o criador povoou o mundo de homens, começou a fabricar corpos à guisa de manequins. Antes de lançá-los à circulação, levantou suas calotas cranianas e encheu as cavidades com pastas divinas, amalgamando as aptidões e qualidades do espírito, boas e más. À parte a imprevisão no cálculo das quantidades e o desalento ao ver os primeiros exemplares de sua obra mestra, o certo é que ficaram muitos sem mescla e foram enviados ao mundo sem nada dentro. Tal legendária origem explicaria a existência de homens cuja cabeça tem uma significação puramente ornamental.

Vivem de uma vida que não é viver. Crescem e morrem como as plantas. Não necessitam ser curiosos nem observadores. São prudentes, por definição, de uma prudência desesperadora: se um deles passasse junto ao campanário inclinado de Pisa, se afastaria dele, temendo ser esmagado. O homem original, imprudente, detém-se a contemplá-lo; um gênio vai mais longe; trepa no campanário, observa, medita, ensaia, até descobrir as leis mais altas da física. Galileu.

Se a humanidade houvesse contado apenas com os rotineiros, nossos conhecimentos não excederiam os que teve nosso ancestral hominídio. A cultura é o fruto da curiosidade, desta inquietude misteriosa que convida a olhar o fundo de todos os abismos. O ignorante não é curioso; nunca interroga a natureza. Observa Ardigó, que as pessoas vulgares passam a vida inteira vendo a lua em seu lugar, acima, sem se perguntarem por que está sempre ali e não cai; acreditarão que tal pergunta não é própria de um homem cordato. Dirão que está ali porque ali é o seu lugar e pensarão ser estranho que se busque a explicação de coisa tão natural. Apenas o homem de bom sentido, que comete a incorreção de opor-se ao sentido comum, vale dizer, um original ou um gênio – que nisto se homologam –, pode formular a pergunta sacrílega: por que a lua está ali e não cai? Este homem que ousa desafiar a rotina é Newton, um audaz a quem incumbe adivinhar qualquer semelhança entre a pálida lâmpada suspensa no céu e a maçã que cai da árvore mexida pela brisa. Nenhum rotineiro haveria descoberto que uma mesma força faz girar a lua para cima e cair a maçã para baixo.

Nestes homens, imunes à paixão da verdade, supremo ideal a que sacrificam sua vida pensadores e filósofos, não cabem impulsos de perfeição. Suas inteligências são como as águas mortas; povoam-se de gérmens nocivos e acabam por decompor-se. Aquele que não cultiva a sua mente, vai direto à desagregação de sua personalidade. Não desbaratar a própria ignorância é perecer em vida. As terras férteis apodrecem quando não são cultivadas; os espíritos rotineiros povoam-se de pré-juízos, que os escravizam.

2. Os estigmas da mediocridade intelectual

No verdadeiro homem medíocre a cabeça é um simples adorno do corpo. Se nos ouve dizer que serve para pensar, crê que estamos loucos. Diria que assim esteve Pascal, se lesse suas palavras decisivas: "Posso conceber um homem sem mãos, sem pés; chegaria até a concebê-lo sem cabeça, se a experiência não me ensinasse que por ela se pensa. É o pensamento o que caracteriza o

O HOMEM MEDÍOCRE 75

homem; sem ele não podemos concebê-lo" *(Penséé,* XXIII). Se disto deduzíssemos que quem não pensa não existe, a conclusão o despencaria de tanto rir.

Nascido sem *esprit de finesse,* desesperaria-se em vão por adquiri-la. Carece de perspicácia adivinhadora; está condenado a não adentrar nas coisas ou nas pessoas. Sua tontice não apresenta soluções de continuidade. Quando a inveja o corrói, pode colorir-se de agridoces perversidades; fora de tal caso, dir-se-ia que a pureza de seu candor não apresenta uma só mancha de engenho.

O medíocre é solene. Na pompa grandíloqua das exterioridades busca um disfarce para sua íntima insubstancialidade; acompanha com fofa retórica os mínimos atos e pronuncia palavras vazias, como se a humanidade inteira quisesse ouvi-las. As mediocracias exigem de seus atores certa seriedade convencional, que dá importância na fantasmagoria coletiva. Aqueles que estimam o êxito o sabem: adaptam-se como essas vazias "personalidades de respeito", certeiramente apunhaladas por Stirner e expostas por Nietzsche à burla de todas as posteridades. Nada fazem para dignificar seu eu verdadeiro, labutando tão-somente para inflar seu fantasma social. Escravos da sombra que suas aparências projetaram na opinião dos demais, acabam por preferi-la a si mesmos. Esse culto à sombra obriga-os a viver em contínuo alarme; supõem que basta um momento de distração para comprometer a obra pacientemente elaborada em muitos anos. Detestam a risada, temerosos de que o gás possa escapar pela comissura dos lábios e o globo se desinfle. Destituiriam um funcionário do Estado se o surpreendessem lendo Bocage, Quevedo ou Rabelais; crêem que o bom humor compromete a respeitabilidade e estimula o hábito anarquista de rir. Constrangidos a vegetar em horizontes estreitos, chegam a desdenhar todo ideal e todo agradável, em nome do imediatamente proveitoso. Sua miopia mental os impede de compreender o equilíbrio supremo entre a elegância e a força, a beleza e a sabedoria. "Onde crêem descobrir as graças do corpo, a agilidade, a destreza, a flexibilidade, recusam os dons da alma: a profundidade, a reflexão, a sabedoria. Borram da história o fato de que o mais sábio e o mais virtuoso dos homens – Sócrates – bailava." Essa aguda advertência de Montaigne, nos *Ensaios,* mereceu uma aprovação de Pascal em seus *Pensamentos:* "Ordinariamente costuma-se imaginar Platão e Aristóteles com grandes togas e como personagens graves e sérios. Eram bons sujeitos, que patuscavam, como os demais, entre os amigos. Escreveram suas leis e seus tratados por distração e diversão; essa era a parte menos filosófica de suas vidas. A mais filosófica era viver simples e tranqüilamente". O homem medíocre que renunciasse à sua solenidade, ficaria desorbitado: não poderia viver.

São modestos, por princípio. Pretendem que todos o sejam, exigência tanto mais fácil porquanto neles sobra modéstia, uma vez que estão desprovidos de méritos verdadeiros. Consideram tão nocivo aquele que afirma a própria superioridade em alta voz, como o que ri de seus convencionalismos suntuosos. Chamam modéstia à proibição de reclamar os direitos naturais do gênio, da santidade ou do heroísmo. A única vítima destas falsas virtudes são os homens excelentes, constrangidos a não pestanejar enquanto os invejosos empanam sua glória. Para os tontos, nada mais fácil que ser modesto; assim o são por necessidade irrevogável. Os mais inflados pretendem ser modestos por cálculo, considerando que essa atitude é o complemento necessário da solenidade e deixa suspeitar a existência de méritos pudorosos. Heine disse: "Os charlatães da modéstia são os piores de todos". E acrescentou Goethe: "Apenas os ardilosos são modestos". Isto não obsta a que essa reputação seja um tesouro nas mediocracias. Presume-se que o modesto nunca pretenderá ser original, nem levantará sua palavra, nem terá opiniões religiosas, nem desaprovará os que governam, nem blasfemará contra os dogmas sociais: o homem que aceita essa máscara hipócrita renuncia a viver mais do que permitem seus cúmplices. Há, é verdade, outra forma de modéstia, estimável como virtude legítima: é o afã decoroso de não gravitar sobre os que nos rodeiam, sem declinar por isso a mais leve partícula de

O Homem Medíocre

nossa dignidade. Tal modéstia é um simples respeito por si mesmo e pelos demais. Esses homens são raros; comparados com os falsos modestos, são como os trevos de quatro folhas. Existem fracassados que se crêem gênios não compreendidos e se resignam a ser modestos para agradar a mediocracia que pode transformá-los em funcionários; e são medíocres da mesma maneira que os outros, contando, ainda, com o cataplasma da modéstia sobre as úlceras de sua mediocridade. Neles, como sentenciou La Bruyére, a "falsa modéstia é o último refinamento da vaidade". A mentira de Tartarín é ridícula; mas, a de Tartufo é ignominiosa.

Adoram o sentido comum, sem saber com segurança em que consiste; confundem-no com o bom sentido, que é a sua síntese. Duvidam quando os demais resolvem duvidar e são ecléticos quando os outros o são: chamam ecletismo ao sistema dos que, não se atrevendo a ter opinião alguma, apropriam-se de tudo um pouco e logram acender uma vela no altar de cada santo. Temerosos de pensar, como se fincassem nisto o pecado maior dos sete pecados capitais, perdem a aptidão para todo juízo; por isso, quando um medíocre é juiz, ainda que compreenda que o seu dever é fazer justiça, submete-se à rotina e cumpre o triste ofício de não alcançá-la nunca, fazendo, sim, uma paródia de justiça.

O temor de se comprometer leva o medíocre a simpatizar com um precavido cepticismo. É de bom alvitre desconfiar do hipócrita que elogia tudo e do fracassado que tudo encontra detestável; mas, é cem vezes menos estimável o homem incapaz de um sim e de um não, o que vacila para admirar o digno e execrar o miserável. No primeiro capítulo dos *Caracteres,* parece referir-se a eles La Bruyére, em um parágrafo copiado por Helle: "Podem chegar a sentir a beleza de um manuscrito que a eles é lido, mas não ousam declarar em seu favor até que hajam visto seu curso no mundo ou escutado a opinião dos pretensos competentes; não arriscam seu voto, querem ser levados pela multidão. Então, dizem que foram os primeiros a aprovar a obra e cacarejam que o público é da sua opinião". Temerosos de julgar por si mesmos, consideram-se obrigados a duvidar dos jovens; isto não os impede, depois de seu triunfo, de dizer que foram seus descobridores. Então, prodigalizam-lhes juramentos de escravidão que chamam palavras de estímulo: são a homenagem de seu pavor inconfessável. Sua proteção a toda superioridade já irresistível, é uma antecipação usurária sobre a glória segura: preferem tê-la propícia a senti-la hostil.

Fazem mal por imprevidência ou por inconsciência, como as crianças que matam pardais a pedradas. Traem por descuido. Comprometem por distração. São incapazes de guardar um segredo; confiá-lo equivale a ocultar um tesouro em uma caixa de vidro. Se a vaidade não os tenta, costumam atravessar a penumbra sem ferir nem ser feridos, levando em conta disto certo otimismo de Pangloss. À força de paciência podem adquirir alguma habilidade parcial, como esses autômatos aperfeiçoados que honram o entretenimento moderno: poder-se-ia conceder-lhes uma espécie de vivacidade, enigma do ser e não ser, intermediária entre uma estupidez complicada e uma travessura inocente. Julgam as palavras sem advertir que elas se referem a coisas; convencem-se do que já tem um lugar marcado em sua moleira e mostram-se esquivos àquilo que não se encaixa em seu espírito. São adeptos da palavra; não ascendem à idéia nem concebem um ideal. Seu maior engenho é sempre verbal e apenas chegam à piada picante e vulgar, que é uma prestidigitação de palavras; tremem diante dos que podem jogar com as idéias e produzir esta graça do espírito que é o paradoxo. Mediante o paradoxo, descobrem-se os pontos de vista que permitem conciliar os contrários e ensina-se que toda crença é relativa ao que nela crê, podendo seu contrário ser crido por outros ao mesmo tempo.

A mediocridade intelectual faz o homem solene, modesto, indeciso e obtuso. Quando não o envenenam a vaidade e a inveja, dir-se-ia que dorme sem sonhar. Passeia na vida pelas planícies; evita olhar para os picos que escalam os videntes e aproximar-se à beira dos abismos que sondam os eleitos. Vive entre as engrenagens da rotina.

O Homem Medíocre 79

3. A maledicência

Se se limitassem a vegetar, angustiados como cariátides sob o peso de seus atributos, os homens sem ideais escapariam à reprovação e ao elogio. Circunscritos à sua órbita, seriam tão respeitáveis como os demais objetos que nos rodeiam. Não há culpa em nascer sem dotes excepcionais; não lhes poderia ser exigido que escalassem as costas íngremes e perigosas por onde ascendem os engenhosos preclaros. Mereceriam a indulgência dos espíritos privilegiados, que não a recusam aos imbecis inofensivos. Estes últimos, sendo mais indigentes, podem justificar-se diante de um otimismo risonho: canhestros em tudo, rompem o tédio e fazem parecer a vida menos pesada, divertindo aos engenhosos e ajudando-os a andar o caminho. São bons companheiros e desopilam o baço durante a marcha; haveria que lhes agradecer os serviços que prestam sem suspeitá-lo. Os medíocres, a exemplo dos imbecis, seriam credores desta amável tolerância enquanto se mantivessem no seu lugar; quando renunciam a impor suas rotinas são simples exemplares do rebanho humano, sempre dispostos a oferecer sua lã aos pastores.

Desgraçadamente, todavia, costumam olvidar sua hierarquia inferior e pretender tocar a marcha, com a irrisória pretensão de que outros marquem o compasso de seus desafinamentos. Tornam-se, então, perigosos e nocivos. Detestam os que não podem igualar, como se apenas com existirem, os ofendessem. Sem asas para se elevarem até eles, decidem rebaixá-los: a exigüidade do próprio valor os induz a roer o mérito alheio. Cravam seus dentes em toda reputação que os humilha, sem suspeitar que nunca é mais vil tal conduta humana. Basta esta característica para distinguir o doméstico do digno, o ignorante do sábio, o hipócrita do virtuoso, o vilão do cavalheiro. Os lacaios podem fuçar na fama; os homens excelentes não sabem envenenar a vida alheia.

Nenhuma cena alegórica possui mais funda eloqüência que o quadro famoso de Sandro Boticelli. *A Calúnia* convida a meditar com doloroso recolhimento; em toda a Galeria dos Ofícios parecem ressoar as palavras que o artista – não duvidamos – quis colocar nos lábios da Verdade, para consolo da vítima: em sua animada versão está a medida de seu mérito...

A inocência jaz, no centro do quadro, retraída sob o infame gesto da Calúnia. A Inveja a precede; o Engano e a Hipocrisia a acompanham. Todas as paixões vis e traidoras somam seu esforço implacável para o triunfo do mal. O Arrependimento olha de través em direção ao posto extremo, onde está, como sempre só e desnuda, a Verdade; contrastando com o selvagem gesto em direção de seus inimigos, ela levanta seu indicador ao céu em uma tranqüila apelação à justiça divina. E enquanto a vítima junta suas mãos e as estende em direção a ela, em uma súplica infinita e comovedora, o juiz Midas empresta suas vastas orelhas à Ignorância e à Suspeita.

Nesta apaixonada reconstrução de um quadro de Apeles, descrito por Luciano, parece adquirir dramáticas firmezas o suave pincel que desborda doçuras na *Virgem de Granado* e *São Sebastião,* convida ao remorso com *A Abandonada,* santifica a vida e o amor na *Alegoria da Primavera* e no *Nascimento de Vênus.*

Os medíocres, mais inclinados à hipocrisia que ao ódio, preferem a maledicência surda à calúnia violenta. Sabendo que esta é criminal e arriscada, optam pela primeira, cuja infâmia é sub-reptícia e sutil. Uma é audaz; a outra é covarde. O caluniador desafia o castigo, expõe-se; o maledicente o esquiva. Um se aparta da mediocridade, é anti-social, tem o valor de ser delinqüente; o outro é covarde, encobre-se com a cumplicidade de seus iguais, mantendo-se na penumbra.

Os maledicentes florescem onde quer que seja; nos cenáculos, nos clubes, nas academias, nas famílias, nas profissões, acossando sempre a todos os que perfilam alguma originalidade. Falam a meia voz, com recato, constantes em seu afã de talhar a dita alheia, semeando aos punhados a semente de todas as ervas venenosas. A maledicência é uma serpente que se insinua na conversação dos envilecidos; suas vértebras são nomes próprios, arti-

O Homem Medíocre 81

culados pelos verbos mais equívocos do dicionário para arrastar um corpo cujas escamas são qualificativos pavorosos.

Vertem a infâmia em todas as taças transparentes, com serenidade de Borgias; as mãos que a manejam parecem de prestidigitadores, destras na maneira e amáveis na forma. Um sorriso, um levantar de costas, um franzir a frente como subscrevendo a possibilidade do mal, bastam para macular a probidade de um homem ou a honra de uma mulher. O maledicente, covarde entre todos os envenenadores, está seguro de sua impunidade; por isso é desprezível. Não afirma, senão insinua; chega a desmentir imputações que ninguém faz, contando com a irresponsabilidade de fazê-las nesta forma. Mente com espontaneidade, como respira. Sabe selecionar o que converge à detração. Diz distraidamente todo o mal de que não está seguro e cala com prudência o bem do qual tem certeza. Não respeita as virtudes íntimas nem os segredos do lar, nada; injeta a gota de peçonha que assoma como uma irrupção em seus lábios irritados, até que de toda a boca, feito uma pústula, o interlocutor espera ver sair, em vez de língua, um estilete.

Sem covardia, não há maledicência. O que pode gritar cara a cara uma injúria, o que denuncia em voz alta um vício alheio, o que aceita os riscos de seus dizeres, não é um maledicente. Para sê-lo é necessário tremer diante da idéia do castigo possível e cobrir-se com as máscaras menos suspeitas. Os piores são os que maldizem elogiando: moderam seu aplauso com largas reservas, mais graves que as piores imputações. Tal baixeza no pensar é uma insidiosa maneira de praticar o mal, de efetuá-lo potencialmente, sem o valor da ação retilínia.

Se estes *basiliscus*[2] falantes possuem algum verniz de cultura, pretendem encobrir sua infâmia com o pavilhão da espiritualidade. Vã esperança; estão condenados a perseguir a graça e tropeçar com a perfídia. Sua burla não é o sorriso, é a careta.

---

[2] Animal fabuloso ao qual se atribui a capacidade de matar com os olhos. (N.T.)

O exercício pode lhes tornar fácil a malignidade zombadora, mas ela não se confunde com a ironia sagaz e justa. A ironia é a perfeição do engenho,[3] uma convergência de intenção e de sorriso, aguda na oportunidade e justa na medida; é um cronômetro, não anda muito, senão com precisão. Isso ignora o medíocre. A ele é mais fácil ridicularizar uma sublime ação do que imitá-la. Nas sobremesas subalternas, sua dicacidade urticante pode confundir-se com a graça, enquanto o ampara a cumplicidade maledicente; mas, falta-lhe sobretudo o aticismo são do que tudo perdoa com a força de compreender o todo e essa inteligência cristalina que permite decifrar a verdade na entranha mesma das coisas que o vaivém mundano submete à nossa experiência. Esses ofídios são detentores de perversas malignidades por sua mesma falta de fidalguia; disfarçam de mesurada condolência o rancor de sua inferioridade humilhada. Os caluniadores minúsculos são os mais terríveis, como as forças moleculares que ninguém vê e carcomem os metais mais nobres. Nada teme o maledicente ao espalhar suas arapucas feitas com esterco; sabe que tem às suas costas uma inumerável corja de cúmplices, que se regozijam cada vez que um espírito omisso, com eles, confabula contra uma estrela.

O escritor medíocre é pior por seu estilo que por sua moral. Rascunha timidamente aqueles que inveja; em suas investidas covardes nota-se o vibrar do medo, como se lhes eriçassem os perigos da responsabilidade. Abunda entre os maus escritores, ainda que nem todos os medíocres consigam sê-lo; muitos se limitam a ser terrivelmente enfadonhos, impingindo-nos volumes que poderiam terminar no primeiro parágrafo. Suas páginas estão abarrotadas de lugares comuns, como os exercícios dos guias poliglotas. Descrevem dando tropeços contra a realidade; são objetivos que operam e não retortas que destilam; desesperam-se pensando que a decalcomania não figura entre as belas artes. Se acometem à litera-

---

[3] A ironia se traduz, por exemplo, no fato da sabedoria estar presente no analfabeto matuto e ausente no multi-titulado professor acadêmico. (N.T.)

O Homem Medíocre 83

tura, dir-se-ia que Vasco da Gama empreende o descobrimento de todos os lugares comuns, sem vislumbrar o cabo de uma boa esperança; se investem na ciência, seu andar é de mula montanhesa, detendo-se a ruminar o pensamento pastado meio século antes por seus predecessores. Esses fiéis da rapsódia e da paráfrase praticam essa pudica modesta que é sua mentira convencional; admiram-se entre si, com solidariedade de *loggia*,[4] execrando qualquer sopro de ciclone ou guincho de águia. Empalidecem diante do orgulho desdenhoso dos homens cujos ideais não sofrem inflexões; fingem não compreender essa virtude de santos e sábios, supremo desprezo de todas as mentiras por eles veneradas. O escritor medíocre, tímido e prudente, resulta ser inofensivo. Apenas a inveja pode encarcerá-la; então prefere se fazer crítico.

O medíocre falante é pior por sua moral que por seu estilo; sua língua centuplica-se em copiosidades polidas e as palavras rodam sem a trava da posterioridade. A maledicência oral tem eficácia imediata, pavorosa. Está em todas as partes, agride em qualquer momento. Quando se reúnem espíritos crédulos, para se pavonearem de coisas desprovidas de interesse para quem as ouve, o terreno é propício para que o mais aleivoso comece a maldizer alguém ilustre, rebaixando-o até seu próprio nível. A eficácia da difamação arraiga-se na complacência tácita daqueles que a ouvem, na covardia coletiva de quantos podem escutá-la sem se indignar; morreria se eles não lhe fizessem uma atmosfera vital. Esse é o seu segredo. Semelhante à moeda falsa: é circulada sem escrúpulos por muitos que não teriam o valor de cunhá-la.

As línguas mais amarguradas são daqueles que têm menos autoridade moral, como ensina Moliére desde a primeira cena de *Tartufo:* "Àqueles em quem a conduta se presta mais à risada debochada, são sempre os primeiros a falar mal dos demais".[5]

---

[4] Assembléia de franco-maçons. (N.T.)
[5] *Ceux de qui la conduite offre le plus à rire. Sont toujours sur autrui les premiers á médire.*

Dir-se-ia que empanam a reputação alheia para diminuir o contraste com a própria. Isso não exclui que existam descuidados cuja culpa é inconsciente; maldizem por ociosidade ou por diversão, sem suspeitar para onde conduz o caminho em que se aventuram. Ao contar uma falta alheia põem certo amor próprio em ser interessantes, aumentando-a, adornando-a, passando insensivelmente da verdade à mentira, da torpeza à infâmia, da maledicênda à calúnia. Para que evocar as palavras memoráveis da comédia de Beaumarchais?

4. O sendero da glória

O homem medíocre que se aventura na lida social tem apetites urgentes: o êxito. Não suspeita que existe outra coisa, a glória, ambicionada apenas pelos caracteres superiores. Aquele é um triunfo efêmero, contado; esta é definitiva, inexpugnável nos séculos. O êxito se mendiga; a glória se conquista.

É desprezível todo cortesão da mediocracia em que vive; triunfa humilhando-se, rastejando, furtivamente, na sombra, disfarçado, sustentando-se na cumplicidade de inumeráveis similares. O homem de mérito se adianta a seu tempo, a pupila posta em um ideal; impõe-se dominando, iluminando, fustigando, em plena luz, a cara descoberta, sem humilhar-se, alheio a todos os disfarces do servilismo e da intriga.

A popularidade tem perigos. Quando a multidão crava seus olhos pela primeira vez em um homem e o aplaude, a luta começa: desgraçado de quem se esquece a si mesmo para pensar apenas nos demais. Há que se colocar mais longe a intenção e a esperança, resistindo às tentações de aplauso imediato; a glória é mais difícil, mas é mais digna.

A vaidade empurra o homem vulgar a perseguir um emprego respeitável na administração do Estado, indignamente, se é necessário; sabe que sua sombra dele carece. O homem excelente se

O HOMEM MEDÍOCRE 85

reconhece porque é capaz de renunciar a toda prebenda que tem por preço uma partícula de sua dignidade. O gênio se move em sua própria órbita, sem esperar sanções fictícias de ordem política, acadêmica ou mundana; revela-se pela perenidade de sua irradiação, como se fosse a sua vida um perpétuo amanhecer.

O que flutua na atmosfera como uma nuvem, sustentado pelo vento da cumplicidade alheia, pode abocanhar pela bajulação o que outros deveriam receber por suas atitudes; mas, quem obtém favores sem ter méritos, deve tremer: fracassará depois, cem vezes, a cada mudança de vento. Os nobres gênios apenas confiam em si mesmos, lutam, saltam os obstáculos, impõem-se. Seus caminhos são propriamente seus; enquanto o medíocre se entrega ao equívoco coletivo que o arrasta, o superior vai contra ele com energias inesgotáveis, até aclarar a sua rota.

Merecido ou não, o êxito é o álcool dos que combatem. A primeira vez embriaga; o espírito se ajusta a ele insensivelmente; depois se converte em imprescindível necessidade. O primeiro, grande ou pequeno, é perturbador. Sente-se uma indecisão estranha, uma agitação moral que deleita e molesta ao mesmo tempo, como a emoção do adolescente que se encontra a sós pela primeira vez com a mulher amada: emoção terna e violenta, estimula e inibe ao mesmo tempo, instiga e desalenta.

Olhar de frente o êxito equivale a aproximar-se de um precipício; ou se retrocede a tempo, evitando a queda, ou se cai nele para sempre. Não há meio termo. O abismo, na verdade, é irresistível, como a boca da mulher amada aos olhos fixos de um adolescente; poucos retrocedem. Imerecido o êxito, equivale a um castigo, um estímulo à vaidade, origem de uma tremenda infelicidade; o homem superior, ao contrário, aceita como simples antecipação da glória esse pequeno tributo da mediocridade, vassala de seus méritos.

O êxito se apresenta sob cem aspectos; tenta de mil maneiras. Nasce por um acidente inesperado, chega por veredas invisíveis. Basta o simples elogio de um mestre estimado, o aplauso ocasional de uma multidão, a conquista fácil de uma charmosa mulher; todos se equivalem, embriagam da mesma forma. Correndo o tempo, torna-se impossível eludir o hábito desta embriaguez; a única dificuldade é iniciar o costume, como para todos os vícios. Depois, não se pode viver sem o gostinho vivificante e essa ansiedade atormenta a existência do que não tem asas para ascender sem a ajuda de cúmplices e de modelos que o guiem. Para o homem acomodado, há uma certeza absoluta: seus êxitos são ilusórios e fugazes, por mais humilhante que lhe tenha sido obtê-los. Ignorando que a árvore espiritual tem frutos, preocupa-se em colher a folharia; vive do aleatório, observando cuidadosamente as ocasiões propícias.

Os grandes cérebros ascendem pela senda exclusiva do mérito; ou por nenhuma. Sabem que nas mediocracias é costume seguir outros caminhos; por isso não se sentem nunca vencidos, nem sofrem de um contraste mais do que gozam de um êxito; ambos são obras dos demais. A glória, ao contrário, depende deles mesmos. O êxito lhes parece um simples reconhecimento de seu direito, um tributo de admiração que se lhes paga em vida. Taine conheceu em sua juventude o gozo do mestre que vê concorrer aos seus ensinamentos um tropel de alunos; Mozart descreveu as delícias do compositor cujas melodias remexem os lábios do transeunte, o qual assobia para se dar valor ao atravessar de noite uma encruzilhada solitária; Musset confessa que foi uma de suas grandes voluptuosidades ouvir seus versos recitados por mulheres belas; Castelar comentou a emoção do orador que escuta o aplauso frenético tributado por milhares de homens. O fenômeno é comum, sem ser novo. Júlio César, ao historiar suas campanhas, transcreve a ebriedade selvagem do que conquista povos e aniquila hordas; os biógrafos de Beethoven narram sua impressão profunda quando se volveu a contemplar as ovações que sua surdez o impedia de ouvir, ao executar a nona sinfonia; Stendhal disse, com sua ática graça original, as fruições do amador afortunado que vê sucessivamente aos seus pés cem mulheres, a tremerem de febre e ansiedade.

O Homem Medíocre 87

O êxito é benéfico se é merecido, pois exalta e estimula a personalidade. Tem ainda outra virtude: desterra a inveja, peçonha incurável nos espíritos medíocres. Triunfar em tempo, merecidamente, é o mais favorável rocio para qualquer germe de superioridade moral. O triunfo é um bálsamo dos sentimentos, uma lima eficaz contra as asperezas do caráter. O êxito é o melhor lubrificante do coração; o fracasso é seu mais urticante corrosivo.[6]

A popularidade ou a fama costumam dar transitoriamente a ilusão da glória. São suas formas espúrias e subalternas. Extensas, mas não profundas; esplendorosas, mas fugazes. São mais que o simples êxito, acessível ao comum dos mortais; todavia, são menos que a glória, exclusivamente reservada aos homens superiores. São ouropel, pedra falsa, luz de artifício. Manifestações diretas do entusiasmo gregário e, por isso mesmo, inferiores: aplauso de multidão, com algo de *frenesi* inconsciente e comunicativo. A glória dos pensadores, filósofos e artistas, que traduzem a sua genialidade mediante a palavra escrita, é lenta, mas estável; seus admiradores estão dispersos, ninguém aplaude sozinho. No teatro e na assembléia, a admiração é rápida e barata, ainda que ilusória; os ouvintes se sugestionam reciprocamente, somam seu entusiasmo e estalam em ovações. Por isso, qualquer histrião do terceiro ao quarto ato pode conhecer o triunfo mais próximo do que Aristóteles ou Spinoza; a intensidade, que é o êxito, está em razão inversa da duração, que é a glória. Tais aspectos caricaturescos da celebridade dependem de uma aptidão secundária do ator ou de um estado acidental da mentalidade coletiva. Aminguada a aptidão ou transposta a circunstância, volvem à sombra e assistem, em vida, ao próprio funeral.

---

[6] Este culto ao êxito não se afina com a filosofia oriental; afasta-se, ainda, de qualquer tradição cristã, com exceção da protestante, e ainda assim parcial. O budismo, especialmente a vertente Mahayana (grande via), revela que o sábio participa do mundo despreocupado em sentido amplo com os frutos e as perdas, naturais a ela. Assim mesmo a tradição taoísta, com Lao tsé. (N.T.)

Então pagam caro sua notoriedade; viver em perpétua nostalgia é o seu martírio. Os filhos do êxito passageiro deveriam morrer ao cair em orfandade. Algum poeta melancólico escreveu que é formoso viver das recordações: frase absurda. Isto equivale a agonizar. É a dita do pintor manietado pela cegueira, do jogador que olha a roleta e não pode arriscar uma única ficha.

Na vida se é ator ou público, timoneiro ou galeote. É tão doloroso passar do timão ao remo, como sair do cenário para ocupar uma poltrona, ainda que esta seja na primeira fila. Aquele que tomou conhecimento do aplauso, não sabe resignar-se à obscuridade; essa é a parte mais cruel de toda preeminência fundada no capricho alheio ou em aptidões físicas transitórias. O público oscila com a moda; o físico se desgasta. A fama de um orador, de um esgrimista ou de um comediante, apenas dura o que dura uma juventude; a voz, as estocadas e os gestos se acabam alguma vez, deixando o que, no belo dizer dantesco, representa a dor suprema: recordar, na miséria, o tempo feliz.

Para estes triunfadores acidentais, o instante em que se dissipa seu erro deveria ser o último de sua vida. Voltar à realidade é uma suprema tristeza. Preferível é que um Otelo excessivo mate de verdade sobre o tablado uma Desdêmona próxima de envelhecer, ou que se quebre o pescoço a um acrobata em um salto prodigioso, ou que se rompa um aneurisma ao orador enquanto fala a cem mil homens que o aplaudem, ou que seja apunhalado um Dom Juan pela amante mais charmosa e sensual. Já que se mede a vida pelas horas ditosas, seria conveniente despedir-se dela sorrindo, olhando-a de frente, com dignidade, com a sensação de haver merecido vivê-la até o último instante. Toda ilusão que se desvanece deixa atrás de si uma sombra indissipável. A fama e a celebridade não são a glória: nada mais falaz que a sanção dos contemporâneos e das multidões.

Compartilhando as rotinas e as debilidades da mediocridade ambiente, fácil é converter-se em arquétipos da massa e ser

O HOMEM MEDÍOCRE 89

pró-homens entre seus iguais; mas, quem assim culmina, morre com eles. Os gênios, os santos e os heróis desdenham toda submissão ao presente, aproando em direção a um remoto ideal. Resultam pró-homens na história.

A integridade moral e a excelência de caráter são virtudes estéreis nos ambientes rebaixados, os quais estão mais ao alcance dos apetites domésticos do que das altivezes do digno: neles se incuba o êxito falaz. A glória nunca brinda com lauréis o pescoço daquele que se entranhou nas rotinas de seu tempo; tarda no mais das vezes, revela-se póstuma com freqüência, ainda que sempre segura. Costuma, é verdade, ornar as frentes de quantos observaram o porvir e serviram a um ideal, praticando aquele lema que foi a nobre divisa de Rosseau: *vitam impendere vero*.

Capítulo III
Os Valores Morais

1. A moral de Tartufo

A hipocrisia é a arte de amordaçar a dignidade; ela faz emudecer os escrúpulos nos homens incapazes de resistir à tentação do mal. É falta de virtude para renunciar a este e de coragem para assumir sua responsabilidade. É o guano que fecunda os temperamentos vulgares, permitindo-lhes prosperar na mentira: como essas árvores cuja ramagem é mais frondosa quando crescem nas imediações dos pântanos.

Gela, onde passa, todo nobre germe de ideal: assopra, com seu vento frio, todo entusiasmo criador. Os homens rebaixados pela hipocrisia vivem sem sonho, ocultando suas intenções, mascarando seus sentimentos, movimentando-se como o lagarto; têm a certeza íntima, ainda que inconfessa, de que seus atos são indignos, vergonhosos, nocivos, arrufianados, irredimíveis. Por isso é insolvente sua moral: implica sempre uma simulação.

Nenhuma fé impulsiona os hipócritas; não suspeitam o valor das crenças retilíneas. Esquivam-se à responsabilidade de suas ações, são audazes na traição e tímidos na lealdade. Conspiram e agridem na sombra, escamoteiam vocábulos ambíguos, enaltecem com reticências impregnadas de peçonha e difamam com felpuda suavidade. Nunca brilham com um galardão inconfundível: cerram todos os poros de seu espírito por onde poderia aproximar-se, desnuda, a sua personalidade, sem a roupagem social da mentira.

Em seu anelo simulam as aptidões e qualidades que consideram vantajosas para acrescentá-las à sombra que projetam em seu cenário. Assim como os dotados de engenhosidade exígua mimetizam o talento intelectual, acumulando-se de refinadas artimanhas e defesas, os sujeitos de moralidade indecisa parodiam o talento moral, dourando de virtude sua honestidade insípida. Ignoram o veredito do próprio tribunal interior; perseguem o salvo-conduto outorgado pelos cúmplices de seus pré-juízos convencionais.

O hipócrita costuma avantajar-se de sua virtude fingida, muitas vezes mais do que o verdadeiro virtuoso. Pululam homens respeitados, à força de não serem descobertos sob o disfarce; bastaria penetrar na intimidade de seus sentimentos, um só minuto, para advertir sua duplicidade e trocar por desprezo a estima. O psicólogo reconhece o hipócrita; rasgos existem que distinguem o virtuoso do simulador, pois enquanto este é um cúmplice dos pré-juízos que fermentam em seu meio, aquele possui algum talento que lhe permite sobrepor-se a eles.

Todo apetite numismal desperta sua diligência e o empurra a descobrir-se. Não retrocede diante da astúcia, é fácil aos beijamãos fementidos, sabe farejar o desejo dos amos, dá-se ao melhor ofertante, prospera, afinal, à força de embustes. Triunfa sobre os sinceros, toda vez em que o êxito se estriba em aptidões vis: o homem leal é com freqüência sua vítima. Cada Sócrates encontra seu Mélitos e cada Cristo seu Judas.

A hipocrisia tem seus matizes. Se o medíocre moral se sujeita a vegetar na penumbra, não cai sob o escrutínio do psicólogo: seu vício é um simples reflexo de mentiras que infestam a moral coletiva. Sua culpa começa quando intenta agitar-se dentro de sua estreita condição, pretendendo igualar-se aos virtuosos. Agitando nos lixões da intriga, sua honestidade se macula; revela-se canalha em paixões ignobilmente desatadas. Torna-se capaz de todos os rancores. Supõe simplesmente honesto, como ele, todo santo ou

O Homem Medíocre 93

virtuoso; não descansa em diminuir os méritos destes, intentando igualá-los abaixo, não podendo fazê-lo acima. Persegue os caracteres superiores: pretende confundir suas excelências com as próprias mediocridades. Desafoga surdamente uma inveja que não confessa, na penumbra, amargando, babando sem morder, mentindo submissão e amor àqueles que detesta e carcome. Sua malsinação está inquieta com escrúpulos que o obrigam a se avergonhar em segredo; descobri-la é o mais cruel de todos os suplícios. É o seu castigo.

O ódio é louvável se o comparamos com a hipocrisia. Nele se distinguem o sub-reptício medo do hipócrita e a inquebrantável lealdade do homem digno. Alguma vez este se encrespa e pronuncia palavras que são um estigma ou um epitáfio; seu rugido é a luz de um relâmpago fugaz e não deixa escórias em seu coração, desafogando-o por um gesto violento, sem envenenar-lhe. As naturezas viris possuem um excesso de força plástica cuja função regeneradora cura prontamente as mais profundas feridas e traz o perdão. A juventude tem entre seus preciosos atributos a incapacidade de dramatizar por largo tempo as paixões malignas; o homem que perdeu a aptidão de borrar seus ódios está já velho, irreparavelmente. Suas feridas são tão imborráveis como suas cãs. E como estas, pode ser encoberto o ódio: a hipocrisia é a tintura de suas cãs morais.

Sem fé em crença alguma, o hipócrita professa as mais proveitosas. Sufocado por preceitos que entende mal, sua moralidade parece um espantalho oco; por isso, para se conduzir, necessita da muleta de alguma religião. Prefere aquelas que afirmam a existência do purgatório e oferecem redimir as culpas por dinheiro. Essa aritmética de ultra-tumba permite-lhe desfrutar mais tranqüilamente os benefícios de sua hipocrisia; sua religião é uma atitude e não um sentimento. Por isso costuma exagerar: é fanático. Nos santos e nos virtuosos, a religião e a moral podem correr emparelhadas; nos hipócritas, a conduta baila em compasso distinto do que marcam os mandamentos.

As melhores máximas teóricas podem converter-se em ações abomináveis; quanto mais apodrece a moral prática, tanto maior é o esforço por rejuvenescê-la com farrapos de dogmatismo. Por isso é declamatória e suntuosa a retórica de Tartufo, arquétipo do gênero, cuja criação põe Moliére entre os mais geniais psicólogos de todos os tempos. Não olvidemos a história deste oblíquo devoto a quem o sincero Orgon recolhe piedosamente e que sugestiona toda sua família. Cleanto, um jovem, atreve-se a desconfiar dele; Tartufo consegue que Orgon expulse de seu lar esse maldito filho, tomando-lhe os bens por legado. E não basta: intenta seduzir a consorte de seu anfitrião. Para desmascarar tanta infâmia, sua esposa resigna-se a celebrar com Tartufo uma entrevista, à qual Orgon assiste oculto. O hipócrita, crendo-se sozinho, expõe os princípios de sua casuística perversa; há ações proibidas pelo céu, mas é fácil arranjar com ele estas contabilidades; segundo convenha, podem afrouxar-se as ligaduras da consciência, retificando a maldade dos atos com a pureza das doutrinas. E, para retratar-se de uma vez, agrega: "Finalmente vosso escrúpulo é fácil de destruir: Estáis assegurada aqui de um pleno segredo, e o mal não está mais do que no ruído que se faz; o escândalo do mundo é o que faz a ofensa e não é pecar, pecar em silêncio".[1]

Essa é a moral da hipocrisia jesuítica, sintetizada em cinco versos, que são seu pentateuco.

A do homem virtuoso é outra: está na intenção e no fim das ações, nos feitos, melhor do que nas palavras, na conduta exemplar e não na oratória suntuosa. Sócrates e Cristo foram virtuosos contra a religião de seu tempo; ambos morreram em mãos de fanáticos que estavam divorciados de toda moral. A santidade está sempre fora da

---

[1] *En fin votre scrupule est facile à détruire:*
Vous êtes assurée ici d'un plein secret,
Et le mal n'est jamais que dans l'éclat quo'n fait;
Le sacandale du monde est ce que fait l'offense
Et ce n'est pas pécher que pécher en silence.

O Homem Medíocre 95

hipocrisia coletiva. O exagero materialista das cerimônias costuma coincidir com a aniquilação de todos os idealismos nas nações e nas raças; a história a revela na decadência das castas governantes e diz que o *loyolismo*[2] aponta sempre sua degeneração moral. Nestas horas de crise, a fé agoniza no fanatismo decrépito e toma alento, formidavelmente, nos ideais que renascem frente a ele, irreverentes, demolidores, ainda que predestinados com freqüência a cair em novos fanatismos e a oporem-se a ideais que estão por vir.

O hipócrita está constrangido a guardar as aparências, com tanto afã, como se põe o virtuoso a cuidar de seus ideais. Conhece de memória as passagens pertinentes do *Sartor Resartus;* por elas admira Carlyle, tanto como outros, por seu culto, admiram *Os Heróis.* O respeito às formas faz com que os hipócritas de cada época e país adquiram traços comuns; há uma "maneira" peculiar que distingue o tartufismo em todos os seus adeptos, assim como há uma característica própria a denunciar o parentesco entre os afiliados a uma tendência artística ou escola literária. Esse estigma comum aos hipócritas, que permite reconhecê-los não obstante os matizes individuais impostos pela classe ou fortuna, é sua profunda animadversão à verdade.

A hipocrisia é mais funda do que a mentira: esta pode ser acidental, aquela é permanente. O hipócrita transforma sua vida inteira em uma mentira metodicamente organizada. Faz o contrário daquilo que diz, toda vez que isso lhe resulte num benefício imediato; vive traindo com suas palavras, como esses poetas que disfarçam com largas divisórias a escassez de sua inspiração. O hábito da mentira paralisa os lábios do hipócrita quando chega a hora de pronunciar uma verdade.

Assim como a negligência é a chave da rotina e a avidez é o móvel do servilismo, a mentira é o prodigioso instrumento da hipo-

---

[2] Referência a Inácio de Loyola (1491-1556), fundador da ordem religiosa Companhia de Jesus. (N.T.)

crisia. Nunca escutou a humanidade palavras mais nobres do que algumas proferidas por Tartufo; sem embargo, jamais um homem produziu ações mais desconformes com elas. Seja qual for a classe social, na privação ou na prosperidade, na miséria ou na opulência, o hipócrita estará sempre disposto a adular os poderosos e a enganar os humildes, usando a mentira para ambos. O que se acostuma a pronunciar palavras falsas, acaba por faltar à própria verdade sem repugnância, perdendo toda noção de lealdade para consigo mesmo. Os hipócritas ignoram que a verdade é a condição fundamental da virtude. Olvidam a sentença multi-secular de Apolonio: "De servos é mentir; de livres dizer verdade". Por isso o hipócrita está predisposto a adquirir sentimentos servis. É o lacaio dos que o rodeiam, o escravo de mil amos, de um milhão de amos, de todos os cúmplices de sua mediocridade.

Aquele que mente é traidor: suas vítimas o escutam supondo que diz a verdade. O mentiroso conspira contra a quietude alheia, falta-lhe o respeito a todos, semeia a insegurança e a desconfiança. Com olhar atravessado, persegue os sinceros, crendo-os seus inimigos naturais. Aborrece-lhe a sinceridade. Diz que ela é fonte de escândalo e de anarquia, como se pudéssemos culpar a escova de que existe sujeira.

No fundo suspeita que o homem sincero é forte e individualista, fincando nisto sua altivez inquebrantável, pois sua oposição à hipocrisia é uma atitude de resistência ao mal que o acossa por todas as partes. Defende-se contra a domesticidade e o lugar-comum. E diz sua verdade como pode, quando pode, onde pode. Entretanto, sabe dizê-la. Muitos santos nos ensinaram a morrer por ela.

O disfarce serve ao débil; apenas se finge o que se crê não ter. Falam mais da nobreza os netos de embusteiros; a virtude costuma dançar em lábios desprovidos de vergonha; a altivez serve de estribilho aos envilecidos; o cavalheirismo é o ardil dos estelionatários; a temperança figura no catecismo dos viciosos. Su-

O HOMEM MEDÍOCRE

põe que de tanto ouropel, aderir-se-á alguma partícula à sua sombra. Com efeito, esta vai se modificando diante do constante labor; a máscara[3] é benéfica nas mediocracias contemporâneas, apesar de que os que a usam carecem de autoridade moral diante dos homens virtuosos. Estes não acreditam no hipócrita, uma vez descoberto; não acreditam nele nunca, nem podem dar-lhe crédito quando apenas suspeitam que mente: quem é desleal com a verdade, não tem por que ser leal com a mentira.

O hábito da ficção desmorona aos caracteres hipócritas, vertiginosamente, como se cada nova mentira os empurrasse em direção ao precipício; nada detém uma avalanche na vertical. Sua vida se polariza nesta abjeta honestidade por cálculo que é simples sublimação do vício. O culto das aparências leva a desdenhar a realidade. O hipócrita não aspira a ser virtuoso, senão a parecê-lo; não admira intrinsecamente a virtude; mas quer ser contado entre os virtuosos pelas prebendas e honras que tal condição pode proporcionar-lhe. Faltando-lhe a ousadia de praticar o mal, ao qual está inclinado, contenta-se em sugerir que oculta suas virtudes por modéstia; todavia, jamais consegue usar com desenvoltura o velo. Seus manejos se assomam por alguma parte, como as clássicas orelhas sob a coroa de Midas. A virtude e o mérito são incompatíveis com o tartufismo; a observação induz a desconfiar das virtudes misteriosas. Já ensinava Horácio que "a virtude oculta difere pouco da obscura ociosidade" (Od., IV, 9, 29).

Não tendo valor para a verdade é impossível tê-lo para a Justiça. Em vão os hipócritas vivem jactando-se de uma grande

---

[3] A palavra *persona* provém do latim *personae* que significava originalmente *máscara*. Referia-se às máscaras usadas no teatro grego. *Persona, personalidade* são conceitos empregados com freqüência na psicologia moderna. Joseph Campbell fala do moderno "executivo" que em casa não tira a máscara, permanecendo executivo o tempo todo, inclusive na cama com sua esposa e nas brincadeiras com seus filhos. É a identificação do Eu com a *persona* executiva, o que ele chama, com propriedade, de *staff shirt*. (N.T.)

98   JOSÉ INGENIEROS

eqüanimidade e procurando adquirir prestígios catonianos:[4] sua
prudente covardia impede-os de serem juízes toda vez que podem
se comprometer com uma sentença. Preferem tartamudear sentenças bilaterais e ambíguas, dizendo que há luz e sombra em todas as
coisas; não o fazem, todavia, por filosofia, senão pela incapacidade
de se responsabilizarem acerca de seus juízos. Dizem que estes
devem ser relativos, ainda que no íntimo de suas moleiras acredi-
tem infalíveis suas opiniões. Não ousam proclamar sua própria suficiência; preferem avançar na vida sem qualquer rumo, senão o do
êxito, oferecendo o flanco e bordejando, esquivos a colocar a face
diante do mais leve obstáculo. Os homens providos de retidão são
objeto de seu acirrado rancor, pois com essa característica humi-
lham, sem o querer, os indivíduos obtusos; mas estes não confes-
sam sua covardia e sorriem servilmente aos olhares que os tortu-
ram, ainda que sintam o vexame: contraem-se ao estudar os defeitos dos homens virtuosos, a fim de filtrarem pérfidos venenos na
homenagem que a todo instante estão obrigados a tributar-lhes.
Difamam sordidamente; traem sempre, como os escravos, como
os híbridos que trazem nas veias sangue servil. Deve-se tremer quando se percebe que sorriem: vêm, nestas horas, manipulando a
empunhadura de algum estilete, oculto sob a capa que vestem.

O hipócrita entibia toda amizade com suas duplicidades: ninguém pode confiar em sua ambigüidade recalcitrante. Dia a dia
afrouxa suas anastomoses com as pessoas que o rodeiam; sua sensibilidade escassa impede-o de buscar estímulo na ternura alheia e
sua afetividade vai empalidecendo como uma planta que não recebe sol, consumido o coração em um inverno prematuro. Apenas
pensa em si mesmo, e essa é a sua pobreza suprema. Seus sentimentos debilitam-se nos hibernáculos da mentira e da vaidade. Enquanto os caracteres dignos crescem em um perpétuo olvido de
seu ontem e pensam em coisas nobres para o seu amanhã, os hi-

---

[4] Por alusão a Marco Porcio Catón (c.149 a.C.), célebre censor romano, reconhecido pela austeridade de seus costumes. (N.T.)

O Homem Medíocre

99

pócritas voltam-se sobre si mesmos, sem se dar, sem se gastar, retraindo-se, atrofiando-se. Sua falta de intimidades impede-lhes toda expansão, obcecados pelo temor de que sua consciência moral assome à superfície. Sabem que bastará uma leve brisa para escorrer seu levíssimo véu de virtude. Não podendo confiar em ninguém, vivem secando as fontes de seu próprio coração: não sentem a raça, a pátria, a classe, a família, nem tampouco a amizade, ainda que saibam falseá-las para explorá-las melhor. Alheios a tudo e a todos, perdem o sentimento de solidariedade social, até caírem em sórdidas caricaturas de egoísmo. O hipócrita mede sua generosidade pelas vantagens que dela obtém; concebe a beneficência como uma indústria lucrativa para sua reputação. Antes de dar, investiga se terá notoriedade seu donativo; figura em primeira linha em todas as subscrições públicas, mas não abriria sua mão na sombra. Investe seu dinheiro em um bazar de caridades, como se comprasse ações de uma empresa; isso não o impede de exercer a usura privadamente ou sacar proveito da fome alheia.

Sua indiferença ao mal do próximo pode arrastá-lo a cumplicidades indignas. Para satisfazer algum de seus apetites não vacilará diante de cinzentas intrigas, sem se preocupar que tenham elas conseqüências funestas. Uma palavra do hipócrita basta para inimizar dois amigos ou para distanciar dois amantes. Suas armas são poderosas por serem invisíveis; com uma suspeita falsa pode envenenar uma felicidade, destruir uma harmonia, quebrar uma concordância. Seu apego à mentira o faz acolher de modo benevolente qualquer infâmia, desenvolvendo-a até o infinito, no subterrâneo, sem ver o rumo nem medir a profundidade, tão irresponsável como essas animálias que cavam ao azar suas covas, cortando as raízes das flores mais delicadas.

Indigno da confiança alheia, o hipócrita vive desconfiando de todos, até cair no supremo infortúnio da suscetibilidade. Um terror ansioso o importuna frente aos homens sinceros, crendo escutar em cada palavra uma reprovação merecida; nele não há dignidade, senão remorso. Em vão pretenderia enganar-se a si mes-

100 JOSÉ INGENIEROS

mo, confundindo a suscetibilidade com a delicadeza; aquela nasce do medo e esta é filha do orgulho.

Diferem como a covardia e a prudência,[5] como o cinismo e a sinceridade. A desconfiança do hipócrita é uma caricatura da delicadeza do orgulhoso. Esse sentimento pode tornar suscetível o homem de méritos excelentes, toda vez que desdenha dignidades cujo preço é o servilismo e cujo caminho é a bajulação. O homem digno exige, então, respeito para esse valor moral; exigência que não se manifesta pelos modos vulgares do protesto estéril. Ele, ao invés disso, aparta-se para sempre dos hipócritas domesticados. É raro o caso. Freqüentemente é, ao contrário, a suscetibilidade do hipócrita, que teme ver-se desmascarado pelos sinceros.

Seria estranho que conservasse essa delicadeza, única sobrevivente ao naufrágio das demais. O hábito de fingir é incompatível com esses matizes do orgulho; a mentira é opaca a qualquer resplendor de dignidade. A conduta dos tartufos não pode conservar-se adamantina; os expedientes equívocos encadeiam-se até afogar os últimos escrúpulos. À força de pedir aos demais seus pré-juízos, endividando-se moralmente com a sociedade, perdem o temor de pedir outros favores e bens materiais, olvidando que as dívidas torpemente acumuladas escravizam o homem. Cada empréstimo não devolvido é um novo elo acrescentado à sua corrente; faz-se-lhes impossível viver dignamente numa cidade onde há ruas que não podem cruzar e entre pessoas cuja mirada não saberiam sustentar. A mentira e a hipocrisia convergem para estas renúncias, tirando ao homem sua independência. As dívidas contraídas pela vaidade ou pelo vício obrigam a fingir e a enganar; aquele que as acumula renuncia a toda dignidade.

---

[5] Sobre ela, nunca é demais lembrar as palavras de William Blake, em o *Matrimônio do Céu e do Inferno:* "a prudência é uma rica velha tola e feia, cortejada pela impotência". (N.T.)

O Homem Medíocre

101

Há outras conseqüências do tartufismo. O homem dúctil à intriga priva-se do carinho ingênuo. Costuma ter cúmplices, mas não amigos; a hipocrisia não ata pelo coração, senão pelo interesse. Os hipócritas, sempre utilitários e oportunistas, estão a todo momento dispostos a trair seus princípios em homenagem a um benefício imediato; isso lhes veda a amizade com espíritos superiores. O gentil-homem tem sempre um inimigo neles, pois a reciprocidade de sentimentos apenas é possível entre iguais; não pode entregar-se nunca à sua amizade, na medida em que forjarão a ocasião para afrontá-lo com alguma infâmia, vingando a sua própria inferioridade. La Bruyère escreveu uma máxima imperecedoura: "Na amizade desinteressada há prazeres que não podem alcançar os que nasceram medíocres"; estes necessitam de cúmplices, encontrados entre os que conhecem esses secretos mecanismos descritos como uma simples solidariedade com o mal. Se o homem sincero se entrega, eles aguardam a hora propícia para traí-lo; por isso a amizade é difícil para os grandes espíritos e estes não prodigalizam sua intimidade quando se elevam demasiado sobre o nível comum. Os homens eminentes necessitam dispor de infinita sensibilidade e tolerância para se entregarem; quando o fazem, nada põe limites à sua ternura e devoção. Entre nobres caracteres a amizade cresce devagar e prospera melhor quando se arraiga no reconhecimento dos méritos recíprocos; entre homens vulgares cresce imotivadamente, mas permanece raquítica, fundando-se, na maioria das vezes, na cumplicidade do vício ou da intriga. Por isso a política pode criar cúmplices, mas nunca amigos; muitas vezes leva a trocar estes por aqueles, olvidando que trocá-los com freqüência equivale a não tê-los. Enquanto nos hipócritas a troca de amigos é fator determinante, nos caracteres leais a amizade dura tanto como os méritos que a inspiram.

Sendo desleal, o hipócrita é também ingrato. Inverte as fórmulas do reconhecimento: aspira à divulgação dos favores que faz, sem ser por isso sensível aos que recebe. Multiplica por mil o que dá e divide por um milhão o que aceita. Ignora a gratidão – virtude de eleitos –, inquebrantável corrente afiançada para sempre nos corações sensíveis por aqueles que sabem dar em tempo e fechando os olhos. Às vezes resulta ingrato sem sabê-lo, por simples erro de sua contabilidade sentimental. Para evitar a ingratidão alheia apenas se lhe ocorre não fazer o bem; cumpre sua decisão sem esforço, limitando-se a praticar suas benevolências de forma ostentatória, na proporção que pode convir à sua sombra. Seus sentimentos são outros; o hipócrita sabe que pode seguir sendo honesto ainda que pratique o mal de forma dissimulada e com desenfado a ingratidão.

A psicologia de Tartufo seria incompleta se olvidássemos que coloca no mais hermético de seus tabernáculos tudo o que aspira a florescer de paixões inerentes à condição humana. Frente ao pudor instintivo, casto por definição, os hipócritas organizaram um pudor convencional, impudico e corrosivo. A capacidade de amar, cujas efervescências santificam a vida mesma, eternizando-a, parece-lhes inconfessável, como se o contato de duas bocas amantes fosse menos natural que o beijo do sol quando acende as coroas de flores. Mantêm oculto e misterioso tudo que concerne ao amor, como se convertê-lo em delito não incitasse a tentação dos castos; mas esse exagerado pudor visível não lhes proíbe ensaiar invisivelmente as abjeções mais torpes. Escandalizam-se da paixão sem renunciar ao vício, limitando-se a disfarçá-lo ou encobri-lo. Entendem que o mal não está nas coisas mesmas, senão nas aparências, formando uma moral para si e outra para os demais, como essas mulheres casadas que se presumem honestas, ainda que tenham três amantes, e repudiam a donzela que ama um só homem sem ter marido.

Não tem limites esta escabrosa fronteira da hipocrisia. Zelosos catônicos dos costumes, perseguem as mais puras exibições de beleza artística. Poriam uma folha de parra na mão de Vênus de Mileto, como outrora injuriaram telas e estátuas para esconder as mais divinas formas nuas da Grécia e do Renascimento. Confundem a castíssima harmonia da beleza plástica com a intenção obs-

O Homem Medíocre   103

cena que os assalta ao contemplá-la. Não advertem que a perversidade está sempre neles,[6] nunca na obra de arte.

O pudor dos hipócritas é a peruca de sua calvície moral.

2. O homem honesto

A mediocridade moral é impotência para a virtude e covardia para o vício. Se existem mentes que parecem manequins articulados com rotinas, abundam corações semelhantes a feras infladas de pré-juízos. O homem honesto pode temer o crime sem admirar a santidade: é incapaz de iniciativa para ambos. A garra do passado lhe comprime o coração, oprimindo a germinação de todo desejo de aperfeiçoamento futuro. Seus pré-juízos são os documentos arqueológicos da psicologia social: resíduos de virtudes crepusculares, sobrevivências de morais extintas.

As mediocracias de todos os tempos são inimigas do homem virtuoso: preferem o honesto e o enaltecem como exemplo. Está implícito nisto um erro, ou mentira, que convém dissipar. Honestidade não é virtude, ainda que tampouco seja um vício. É possível ser honesto sem sentir um afã de perfeição; basta não ostentar o mal, o que é insuficiente para ser virtuoso. Entre o vício, que é uma chaga, e a virtude, que é uma excelência, flutua a honestidade.

A virtude eleva-se sobre a moral corrente: implica certa aristocracia do coração, própria do talento moral; o virtuoso se anteci-

---

[6] Pelo fenômeno conhecido na psicologia moderna como projeção, as mais variadas formas de erotismos reprimidos e alojados no inconsciente individual (aquilo que Jung chama de "sombra"), são projetados pelo indivíduo por ocasião da percepção do objeto. Disse Jung, a esse respeito: "quanto mais projeções são interpostas entre o sujeição e o ambiente, mais difícil é para o ego enxergar através de suas ilusões" (cf. *The Essential Jung,* selected by Anthony Storr, Princenton, 1983, p. 92).

pa a alguma forma de perfeição futura e sacrifica-lhe os automatismos consolidados pelo hábito.

O honesto, ao contrário, é passivo, circunstância que lhe assegura um nível moral superior ao vicioso, ainda que permaneça por debaixo de quem pratica ativamente alguma virtude e oriente sua vida em direção a algum ideal. Limitando-se a respeitar os préjuízos que o asfixiam, mede a moral com o duplo decímetro que usam seus iguais, a cujas frações resultam irredutíveis as tendências inferiores dos encalhados e as aspirações conspícuas dos virtuosos. Se não chegasse a assimilar os pré-juízos, até saturar-se deles, a sociedade o castigaria como delinqüente por sua conduta desonesta: se pudesse a eles sobrepor-se, seu talento moral riscaria sulcos dignos de serem imitados. A mediocracia está em não dar escândalo nem servir de exemplo.

O homem honesto pode praticar ações de cuja indignidade suspeita, toda vez que a elas se sinta constrangido pela força dos pré-juízos, que são obstáculos com que os hábitos adquiridos estorvam as variações novas. Os atos que já são maus no juízo original dos virtuosos, podem seguir sendo bons diante da opinião coletiva. O homem superior pratica a virtude tal como a julga, eludindo os pré-juízos que acorrentam a massa honesta; o medíocre segue chamando bem aquilo que já deixou de sê-lo, por incapacidade de entrever o bem do porvir. Sentir com o coração dos demais equivale a pensar com a cabeça alheia.

A virtude costuma ser um gesto audaz, como tudo o que é original; a honestidade é um uniforme que se endossa resignadamente. O medíocre teme a opinião pública com a mesma submissão com que o trapaceiro teme o inferno; nunca tem a ousadia de colocar-se contra ela, e menos ainda quando a aparência do vício é um perigo ínsito em toda virtude não compreendida. Renuncia a ela em razão dos sacrifícios que implica.

Olvida que não há perfeição sem esforço: apenas podem olhar o sol de frente os que ousam cravar sua pupila sem temer a cegueira. Os corações minguados não colhem rosas em seu jardim, por temor aos espinhos; os virtuosos sabem que é necessário expor-se a eles para escolher as flores mais perfumadas.

O honesto é inimigo do santo, como o rotineiro é inimigo do gênio; a este chama de "louco" e ao outro julga "amoral". Isto se explica: mede-os com sua própria medida, na qual eles definitivamente não cabem.[7] Em seu dicionário, "cordura" e "moral" são nomes que ele reserva às suas próprias qualidades. Para sua moral de sombras, o hipócrita é honesto; o virtuoso e o santo, que a excedem, parecem-lhe "amorais", e com esta qualificação lhes endossa veladamente certa imoralidade...

Homens de qualidade inferior, dir-se-ia feitos com retalhos de catecismo e com sobras de vergonha: o primeiro ofertante os pode comprar a baixo preço. Muitas vezes, mantêm-se honestos por conveniência; algumas vezes por simplicidade, se o odor da tentação não inquieta sua tontice. Ensinam que é necessário ser como os demais; ignoram que apenas é virtuoso aquele que anela ser melhor. Quando nos dizem ao ouvido que renunciemos ao sonho e que imitemos o rebanho, não têm o valor de nos aconselhar diretamente a apostasia do próprio ideal para que sentemos a ruminar a merenda comum.

A sociedade predica "não faças mal e serás honesto". O talento moral tem outras exigências: "persigas uma perfeição e serás virtuoso". A honestidade está ao alcance de todos; a virtude é de poucos eleitos. O homem honesto agüenta o jugo ao qual o atrelam os demais cúmplices; o homem virtuoso se eleva sobre eles com o bater de suas asas.

A honestidade é uma indústria; a virtude exclui o cálculo. Não há diferença entre o covarde que modera suas ações por medo

---

[7] Da mesma forma não se pode medir o que é eterno com as medidas do tempo. Disse Blake: "as horas do tolo são medidas pelo relógio, mas da sabedoria: nenhum relógio pode medir". (N.T.)

106 JOSÉ INGENIEROS

do castigo e o cobiçoso que as ativa pela esperança de uma recompensa; ambos consideram duas vezes suas contas-correntes em relação aos pré-juízos sociais. Aquele que teme diante de um perigo ou persegue uma prebenda é indigno de nomear a virtude; por esta se arriscam à proscrição ou à miséria. Não diremos por isso que o virtuoso é infalível. Todavia, a virtude implica uma capacidade de retificações espontâneas, o reconhecimento leal dos próprios equívocos como uma lição para si mesmo e para os demais, a firme retidão da conduta ulterior. Aquele que paga uma culpa com muitos anos de virtude, é como se não tivesse pecado: purifica-se. Ao contrário, o medíocre não reconhece seus erros nem se envergonha deles; agravando-os com o impudor, sublinhando-os com a reincidência, duplicando-os com o aproveitamento dos resultados.

Predicar a honestidade seria excelente se ela não fosse uma renúncia à virtude, cujo norte é a perfeição incessante. Seu elogio empana o culto da dignidade e é a prova mais segura da queda moral de um povo. Enaltecendo o melindroso, afronta-se o severo; pelo tolerável se esquece do exemplar. Os espíritos acomodados chegam a aborrecer a firmeza e a lealdade, à força de medrar com o servilismo e a hipocrisia.

Admirar o homem honesto é rebaixar-se; adorá-lo é envilecer-se. Stendhal reduzia a honestidade a uma simples forma de medo; convém agregar que não é um medo ao mal em si mesmo, senão à reprovação dos demais; por isso é compatível com uma total ausência de escrúpulos para todo ato que não tenha sanção expressa ou possa permanecer ignorado. "Eu vi o fundo do que se chama 'gentes honestas': é odioso", dizia Talleyrand,[8] perguntando-se o que seria de tais sujeitos se o interesse ou a paixão entrasse em jogo. Seu temor ao vício e sua impotência para a virtude equivalem-se. São simples beneficiários da mediocridade moral que os rodeia. Não são assassinos, mas não são heróis; não rou-

---

[8] *J'ai vu le fond de ce quón appelle de honnétes gens: c'est hideux.*

O Homem Medíocre   107

bam, mas não dão meia sola ao desvalido; não são traidores, mas não são leais; não assaltam em descoberto, mas não defendem o assaltado; não violam virgens, mas não redimem caídas; não conspiram contra a sociedade, mas não cooperam com o comum engrandecimento.

Frente à honestidade hipócrita – própria de mentes rotineiras e de caracteres domesticados –, existe uma heráldica moral cujos brasões são a virtude e a santidade. É a antítese da tímida submissão aos pré-juízos, que paralisa o coração dos temperamentos vulgares e degenera nesta apoteose da frieza sentimental que caracteriza a irrupção de todas as burguesias. A virtude quer fé, entusiasmo, paixão, arrojo: vive deles; tanto na intenção quanto nas obras. Não há virtude quando os atos desmentem as palavras, nem cabe nobreza onde a intenção se arrasta. Por isso a mediocridade moral é mais nociva nos homens conspícuos e nas classes privilegiadas. O sábio que trai a sua verdade, o filósofo que vive fora de sua moral e o nobre que desonra o seu berço, rebaixam-se à mais ignominiosa das vilanias; são menos desculpáveis do que o truão envolvido em delito. Os privilégios da cultura e do nascimento impõem àquele que deles desfruta uma lealdade exemplar para consigo mesmo. A nobreza que não está em nosso afã de perfeição, é inútil que perdure em ridículas árvores genealógicas e pergaminhos; nobre é aquele que revela em seus atos um respeito por seu estado e não o que alega sua estirpe para justificar atos carentes de toda nobreza. Pela virtude, nunca pela honestidade, medem-se os valores da aristocracia moral.

3. Os trânsfugas da honestidade

Enquanto o hipócrita vaga na penumbra, o inválido moral refugia-se nas trevas. No crepúsculo medra o vício, que a mediocridade ampara; na noite irrompe o delito, reprimido por leis que a sociedade forja. Desde a hipocrisia consentida até o crime castigado, a transição é insensível; a noite incuba-se no crepúsculo. Da honestidade convencional passa-se à infâmia gradualmente, por matizes leves e concessões sutis. Nisto está o perigo da conduta acomodada e vacilante.

Os trânsfugas da moral são rebeldes à domesticidade; desprezam a prudente covardia de Tartufo. Ignoram seu equilibrismo, não sabem simular, agridem os princípios consagrados; e como a sociedade não pode tolerá-los sem comprometer sua própria existência, eles direcionam suas guerrilhas contra essa mesma ordem de coisas cuja custódia obsedia aos medíocres.

Comparado com o inválido moral, o homem honesto parece uma jóia. Essa distinção é necessária; deve ser feita em seu favor, seguro de que ele a reputará honrosa. Se é incapaz de um ideal, também o é de praticar um crime descaradamente; sabe disfarçar seus instintos, encobre o vício, elude o delito apenado pelas leis. Nos outros, ao contrário, toda perversidade brota à flor da pele, como uma erupção pustulenta; são incapazes de sustentar-se na hipocrisia, a exemplo dos idiotas que se represam em suas rotinas. Os honestos se esforçam por merecerem purgatório; os delinqüentes se decidiram pelo inferno, avançando sem escrúpulos nem remorsos contra o armazém de pré-juízos e leis que a sociedade lhes opõe.

Cada agregado humano crê que "a" verdade moral é "sua" moral, olvidando que há tantas como rebanhos de homens. Se é infame, vicioso, honesto ou virtuoso, no tempo e no espaço. Cada "moral" é uma medida oportuna e convencional dos atos que constituem a conduta humana; não tem existência esotérica, como não teria a "sociedade" abstratamente considerada.

Seus cânones são relativos e se transformam obedecendo ao emaranhado determinismo da evolução social. Em cada ambiente e em cada época existe um critério médio que sanciona como bons ou maus, honestos ou delituosos, permitidos ou inadmissíveis, os atos individuais que são úteis ou nocivos à vida coletiva. Em

O Homem Medíocre

cada momento histórico esse critério é a subestrutura da moral, variável sempre.

Os delinqüentes são indivíduos incapazes de adaptarem sua conduta à moralidade média da sociedade em que vivem. São inferiores,[9] têm a "alma da espécie", mas não adquirem a "alma social". Divergem da mediocridade, mas em sentido oposto dos homens excelentes, cujas variações originais determinam uma inadaptação evolutiva no sentido da perfeição.

São inúmeros. Todas as formas corrosivas da degeneração desfilam neste caleidoscópio, como se ao conjuro de um maléfico exorcismo, se convertessem em pavorosa realidade os mais sórdidos ciclos de um inferno dantesco: parasitas da escória social, fronteiriços da infâmia, comensais do vício e da desonra, tristes que se movem perturbados por sentimentos anormais, espíritos nos quais sobrelevam a fatalidade de heranças enfermiças e sofrem do carcoma inexorável das misérias do ambiente social.

Irredutíveis e indomesticáveis, aceitam como um duelo permanente a vida em sociedade. Passam por nosso lado impertérritos e sombrios, levando sobre suas frontes fugitivas o estigma de seu destino involuntário e nos mudos lábios a careta oblíqua de quem escruta seus semelhantes com olho inimigo. Parecem ignorar que são as vítimas de um complexo determinismo, superior a todo freio ético; somam-se neles os desequilíbrios transfundidos por uma herança malsã, as deformadas configurações morais plasmadas no meio social e as mil circunstâncias ineludíveis que se atravessam ao azar em sua existência. O pântano no qual mergulha sua conduta

---

[9] Ingenieros admite, como muitos criminólogos – Ferri, Lombroso e outros positivistas do final do século XIX – anteriores à chamada criminologia crítica, que o indivíduo delinqüente é moral e ontologicamente inferior àquele que não delinqüe. Praticar crimes ou não, naquele contexto, reduz-se a uma fatalidade biológica, social ou ambas, em distintas proporções. A questão filosófica fundamental que evoca é a do determinismo e a do livre-arbítrio. (N.T.)

asfixia os germes possíveis de todo sentido moral, desarticulando os últimos pré-juízos que os vinculam ao solidário consórcio dos medíocres. Vivem adaptados a uma moral à parte, com panoramas de sombrias perspectivas, esquivando-se dos clarões luminosos, sempre em busca de densas penumbras; fermentam no agitado atordoamento das grandes cidades, reproduzem-se em todos os buracos do edifício social e conspiram surdamente contra sua estabilidade, alheios às normas de conduta características do homem medíocre, eminentemente conservador e disciplinado. A imaginação nos permite alinhar suas turvas silhuetas sobre um distante horizonte, onde a escuridão crepuscular mescla seus tons violentos de ouro e púrpura, de incêndio e de hemorragia: desfile de macabra legião que marcha atropeladamente em direção à ignomínia.

Nesta plêiade anormal culminam os fronteiriços do delito, cuja virulência cresce pela sua impunidade diante da lei. Seu débil sentido moral lhes impede conservar intocável sua conduta, sem cair, por isso, em plena delinqüência: são os imbecis da honestidade, distintos do idiota moral que vive na roda do cárcere. Não são delinqüentes, mas são incapazes de se manter honestos; pobres espíritos de caráter claudicante e vontade relaxada, não sabem cavar trincheiras seguras aos fatores ocasionais, às sugestões do meio, à tentação do lucro fácil, ao contágio imitativo. Vivem solicitados por tendências opostas, oscilando entre o bem e o mal, como o asno de Buridan. São caracteres conformados minuto por minuto no molde instável das circunstâncias. Ora são auxiliares permanentes do vício e do delito, ora delinqüem pela metade por incapacidade de executar um plano completo de conduta anti-social, ora têm suficiente astúcia e previsão para chegar à borda mesmo do manicômio e do cárcere, sem cair. Estes sujeitos de moralidade incompleta, oculta, acidental ou alternante, representam as etapas da transição entre a honestidade e o delito, a zona de interferência entre o bem e o mal, socialmente considerados. Carecem, enfim, do equilíbrio oportunista que salva do naufrágio os outros medíocres.

O Homem Medíocre

111

Um estigma irrevogável os impede de conformar seus sentimentos aos critérios morais de sua sociedade.[10] Em alguns é produto do temperamento nativo; pululam nos cárceres e vivem como inimigos dentro da sociedade que os hospeda. Em muitos a degeneração moral é adquirida, fruto da educação; em certos casos deriva da luta pela vida em um meio social desfavorável ao seu esforço; são medíocres desorganizados, caídos no lamaçal por obra do azar, capazes de compreender sua desventura e se envergonhar dela, como a fera que se equivoca ao saltar sobre sua presa. Em outros, há uma inversão de valores éticos, uma perturbação do juízo que lhes impede medir o bem e o mal com o parâmetro aceito pela sociedade: são invertidos morais, inaptos para estimar a honestidade e o vício. Existem os instáveis, por fim, cujo caráter revela uma ausência de sólidos cimentos que os assegurem contra o vaivém oscilante das urgências materiais e a alternativa inquietante das tentações desonestas. Esses inválidos não sentem a coerção social; sua moralidade inferior bordeja no vício até o momento de encalhar no delito.

Estes inadaptáveis são moralmente inferiores ao homem medíocre. Seus matizes são variados: atuam na sociedade como os insetos daninhos na natureza.

O rebanho teme estes violadores de sua hipocrisia. Os prudentes não lhes perdoam o impudor de sua infâmia e organizam contra eles uma complexa armadura defensiva de códigos, juízes e prestígios; através de séculos e séculos seu esforço tem sido ineficaz. Constituem, tais violadores, uma horda estrangeira e hostil dentro de seu próprio território, audaz na persecução, encoberta no procedimento, infatigável na tramitação aleivosa de seus progra-

---

[10] Vale a pena lembrar que são eles adaptados aos critérios morais do meio em que vivem; ou seja, dentro do meio social que freqüentam, têm contornos, no mínimo, aceitáveis. Sobre isso, conferir as teorias criminológicas da Escola de Chicago, em Elena Larrauri, *La Herencia de la Criminologia Crítica,* siglo XXI, 1991, pp. 5 e ss. (N.T.)

112 José Ingenieros

mas trágicos. Alguns confiam sua vaidade ao fio da navalha subreptícia, sempre alerta para brandi-la com fulgurante presteza contra o coração ou as costas de quem a desafie; outros deslizam furtivamente sua ágil garra sobre o ouro ou a gema que estimula sua avidez com seduções irresistíveis; estes violentam, como brincadeiras infantis, os obstáculos com que a prudência do burguês custodia o tesouro acumulado em intermináveis etapas de economia e de sacrifício; aqueles denigrem virgens inocentes para lucrar, oferecendo os encantos de seu corpo agraciado à insaciável luxúria de sensuais e libertinos; muitos sugam a entranha da miséria, em inverossímeis aritméticas de usura, como tênias solitárias que nutrem sua inextinguível voracidade nos sucos purulentos do intestino social enfermo; outros captam consciências inexpertas para explorar os riquíssimos filões de ignorância e de fanatismo. Todos são equivalentes no desempenho de sua função parasitária e anti-social, idênticos na inadaptação de seus sentimentos mais elementares. Converge neles uma inveterada promiscuidade de instintos e perversões que faz de cada consciência uma pústula, arrastando-os, de forma inexorável, à vida do vício e do delito.

Entretanto, seja qual for a orientação de sua inferioridade biológica ou social, encontramos uma pincelada comum em todos os homens que estão sob o nível da mediocridade: a inaptidão constante para adaptar-se às condições que, em cada coletividade humana, limitam a luta pela vida. Carecem da aptidão que permite ao homem medíocre imitar os pré-juízos e as hipocrisias da sociedade em que vegeta.

4. Função social da virtude

A honestidade é uma imitação; a virtude é uma originalidade. Apenas os virtuosos possuem talento moral e é obra sua qualquer ascenso à perfeição; o rebanho limita-se a seguir suas pistas, incorporando à honestidade banal o que foi antes virtude de poucos. E sempre rebaixando-a.

O Homem Medíocre

113

Temos distinguido o delinqüente do honesto. Insistamos em que sua honestidade não é virtude; ele se esforça por confundi-las, sabendo que a segunda lhe é inacessível. A virtude é outra coisa; é ativa. Excede infinitamente em variedade, em integridade, em coragem, as práticas rotineiras que livram da infâmia ou do cárcere.

Ser honesto implica submeter-se às convenções correntes; ser virtuoso significa invariavelmente ir contra elas, expondo-se a passar como inimigo de toda moral, quando o é apenas de certos pré-juízos inferiores. Se o sereno ateniense houvesse adulado os seus concidadãos, a história helênica não estaria manchada por sua condenação e o sábio não haveria bebido cicuta; mas não seria Sócrates. Sua virtude consistiu em resistir aos pré-juízos dos demais. Se pudéssemos viver entre dignos e santos, a opinião alheia poderia evitar-nos tropeços e quedas; mas é covardia, vivendo entre *atartufados,* rebaixar-se ao nível comum com medo de atrair suas iras. Fazer como todos pode implicar amoldar-se ao indigno; o processo moral tem como condição resistir ao comum descanso e adiantar-se ao seu tempo, como qualquer outro progresso.

Se existisse uma moral eterna – e não tantas morais, quantos são os povos – poderíamos levar a sério a lenda bíblica da árvore carregada de frutos do bem e do mal.[11] Apenas teríamos dois tipos de homens: o bom e o mau, o honesto e o desonesto, o normal e o

---

[11] Na verdade, a "lenda" deve ser compreendida como uma metáfora, atualíssima e eficaz sempre que for lida como devem ser lidos os mitos. Vale dizer, não devemos procurar entendê-la à maneira como a entendia a civilização clássica, justamente porque os tempos são outros. A ciência, desde Copérnico, é outra. A moral, ainda que em menor grau, é distinta, como afirma em seguida Ingenieros. No entanto, a perenidade do que sustenta a lenda, ou seja, seus elementos arquétipos, quando compreendidos e atualizados, dão cores novas à "lenda": a árvore do conhecimento do bem e do mal em contraposição à árvore da vida eterna, guardada por um querubim com uma espada flamejante, reflete nada mais nada menos do que uma parcela das insondáveis profundezas da psique humana, ditas de uma forma ou de outra em todas as civilizações. (N.T)

inferior, o moral e o imoral. Todavia, as coisas não são assim. Os juízos de valor se transformam: o bem de hoje pode ter sido o mal de ontem, o mal de hoje pode ser o bem de amanhã, e vice-versa.

Não é o homem moralmente medíocre – o honesto – quem determina as transformações da moral.

São os virtuosos e os santos, inconfundíveis com ele. Precursores, apóstolos, mártires, inventam formas superiores do bem, ensinando-as, predicando-as, impondo-as. Toda moral futura é um produto de esforços individuais, obra de caracteres excelentes que concebem e praticam perfeições inacessíveis ao homem comum. Nisto consiste o talento moral, que forja a virtude, e o gênio moral, que implica a santidade. Sem estes homens originais não se conceberia a transformação dos costumes: conservaríamos os sentimentos e as paixões dos primitivos seres humanos. Todo ascenso moral é um esforço do talento virtuoso em direção à perfeição futura; nunca inerte condescendência para com o passado, nem simples acomodação ao presente.

A evolução das virtudes depende de todos os fatores morais e intelectuais. O cérebro costuma antecipar-se ao coração; não obstante, nossos sentimentos influenciam mais intensamente do que nossas idéias na formação dos critérios morais. O feito é mais notório nas sociedades do que nos indivíduos. Podemos afirmar que, se ressuscitássemos um grego ou um romano, seu cérebro permaneceria atônito diante de nossa cultura intelectual, mas seu coração poderia bater em uníssono com muitos corações contemporâneos. Suas idéias sobre o universo, o homem e as coisas contrastariam sobremaneira com as nossas, mas seus sentimentos ajustar-se-iam em grande medida às palpitações do sentir moderno. Em um século modificam-se as idéias fundamentais da ciência e da filosofia: os sentimentos centrais da moral coletiva apenas sofrem leves oscilações, porque os atributos biológicos da espécie humana variam lentamente. Somos forçados a sorrir diante dos conhecimentos científicos dos clássicos; mas, seus sentimentos nos comovem, suas vir-

O Homem Medíocre

tudes nos entusiasmam, seus heróis nos causam admiração e nos parecem honrados pelos mesmos atributos que hoje nos fariam honrá-los. Então, como agora, os homens exemplares, ainda que de idéias opostas, praticavam análogas virtudes frente aos hipócritas de seu tempo. O fundo varia pouco; o que se transmuta incessantemente é a forma, o juízo de valor que lhe confere força ética.

Há, sem embargo, um progresso moral coletivo. Muitos dogmatismos, que antes foram virtudes, são julgados, mais tarde, como pré-juízos. Em cada momento histórico coexistem virtudes e pré-juízos; o talento moral pratica as primeiras; a honestidade aferra-se aos segundos. Os grandes virtuosos, cada um ao seu modo, combatem pelo mesmo, na forma que sua cultura e seu temperamento lhe sugerem. Ainda que por distintos caminhos, e partindo de premissas racionais antagônicas, todos se propõem a melhorar o homem: são igualmente inimigos dos vícios de seu tempo.

Os virtuosos não se igualam aos santos; a sociedade opõe demasiados obstáculos aos seus esforços. Pensar a perfeição não implica praticá-la totalmente; basta o firme propósito de marchar em direção a ela. Os que pensam como profetas podem ver-se obrigados a proceder como os filisteus em muitos dos seus atos. A virtude é uma tensão real em direção ao que se concebe como perfeição ideal.

O progresso ético é lento, mas seguro. A virtude arrasta e ensina; os honestos resignam-se a imitar alguma parte das excelências que praticam os virtuosos. Quando se afirma que somos melhores que nossos avós, quer se dizer que assim o somos diante de nossa moral contemporânea. Seria mais exato dizer que nos diferenciamos deles. Sobre as necessidades perenes da espécie, organizam-se conceitos de perfeição que variam através dos tempos: sobre as necessidades transitórias de cada sociedade elabora-se o arquétipo de virtude mais útil ao seu progresso. Enquanto o ideal absoluto permanece indefinido e oferece escassas oscilações no curso de séculos inteiros, o conceito concreto das virtudes se vão plasmando nas variações reais da vida social; os virtuosos ascendem por mil caminhos em direção a cumes que se distanciam, sem cessar, em direção ao infinito.

Cada um dos sentimentos úteis para a vida humana engendra uma virtude, uma norma de talento moral. Há filósofos que meditam durante largas noites de vigília, sábios que sacrificam sua vida no interior de laboratórios, patriotas que morrem pela liberdade de seus concidadãos, altivos que renunciam a todo favor que tenha por preço sua dignidade, mães que sofrem a miséria custodiando a honra de seus filhos. O homem medíocre ignora essas virtudes; limita-se, sobretudo, a cumprir as leis por temor das penas que ameaçam a quem as viola, guardando a honra por não suportar as conseqüências de perdê-la.

5. A pequena virtude e o talento moral

Assim como há uma gama de intelectos, cujos tons fundamentais são a inferioridade, a mediocridade e o talento – à parte o idiotismo e o gênio, que ocupam seus extremos –, há também uma hierarquia moral representada por termos equivalentes. No fundo destas desigualdades há uma profunda heterogeneidade de temperamentos. A conformação aos catecismos alheios resulta fácil para os homens débeis, crédulos, timoratos, sem grandes desejos, sem paixões veementes, sem necessidades de independência, sem irradiação de sua personalidade; é inconcebível, em troca, nas naturezas idealistas e fortes, capazes de paixões vivas, bastante intelectuais para não se deixarem enganar pela mentira dos demais. Aqueles não sofrem pela coação moral do rebanho, pois a hipocrisia é seu clima propício; estes sofrem, lutando entre suas inclinações superiores e o falseado conceito de dever que lhes impõe a sociedade. Ajustam-se a ele os homens honestos, mas nunca se escraviza o homem moralmente superior. "Pode-se lembrar – disse Remy de

O HOMEM MEDÍOCRE   117

Gourmont – o valor de uma moeda a qual alguém se resigna por
não chamar a atenção, mas sem interessar ao ser íntimo e sem fa-
zer-lhe nenhum sacrifício profundo." Nesta desconformidade com
a hipocrisia coletivamente organizada consiste a virtude, que é individual, contrapondo-se às suas caricaturas coletivas: na caridade e
na beneficência mundanas a miséria dos corações tristes alimenta a
vaidade dos cérebros vazios.

Os temperamentos capazes de virtude diferem por sua intensidade. O primeiro germe de perfeição moral manifesta-se numa decidida preferência pelo bem: fazendo-o, ensinando-o, admirando-o.
A bondade é o primeiro esforço em direção à virtude; o homem
bom, esquivo às condescendências permitidas pelos hipócritas, leva
em si uma partícula de santidade. O "bonismo" é a moral dos pequenos virtuosos; sua prédica é plausível, sempre que ensine a evitar a
covardia, que é o seu perigo. Alguns excessos de bondade não poderiam distinguir-se do envilecimento; há falta de justiça na moral do
perdão sistemático. Vai bem perdoar uma vez e seria iníquo não perdoar nenhuma; mas, o que perdoa duas vezes se faz cúmplice dos
malvados. Não sabemos o que teria feito Cristo se lhe houvessem
esbofeteado a outra face quando a ofereceu àquele que o ofendera:
os escolásticos preferem não discutir este problema.

Ensinemos a perdoar; mas, ensinemos também a não ofen-
der: é mais eficiente. Ensinemos com o exemplo, não ofendendo.
Admitamos que a primeira vez se ofende por ignorância; mas, a
segunda vez, é certo pensarmos, costuma ser coisa de vilão. O mal
não se corrige com a complacência ou com a cumplicidade; é nocivo como os venenos e deve ser combatido com antídotos eficazes:
a reprovação e o desprezo.

Enquanto os hipócritas receitam a austeridade, reservando a
indulgência para si mesmos, os pequenos virtuosos preferem a prática do bem à sua prédica; evitam os sermões e enaltecem sua própria
conduta. Para o próximo encontram uma desculpa, na debilidade
humana ou na tentação do meio: "tudo o que é compreendido é

118 José Ingenieros

perdoado";[12] apenas são severos consigo mesmos. Nunca olvidam suas próprias culpas e erros; e se não justificam as alheias, tampouco se preocupam em atormentá-las com seu ódio, pois sabem que o tempo as castiga fatalmente, por essa gravitação que abisma aos perversos como se fossem globos desinflados. Seu coração é sensível às pulsações dos demais, abrindo-se a toda hora para açucarar as penas de um desventurado e antecipando-se às suas necessidades, a fim de poupar-lhe a humilhação de pedir ajuda; fazem sempre tudo que podem, pondo nisto tal afã, que transluz o desejo de ter feito mais e melhor. Aprovam e estimulam qualquer germe de cultura, prodigando seu aplauso a toda idéia original, ao mesmo tempo em que se compadecem dos ignorantes, sem reprovações inoportunas: sua cordialidade sincera com os espíritos humildes não está corroída pela urbanidade convencional.

Essas pequenas virtudes são usuais, de aplicação freqüente, cotidianas; servem para distinguir o bom do medíocre, e diferem tanto da honestidade como o bom sentido difere do sentido comum. Importam uma elevação sobre a mediocridade; os que sabem praticá-las merecem os elogios que tão prodigamente se lhes tributam. Desde Platão e Plutarco está feita sua apologia; isto não impede sua assídua reiteração por escritores que glosam, em estilo menos decisivo, a conhecida frase de Hugo: "Fazem-se muitas grandes ações nas pequenas lutas. Há muitas valentias obstinadas e ignoradas que se defendem palmo a palmo na sombra contra a invasão fatal das necessidades. Nobre e misterioso triunfo que nenhuma mirada vê, que nenhuma fama paga, que nenhuma fanfarra saúda. A vida, a desgraça, a solidão, o abandono, a pobreza, são campos de batalha que têm seus heróis; heróis obscuros algumas vezes, maiores que os heróis ilustres".[13]

---

[12] *Tout comprende c'est tout pardonner.*
[13] *Il se fait beaucoup de grandes actions dans les petites luttes. Il y a des bravoures opiniatres et ignorées qui se défendent pied à pied dans l'ombre contre l'envahissement fatal des nécessités. Noble et mistérieux trioumphe qua'ucun regard ne voit, qu'aucune renommée ne paye, qu'aucune fanfare ne salue. La vie, le malheur, l'isolament, l'abandon, la pauvreté sont des champs de bataille que ont leurs héros; héros obscurs plus grands parfois que les héros ilustres.*

O Homem Medíocre

119

Não olvidemos, sem embargo, que essas virtudes são pequenas; é um grave erro opô-las às grandes. Elas revelam uma louvável tendência, mas não podem comparar-se com o assíduo zelo de perfeição que converte a bondade em virtude. Para isto se requer certa intelectualidade superior; as mentes exíguas não podem conceber um gesto transcendente e nobre, nem saberia executá-lo um caráter amorfo. Aos que dizem: "não há tonto mau", poderíamos responder-lhes que a incapacidade do mal não é bondade. Ainda está por resolver-se o antigo litígio que propunha eleger entre um imbecil bom e um inteligente mau; mas está seguramente resolvido que a imbecilidade não é uma presunção de virtude, nem a inteligência o é de perversidade. Isto não impede que muitos estúpidos protestem contra o engenho e a ilustração, glosando o paradoxo de Rosseau, até inferir dele que a escola povoa os cárceres e que os homens efetivamente bons são os torpes e os ignorantes.

Mentira. Grosseira patranha esgrimida contra a dignificação humana mediante a instrução pública, requisito básico para o enaltecimento moral.

Sócrates ensinou – isto já faz alguns bons anos – que a Ciência e a Virtude confundem-se em uma única resultante: a Sabedoria. Para fazer o bem, basta vê-lo claramente; não o fazem aqueles que não o vêem;[14] ninguém seria mau, sabendo.[15] O homem mais inteligente e mais ilustrado pode ser boníssimo; "pode" sê-lo,

---

[14] Esta associação que faz Ingenieros entre a sabedoria e a visão é própria do Oriente, ainda que a visão não dependa de qualquer conhecimento prévio; ao contrário, a visão propicia o conhecimento. Por exemplo, *chien-hsing,* termo chinês, significa "vendo a própria natureza", ou "abrindo o olho mental". Olho mental ou espiritual, diferente do órgão sensitivo da visão, representa o conhecimento primário, último, referencial, do uno no múltiplo e do múltiplo no uno. (N.T.)

[15] Porque a sabedoria aqui referida, está claro, deve transcender a questão ética do bem e do mal. (N.T.)

ainda que nem sempre o seja. Por outra parte, o torpe e o ignorante não podem sê-lo nunca, irremediavelmente.

A moralidade é tão importante como a inteligência na composição global do caráter. Os mais elevados espíritos são os que associam as luzes do intelecto com as magnificências do coração. A "grandeza da alma" é bilateral. São raros esses talentos completos; são excepcionais esses gênios. Os homens excelentes brilham por esta ou aquela aptidão, sem resplandecer em todas; há, assim mesmo, talentos em algum gênero intelectual, que não o são em virtude alguma, e homens virtuosos que não assombram por seus dotes intelectuais.

Ambas essas formas de talento, ainda que distinta e cada uma multiforme, são igualmente necessárias e merecem a mesma homenagem. Podem ser observadas isoladamente; costumam germinar em uníssono em homens extraordinários. Isoladas, valem menos. A virtude é inconcebível no imbecil e o engenho é infecundo no desavergonhado. A subordinação da moralidade à inteligência é uma renúncia a toda dignidade; o mais engenhoso dos homens tornar-se-ia detestável na medida em que colocasse seu engenho a serviço da rotina, do prejuízo ou do servilismo; seus triunfos seriam sua vergonha, não sua glória. Por isso disse Cícero, há muitos séculos: "Quanto mais fino e culto é um homem, tanto mais repulsivo e suspeitoso se torna se perde sua reputação de honesto" (De *offic.*, II, 9). Verdade é que o tempo perdoa algumas culpas aos gênios e aos heróis, capazes de exceder, com o bem que fazem, o mal que não deixaram de fazer; mas, são raras as exceções e a vida haveria que medi-los com o critério da posteridade: a transcendente magnitude da sua obra.

Essas noções suprimem alguns problemas inocentes, como o de determinar se são preferíveis os que criam, inventam ou aperfeiçoam nas ciências e nas artes, ou os que possuem um admirável conjunto de energias morais que impulsionam a jogar o porvir e a vida em defesa da dignidade e da justiça. Entre os talentos intelectuais e

O HOMEM MEDÍOCRE 121

os talentos morais, estes últimos costumam ser preferidos com razão, conceituando-se mais necessários. "O talento superior é o talento moral", escrevera Smiles, glosando o inesgotável Mr. de la Palisse. Desta comparação está excluído *a priori* o homem medíocre, pois apenas tem rotinas no cérebro e pré-juízos no coração.

A apoteose do tonto bom encaminha-se, evidentemente, a protestar, como o fazia Cícero, contra os que pretendem consentir ao engenhoso um absurdo direito à imoralidade. O sistema é equívoco; igualmente injusto seria desacreditar os santos mais exemplares, fundando-se no fato de que existem simuladores da virtude.

É capcioso, ademais, opor o engenho à moral, como termos inconciliáveis. Apenas poderia ser virtuoso o rotineiro ou o imbecil? Apenas poderia ser engenhoso o desonesto ou o degenerado? A humanidade deveria ruborizar-se diante destas perguntas. Sem embargo, elas são insinuadas por catequistas que adulam os tontos, buscando o êxito diante de seu número infinito. O sofisma é simples. De muitos grandes homens contam-se anomalias morais ou de caráter, que não são contadas do medíocre ou do imbecil; logo, aqueles são imorais e estes são virtuosos.

Ainda que as premissas fossem exatas, a conclusão seria ilegítima. Se se concedesse – e é mentira – que os grandes gênios são forçosamente imorais, não haveria por que outorgar aos imbecis o privilégio da virtude, reservado ao talento moral.

Todavia, a premissa é falsa. Se se contam desequilíbrios dos gênios e não dos simplórios, não é porque estes sejam faróis da virtude, senão por uma razão muito simples: a história apenas se ocupa dos primeiros, ignorando os segundos. Para um poeta alcoólatra existem dez milhões de adolescentes que bebem como ele; para um filósofo uxoricida há cem milhões de uxoricidas que não são filósofos; para um sábio experimentador, cruel com um cachorro ou uma rã, há um incontável número de caçadores que o sobrepassam em impiedade. E o que dirá a história? Houve um poeta alcoólatra, um filósofo uxoricida e um sábio cruel; os milhões de anônimos não têm biografia. Moreau de Tours equivocou-se de rumo; Lombroso se extraviou; Nordau fez da questão uma simples polêmica literária. Não comunguemos com rodas de moinho; a premissa é falsa. Nós, que visitamos cem cárceres, podemos assegurar que havia neles cinqüenta mil homens de inteligência inferior, junto a cinco ou dez homens de talento. Não vimos um só homem de engenho.

Voltemos ao são conceito socrático, irmanando a virtude e o engenho, aliados antes que adversários. Uma elevada inteligência é sempre propícia ao talento moral e este é a condição mesma da virtude. Apenas há uma coisa mais vasta, exemplar e magnífica: o golpe de asas[16] que eleva em direção ao até então desconhecido, remontando-nos aos cumes externos da aristocracia moral. São os gênios que ensinam virtudes não praticadas até a hora de suas profecias ou que praticam as conhecidas com intensidade extraordinária. Se um homem encarrilha em absoluto sua vida em direção a um ideal, eludindo ou constatando todas as contingências materiais que contra ele conspiram, esse homem se eleva sobre o nível mesmo das mais altas virtudes. Entra no rol da santidade.

6. O gênio moral – a santidade

A santidade existe: os gênios morais são os santos da humanidade. A evolução dos sentimentos coletivos, representados pelos conceitos de bem e de virtude, opera-se por intermédio de homens extraordinários. Neles se resume ou polariza alguma ten-

---

[16] *Paramahansa,* um termo sânscrito, é utilizado tanto no hinduísmo quanto no budismo. Significa Supremo Ganso Selvagem. O vôo deste imenso pássaro migratório alcança mais de oito mil metros de altura, sobre os mais altos cumes do Himalaia. Ele, *Paramahansa,* é o próprio sábio que atingiu *samadhi,* ou nirvana, a suprema iluminação. O paralelo oriental com a analogia feita por Ingenieros é, no mínimo, curioso. (N.T.)

O HOMEM MEDÍOCRE 123

dência imanente do contínuo devir moral. Alguns legislam e fundam religiões, como Manu, Confúcio, Moisés e Buda, em civilizações primitivas, quando os estados são teocracias; outros predicam e vivem sua moral, como Sócrates, Zenon ou Cristo, confiando a sorte de seus novos valores à eficácia do exemplo; há, enfim, os que transmutam racionalmente as doutrinas, como Antístenes, Epicuro ou Espinosa. Seja qual for o juízo que *a posteriori* mereçam seus ensinamentos, todos eles são inventores, forças originais na evolução do bem e do mal, na metamorfose das virtudes. São sempre homens de exceção, gênios, os que as ensinam. Os talentos morais aperfeiçoam ou praticam de maneira excelente essas virtudes por eles criadas; os medíocres morais conformam-se a imitá-las timidamente.

Toda santidade é excessiva, desbordante, obsessiva, obediente, incontrastável: é gênio. O indivíduo é santo por temperamento e não por cálculo, por impulso espontâneo firme, mais que por doutrinação racional: assim foram quase todos. A inflexível rigidez do profeta ou do apóstolo é simbólica; sem ela não teríamos a iluminada firmeza do virtuoso nem a obediência disciplinada do honesto. Os santos não são os fatores práticos da vida social, senão as massas que imitam debilmente sua fórmula. Não foi Francisco um instrumento eficaz da beneficência, virtude cristã que o tempo retomará pela solidariedade social; seus efeitos úteis são produzidos por inumeráveis indivíduos que seriam incapazes de praticá-la por iniciativa própria, mas que do exaltado arquétipo recebem sugestões, tendências e exemplos, graduando-os, difundindo-os. O santo de Assis morre de consunção, obcecado por sua virtude, sem cuidar de si mesmo, e entrega sua vida ao seu ideal; os medíocres que praticam a beneficência por ele pregada cumprem uma obrigação, tibiamente, sem perturbar sua tranqüilidade em abnegação aos demais.

A santidade cria ou renova. A extensão e o desenvolvimento dos sentimentos sociais e morais – disse Ribot – produziram-se lentamente e por obra de certos homens que merecem ser chamados *inventores* de moral. Esta expressão pode soar estranhamente a certos ouvidos de gente imbuída da hipótese de um conhecimento do bem e do mal inato, universal, distribuído a todos os homens e em todos os tempos. Se, ao contrário, admite-se uma moral que se faz ao longo do tempo, é necessário que ela seja a criação, o descobrimento de um indivíduo ou de um grupo. Todo mundo admite inventores em geometria, em música, nas artes plásticas ou mecânicas; mas também existiram homens que por suas disposições naturais eram muito superiores aos seus contemporâneos e foram promotores, iniciadores. É importante observar que a concepção teórica de um ideal moral mais elevado, de uma etapa a passar, não basta; é necessária uma emoção poderosa que faça obrar e, por contágio, comunique aos outros seu próprio *élan*. O avanço é proporcional ao que se sente e não ao que se pensa.

Por isso o gênio moral é incompleto enquanto não atua; a simples visão de ideais magníficos não implica a santidade, que está no exemplo, muito mais do que na doutrina, sempre que importe criação original. Os intitulados santos de certas religiões raras vezes são criadores: são simples virtuosos ou alucinados, aos quais o interesse do culto e a política eclesiástica atribuíram uma santidade nominal. Na história do sentimento religioso apenas são gênios os que fundam ou transmutam, mas de nenhuma maneira os que organizam ordens, estabelecem regras, repetem um credo, praticam uma norma ou difundem um catecismo. O santoral católico é irrisório. Junto a poucas vidas que merecem a hagiografia de um Frei Domenico Cavalca, muitas existem que não interessam ao moralista nem ao psicólogo; numerosas tentam a curiosidade dos alienistas e outras apenas revelam a interesseira homenagem dos concílios ao fanatismo provinciano de certos rebanhos industriosos.

Coloquemos mais alta a santidade: onde assinale uma orientação inconfundível na história da moral. Cada hora da humanidade é dotada de um clima, uma atmosfera, uma temperatura, que sem cessar variam. Cada clima é propício ao florescimento de certas virtudes; cada atmosfera se carrega de crenças que assinalam

O Homem Medíocre

sua orientação intelectual; cada temperatura marca os graus de fé com que se acentuam determinados ideais e aspirações. Uma humanidade que evolui não pode ter ideais imutáveis, senão incessantemente aperfeiçoáveis, cujo poder de transformação seja infinito como a vida. As virtudes do passado não são as virtudes do presente; os santos de amanhã não serão os mesmos de ontem. Cada momento da história requer certa forma de santidade que seria estéril se não fosse oportuna, pois as virtudes se vão plasmando nas variações da vida social.

No amanhecer dos povos, quando os homens vivem lutando com as mãos limpas diante da natureza parcimoniosa, é indispensável ser forte e valente para impor e assegurar a hegemonia e a liberdade do grupo; então, a qualidade suprema é a excelência física e a virtude da coragem transforma-se no culto de heróis, equiparados aos deuses. A santidade está no heroísmo.

Nas grandes crises de renovação moral, quando a apatia ou a decadência ameaçam dissolver um povo ou uma raça, a virtude excelente entre todas é a integridade do caráter, que permite viver ou morrer por um ideal fecundo para o comum engrandecimento. A santidade está no apostolado.

Nas plenas civilizações, mais serve à humanidade o que descobre uma nova lei da natureza, ou ensina a conviver com alguma de suas forças, do que aquele que culmina por seu temperamento de herói ou de apóstolo. Por isso o prestígio rodeia as virtudes intelectuais: a santidade está na sabedoria.

Os ideais éticos não são exclusivos do sentimento religioso; nem tampouco a virtude ou a santidade. Sobre cada sentimento podem eles florescer. Cada época tem seus ideais e seus santos: heróis, apóstolos ou sábios.

As nações dotadas de certo nível de cultura santificam seus grandes pensadores como os porta-luzes e arautos de sua grandeza espiritual. Se o exemplo supremo para os que combatem são os heróis e para os que crêem os apóstolos, para aqueles que pensam, o exemplo está nos filósofos. Na moral das sociedades que se formam culminam Alexandre, César ou Napoleão; e quando se renovam, Sócrates, Cristo ou Giordano Bruno; mas chega um momento em que os santos se chamam Aristóteles, Bacon e Goethe. A santidade varia no compasso do ideal.

Os espíritos cultos concebem a santidade nos pensadores, tão luminosos como nos heróis e nos apóstolos; nas sociedades modernas, o "santo" é um antecipado visionário de teoria ou profeta de feitos que a posteridade confirma, aplica ou realiza. Compreende-se que, em hora própria, haja santidade em servir a um ideal nos campos de batalha ou desafiando a hipocrisia, como nos supremos protagonistas de uma *Ilíada* ou de um *Evangelho;* mas, também é santo, de outros ideais, o poeta, o sábio ou o filósofo que vivem eternos em sua *Divina Comédia,* em seu *Novum Organum* ou em sua *Origem das Espécies.* Se é difícil mirar um instante a cara da morte que ameaça paralisar nosso braço, mais difícil ainda é resistir toda uma vida aos princípios e rotinas que ameaçam asfixiar nossa inteligência.

Entre névoas que alternativamente se espessam e se dissipam, a humanidade ascende sem repouso em direção a remotos cumes. A maioria os ignora; poucos eleitos podem vê-los e alinhar ali seu ideal, aspirando a deles se aproximarem. Orientadas pela exígua constelação de visionários, as gerações caminham, da rotina para Verdades cada vez menos inexatas e do pré-juízo para Virtudes cada vez menos imperfeitas. Todos os caminhos da santidade conduzem ao ponto infinito que marca sua imaginária convergência.

Capítulo IV
Os Caracteres Medíocres

1. Homens e sombras

Desprovidos de asas e de penacho, os caracteres medíocres são incapazes de voar em direção a algum cume ou de bater-se contra um rebanho. Sua vida é perpétua cumplicidade com a vida alheia. São hostes mercenárias do primeiro homem firme que saiba uni-los ao seu jugo. Atravessam o mundo cuidando de sua sombra e ignorando sua personalidade. Nunca chegam a individualizar-se; ignoram o prazer de exclamar "eu sou", frente aos demais. Não existem sozinhos. Sua amorfa estrutura os obriga a se apagarem em uma raça, em um povo, em um partido, em uma seita, em uma bandeira; sempre misturados com os outros. Afirmam todas as doutrinas e préjuízos consolidados através dos séculos. Assim prosperam. Seguem o caminho das menores resistências, nadando a favor de toda corrente e variando com ela; em seu rodar águas abaixo não há mérito: é simples incapacidade de nadar águas acima. Crescem porque sabem como se adaptar à hipocrisia social, como as lombrigas à entranha.

São refratários a todo gesto digno; são mesmo hostis quando se deparam com algum. Conquistam "honras" e alcançam "dignidades", no plural; inventaram o inconcebível plural da honra e da dignidade, por definição singulares e inflexíveis. Vivem dos demais e para os demais: sombras de um rebanho, sua existência é o acessório de focos que o projetam. Carecem de luz, de arrojo, de fogo, de emoção. Tudo neles é precário e de pouca duração.

Os caracteres excelentes ascendem à própria dignidade, nadando contra todas as correntes rebaixadoras, a cujo refluxo resistem com tenacidade. Frente aos demais são eles reconhecidos de imediato, pois nunca são borrados por essa bruma moral na qual aqueles se imaginam limpar. Sua personalidade é todo brilho e aresta: *Firmeza e luz, como cristal de rocha.*

Breves palavras que sintetizam sua definição perfeita. Não a deram melhor Teofrasto ou La Bruyére. Criaram sua vida e serviram a um ideal, perseverando em sua rota, sentindo-se donos de suas ações, ajustando-se a grandes esforços: seguros em suas crenças, leais aos seus sentimentos, fiéis à sua palavra. Nunca obstinam no erro, nem traem jamais a verdade. Ignoram o despudor da inconstância e a insolência da ingratidão. Investem contra os obstáculos e enfrentam as dificuldades. São respeitosos na vitória e dignificam-se na derrota: como se para eles a beleza estivesse no jogo e não no resultado. Sempre, invariavelmente, põem a mirada alto e longe; atrás do atual fugitivo divisam um ideal mais respeitável quanto mais distante. Estes indivíduos são contados; cada um vive por um milhão. Possuem uma firme linha moral que lhes serve de esqueleto à armadura. São alguém. Sua fisionomia é a própria e não pode ser de mais ninguém; são inconfundíveis, capazes de imprimir seu selo indelével em mil iniciativas fecundas. As pessoas domesticadas os temem, como a chaga ao cautério; sem se darem conta disso, todavia, adoram-nos com seu desdém. São os verdadeiros amos da sociedade, os que agridem o passado e preparam o porvir, os que destroem e plasmam. São os atores do drama social, com energia inesgotável. Possuem o dom de resistir à rotina e podem livrar-se de sua tirania niveladora. Por eles a Humanidade vive e progride. São sempre excessivos; centuplicam as qualidades que os demais apenas possuem em germe. A hipertrofia de uma idéia ou de uma paixão os faz inadaptáveis ao seu meio, exagerando sua pujança; todavia, para a sociedade, realizam uma função harmônica e vital. Sem eles se imobilizaria o progresso humano, estancando-se como um veleiro surpreendido em alto-mar por uma longa calmaria. De-

O HOMEM MEDÍOCRE 129

les, apenas deles, costumam se ocupar a história e a arte, interpretando-os como arquétipos da Humanidade.

O homem que pensa com sua própria cabeça e a sombra que reflete os pensamentos alheios parecem pertencer a mundos distintos. Homens e sombras: diferem como o cristal e a argila. O cristal tem uma forma preestabelecida em sua própria composição química; nela se cristaliza, ou não, conforme o caso; mas nunca tomará outra forma, senão a própria. Ao vê-lo, sabemos o que é, inconfundivelmente. De igual maneira o homem superior é sempre uno, em si, à parte dos demais. Se o clima lhe é propício, converte-se em núcleo de energias sociais, projetando sobre o meio suas características próprias, à maneira do cristal que em uma solução saturada provoca novas cristalizações semelhantes a si mesmo, criando formas de seu próprio sistema geométrico.[1] A argila, ao contrário, carece de forma própria e toma a que lhe imprimem as circunstâncias exteriores, os seres que a pressionam ou as coisas que a rodeiam; conserva o rastro de todos os sulcos e o buraco de todos os dedos, como a cera, como a massa; será cúbica, esférica ou piramidal, segundo a modelem. Assim os caracteres medíocres: sensíveis às coerções do meio em que vivem, incapazes de servir a uma fé ou a uma paixão.

As crenças são o suporte do caráter; no homem que as possui firmes e elevadas, revelam-se-lhe a excelência. As sombras não crêem. A personalidade está em perpétua evolução e o caráter individual é seu delicado instrumento; há de ser acalentado sem descanso nas fontes da cultura e do amor. O que herdamos implica certa fatalidade, que a educação corrige e orienta. Os homens estão predestinados a conservar sua linha própria entre as pressões coercitivas da sociedade; as sombras não têm resistência, adaptam-se às demais até a desfigura-

---

[1] Compare-se, a propósito, o cristal de Indra, na Índia, que reflete o mundo ao seu redor. Esse refletir tem tamanha luminosidade que ele atinge seu ápice justamente no ser "transparente à transcendência". (N.T.)

ção, domesticando-se. O caráter se expressa por atividades que constituem a conduta. Cada ser humano tem o correspondente às suas crenças; se é "firmeza e luz", como disse o poeta, a firmeza está nos sólidos cimentos de sua cultura e a luz em sua elevação moral.

Os elementos intelectuais não bastam para determinar sua orientação; a debilidade do caráter depende tanto da consistência moral como daqueles elementos, ou mais. Sem algum engenho, é impossível ascender por senderos da virtude; sem alguma virtude, são inacessíveis os do engenho. Na ação, estão em consonância. A força das crenças está em não serem puramente racionais; pensamos com o coração e com a cabeça: elas não implicam um conhecimento exato da realidade; são simples juízos a seu respeito, suscetíveis de serem corrigidos ou reconsiderados. São instrumentos atuais; cada crença é uma opinião contingente e provisória. Todo juízo implica uma afirmação. Toda negação é, em si mesma, afirmativa; negar é afirmar uma negação. A atitude é idêntica: acredita-se tanto naquilo que se afirma, quanto naquilo que se nega. O contrário da afirmação não é a negação, senão a dúvida. Para negar ou afirmar é indispensável crer. Ser alguém é crer intensamente; pensar é crer; amar é crer; odiar é crer; viver é crer.

As crenças são os móveis de toda atividade humana. Não necessitam ser verdades: cremos com anterioridade a todo raciocínio e cada nova noção é adquirida por meio de crenças já pré-formadas.[2] A dúvida deveria ser mais comum, escasseando os critérios de certeza lógica; a primeira atitude, sem embargo, é uma adesão àquilo que se apresenta à nossa experiência. A maneira primitiva de pensar as coisas consiste em crê-las tais como as sentimos; as crianças, os

---

[2] Essas "crenças pré-formadas" guardam certa similaridade com o conceito de arquétipo, no sentido que lhe dá Jung, bem como com as chamadas categorias aprioristicas do conhecimento, formuladas por Kant. Evidentemente que em ambos os casos ora mencionados não há conteúdo, senão forma, que antecede todo ato de conhecimento, de modo que podemos compreender a crítica às "crenças pré-formadas" feita por Ingenieros como um equívoco substancial, verificável apenas *a posteriori*. (N.T.)

O Homem Medíocre131

selvagens, os ignorantes e os espíritos débeis são acessíveis a todos os erros, joguetes frívolos das pessoas, das coisas e das circunstâncias. Qualquer um desvia as embarcações sem governo. Essas crenças são como os pregos que se metem de um só golpe; as convicções firmes entram como os parafusos, pouco a pouco, à força de observação e estudo. Custa mais trabalho adquiri-las; todavia, enquanto os pregos cedem ao primeiro puxão vigoroso, os parafusos resistem e mantêm de pé a personalidade. O engenho e a cultura corrigem as fáceis ilusões primitivas e as rotinas impostas pela sociedade ao indivíduo: a amplitude do saber permite aos homens formar idéias próprias. Viver arrastado pelas idéias alheias equivale a não viver. Os medíocres são obra dos demais e estão em todas as partes: maneira de não ser nada e não estar em nenhuma parte.

Sem unidade não se concebe um caráter. Quando falta, o homem é amorfo ou instável; vive soçobrando como frágil embarcação em um vasto oceano. Essa unidade deve ser efetiva no tempo; depende, em grande parte, da coordenação das crenças. Elas são forças dinamogênicas e ativas, sintetizadoras da personalidade. A história natural do pensamento humano apenas estuda crenças, não certezas. A espécie, as raças, as nações, os partidos, os grupos, enfim, são animados por necessidades materiais que os engendram, mais ou menos conformes à realidade, mas sempre determinantes de sua ação. Crer é a forma natural de pensar para viver.

A unidade das crenças permite aos homens obrar de acordo com o próprio passado: é um hábito de independência e a condição do homem livre, no sentido relativo que o determinismo consente. Seus atos são ágeis e retilíneos, podem prever-se em cada circunstância; seguem sem vacilações um caminho traçado: tudo concorre para que custodiem sua dignidade e formem um ideal. Sempre estão prontos para o esforço e o realizam sem aflição. Sentem-se livres quando retificam seus erros e mais livres ainda ao manejar suas paixões. Querem ser independentes de todos, sem que isto lhes impeça ser tolerantes: o preço de sua liberdade não os coloca na submissão dos demais. Sempre fazem o que querem, pois apenas querem o que está em suas forças realizar. Sabem polir a obra de seus educadores e nunca crêem terminada a própria cultura. Dir-se-ia que eles mesmos se fizeram como são, vendo-os recalcar em todos os atos o propósito de assumir sua responsabilidade.

As crenças do Homem são fundas, arraigadas em vasto saber; servem-lhe de timão seguro para marchar por uma rota que ele conhece e não oculta aos demais; quando muda de rumo é porque suas crenças acerca da Sombra[3] são sulcos arados na água; qualquer aragem os desvia; sua opinião é variável como biruta e suas mudanças obedecem às solicitações grosseiras de conveniências imediatas. Os homens evoluem segundo variam suas crenças e podem alterá-las enquanto seguem aprendendo; as Sombras acomodam as crenças aos seus apetites e pretendem encobrir a indignidade com o nome de evolução. Se dependesse delas, esta última equivaleria a desequilíbrio ou insolência; muitas vezes à traição.

Crenças firmes, conduta firme. Esse é o critério para apreciar o caráter: as obras. Assim diz o poema bíblico: *ludicaberis ex operibus vestris,* sereis julgado por vossas obras. Quantos existem que parecem homens e apenas valem pelas posições alcançadas nas piaras mediocráticas!

Vistos de perto, examinadas suas obras, são menos que nada, valores negativos. Sombras.

---

[3] A sombra, para Jung, é o aspecto individual do inconsciente, formada precipuamente por tudo aquilo reprimido e intolerado pelo ego. Especialmente relacionada com os nossos medos e desejos, a sombra deve, em qualquer processo psicoanalítico voltado ao autoconhecimento e à "cura", ser reintegrada à consciência. O que difere aqui, a psicanálise ocidental, dos processos de libertação orientais, é justamente tal reintegração. No primeiro caso, boa parte se resolve na absorção da "sombra" pelo ego, que a revalora num contexto diferenciado pelo tempo e pelo espaço; já no Oriente, com grande relevância para a Índia, esse conteúdo do inconsciente individual é reconhecido como um processo kármico. Este, diante da dissolução do ego, atinge o patamar da ilusão (Maya). (N.T.)

2. A domesticação dos medíocres

Gil Blas de Santillana é uma sombra: sua vida inteira é um processo contínuo de domesticação social. Se alguma linha própria permitia diferenciá-lo de seu rebanho, todo o estercado social volta-se sobre ele para suprimi-la, complicando sua insegura unidade em uma cifra imensa. O rebanho lhe oferece infinitas vantagens. Não surpreende que ele as aceite a troco de certas renúncias compatíveis com sua estrutura moral. Não lhe exige coisas inverossímeis; basta-lhe sua condescendência passiva, sua alma de servo.

Enquanto os homens resistem às tentações, as sombras resvalam pela pendente; se alguma partícula de originalidade os estorva, imediatamente a eliminam para se confundirem melhor com os demais. Parecem sólidas e se abrandam; ásperas, e se suavizam; ariscas, e se amansam; calorosas, e se entibiam; resplandescentes, e se opacam; ardentes, e se apaziguam; viris, e se afeminam; erguidas, e se achatam. Mil sólidos laços se acercam desde que tomam contato com seus símiles: aprendem a medir suas virtudes e a praticá-las com parcimônia. Cada afastamento lhes custa um desengano, cada desvio lhes vale uma desconfiança. Amoldam seu coração aos pré-juízos e sua inteligência às rotinas: a domesticação lhes facilita a luta pela vida.

A mediocracia teme o digno e adora o lacaio. Gil Blas a encanta; simboliza o *homem prático*, que de toda situação saca partido e em toda vilania tem proveito. Persegue Stockmann, o inimigo do povo, com o mesmo afã com que admira Gil Blas: recolhe-o na cova de bandoleiros e o enaltece como favorito nas cortes. É um homem que se deixa levar pela vontade dos outros. Flutua. Foi salteador, rufião, rato, prestamista, assassino, picareta, fementido, ingrato, hipócrita, traidor, político: tão variada gama de atividades no lodaçal não o impediram de ascender e outorgar sorrisos enquanto almoçava. É perfeito em seu gênero. Seu segredo é simples: é um animal doméstico. Entra no mundo como servo e segue sendo servil até a morte, em todas as circunstâncias e situações: nunca tem um gesto altivo, jamais acomete de frente um obstáculo.

A boa linguagem clássica chamava doméstico a todo homem que servia. E era justo. O hábito da servidão traz consigo sentimentos de domesticidade nos cortesãos do mesmo modo que no povo. Teríamos que copiar por inteiro o eloqüente *Discurso sobre a servidão voluntária,* escrito por La Boetie em sua adolescência e coberto de glória pelo admirativo elogio de Montaigne. Desde tal obra, milhares de páginas fustigam a subordinação aos dogmatismos sociais, o acatamento incondicional dos pré-juízos admitidos, o respeito das hierarquias adventícias, a disciplina cega à imposição coletiva, a homenagem decidida a tudo o que representa a ordem vigente, a submissão sistemática à vontade dos poderosos: tudo o que reforça a domesticação e que tem, por conseqüência inevitável, o servilismo.

Os caracteres excelentes são indomesticáveis: têm seu norte posto em um Ideal. Sua "firmeza" os sustenta; sua "luz" os guia. As sombras, por outro lado, degeneram. Facilmente se liquefaz a cera; jamais o cristal perde seu brilho. Os medíocres encharcam sua sombra quando o meio os instiga; os superiores se enaltecem na mesma proporção em que se rebaixa o seu ambiente. Na dita e na adversidade, amando e desprezando, entre sorrisos e lágrimas, cada homem firme tem um modo peculiar de se comportar, que é a sua síntese: seu caráter. As sombras não têm essa unidade de conduta que permite prever o gesto em todas as ocasiões.

Para Zenão, o estóico, o caráter é fonte da vida e emanam dele todas as nossas ações. É um bom dito, não obstante impreciso. Em suas definições, os moralistas não concordam com os psicólogos: aqueles "catonisam" como predicadores e estes descrevem como naturalistas. O caráter é uma síntese: devemos insistir neste particular. É um expoente de toda a personalidade e não de algum elemento isolado. Nos mesmos filósofos, que desenvolvem

O Homem Medíocre

sua aptidão de modo parcial, o caráter pareceria depender exclusivamente de condições intelectuais; ledo engano, pois sua conduta é a representação de cem outros fatores. Pensar é viver. Todo ideal humano implica uma associação sistemática da moral e da vontade, fazendo convergir em direção ao seu objetivo os mais veementes anelos de perfeição. O investigador de uma verdade se sobrepõe à sociedade em que vive: trabalha por esta e por todos, antecipando-se, contrariando suas rotinas. Tem uma personalidade social, adaptada para as funções que não pode exercitar em um eremitério; mas seus sentimentos sociais não lhe impõem cumplicidade no turvo. Em sua anastomose com os demais, conserva livres o coração e o cérebro, mediante algo próprio que nunca se desorienta: o que possui um caráter não se domestica.

Gil Blas medra entre os homens desde que a humanidade existe; protestaram contra ele os idealistas de todos os tempos. Os românticos, envoltos em sublime desdém, têm se rebelado contra os temperamentos servis: Musset, por boca de *Lorenzaccio,* estruge com palavras irrespondíveis a covardia dos povos acostumados à servidão. E não ficam atrás os individualistas, cujo mais alto vôo lírico alcança Nietzsche: suas mais formosas páginas são um código de moral, anti-medíocre, uma exaltação de qualidades inconciliáveis com a disciplina social. O espírito gregário, por ele rigorosamente fustigado, tem já diretores eloqüentíssimos, que exibem as solidárias complicações com que os medrosos resistem às iniciativas dos audazes, agrupando-se em modos diversos segundo o interesse de classe, hierarquia ou funções.

Onde houve escravos e servos, plasmaram-se caracteres servis. Vencido o homem, não o matavam: faziam-no trabalhar em proveito próprio. Sujeito ao jugo, temeroso diante do látego, o escravo dobrava-se sob correntes que gravavam em seu caráter a domesticidade. Alguns – diz a história – foram rebeldes ou alcançaram dignidades: sua rebeldia foi sempre um gesto de animal esfomeado e seu êxito teve como preço cumplicidades nos vícios de seus amos. Chegados ao exercício de alguma autoridade, tornaram-se despóticos, desprovidos de ideais, os mesmos que os detiveram diante da infâmia, como se quisessem, com seus abusos, olvidar a servidão sofrida anteriormente. Gil Blas foi o mais baixo dos favoritos.

O tempo e o exercício adaptam o homem à vida servil. O hábito de se resignar para medrar cria mecanismos cada vez mais sólidos, automatismos que borram para sempre todo rasgo individual. O bajulador Gil Blas mancha-se de estigmas que o fazem inconfundível com o homem digno. Ainda que emancipado, segue sendo lacaio e dá rédea solta aos seus baixos instintos.

O costume de obedecer engendra uma mentalidade doméstica. O que nasce de servos o traz no sangue, segundo Aristóteles. Herda hábitos servis e não encontra ambiente propício para formar um caráter. As vidas iniciadas na servidão não adquirem dignidade. Os antigos tinham maior desprezo pelos filhos de servos, reputando-os moralmente piores do que os adultos, reduzidos ao jugo ou por dívidas ou em função de batalhas; supunham, ademais, que herdavam, aqueles, a domesticidade de seus pais, intensificando-a em posterior servidão. Eram depreciados por seus amos.

Isto se repete em quantos países tiveram uma raça escrava inferior. É legítimo. Com humilhante desprezo costumam-se mirar os mulatos, descendentes de antigos escravos, em todas as nações de raça branca que aboliram a escravidão; seu afã de dissimular sua ascendência servil demonstra que reconhecem a indignidade hereditária condensada neles. Este menosprezo é natural. Assim como o antigo escravo tornava-se vaidoso e insolente se alcançava qualquer posição em que pudesse mandar, os mulatos se ensoberbecem nas inorgânicas mediocracias sul-americanas, captando funções e honras com que fartam seus apetites acumulados em domesticidades seculares.

A classe cria idênticas desigualdades às da raça. Os servos foram tão domesticados como os escravos; a revolução francesa deu liberdade política aos seus descendentes, mas não soube dar-

O HOMEM MEDÍOCRE 137

lhes esta liberdade moral que é o alicerce da dignidade. O burguês enriquecido merece o desprezo do aristocrata mais do que o ódio do proletariado, que é um aspirante à burguesia; não há pior chefe do que o antigo assistente, nem pior amo do que o antigo lacaio. As aristocracias são lógicas ao desdenhar os adventícios ascendentes: consideram-nos descendentes de criados enriquecidos e supõem que herdaram sua domesticidade ao mesmo tempo que a dinheirama.

Essas inclinações servis, arraigadas no fundo mesmo da herança étnica ou social, são bem vistas nas mediocracias contemporâneas, que nivelam politicamente o servil e o digno. O nome tem variado, mas a coisa subsiste: a domesticidade é corrente nas sociedades modernas.

Leva já muitas décadas a abolição legal da escravidão ou da servidão; os países não se acreditariam civilizados se as conservassem em seus códigos. Isso, todavia, não torce os costumes; o escravo e o servo seguem existindo, por temperamento ou por falta de caráter. Não são propriedade de seus amos, mas buscam a tutela alheia, como vão à querência os animais extraviados. Sua psicologia gregária não se transmudou por ocasião da declaração dos direitos do homem; a liberdade, a igualdade e a fraternidade são ficções que os deleitam, sem redimi-los. Há inclinações que sobrevivem a todas as leis igualitárias e fazem amar o jugo ou o látego. As leis não podem dar hombridade à sombra; caráter, ao amorfo; dignidade, ao envilecido; iniciativa, aos imitadores; virtude, ao honesto; intrepidez, ao manso; afã de liberdade, ao servil. Por isso, em plena democracia, os caracteres medíocres buscam, naturalmente, seu baixo nível: domesticam-se.

Em certos sujeitos, sem caráter desde o cálice materno até a tumba, a conduta não pode seguir normas constantes. São perigosos porque seu ontem não diz nada sobre seu amanhã; obram à mercê de impulsos acidentais, sempre aleatórios. Se possuem alguns elementos válidos, eles estão dispersos, incapazes de síntese; a menor sacudidela põe à evidência seus atavismos de selvagem e de primitivo, depositados nos sulcos mais profundos de sua personalidade. Suas imitações são frágeis e pouco arraigadas. Por isso são anti-sociais, incapazes de se elevarem à honesta condição de animais de rebanho.

A outros desgraçados, sem irreparáveis lacunas do temperamento, a sociedade lhes regateia sua educação. As grandes cidades pululam de crianças moralmente desamparadas, presas da miséria, sem lar, sem escola. Vivem tateando o vício e colhendo a corrupção, sem o hábito da honestidade e sem o exemplo luminoso da virtude. Embotada sua inteligência e coarctadas suas melhores inclinações, têm a vontade errante, incapazes de se sobreporem às convergências fatais que pugnam por afundá-las. E se passam sua infância sem rodar sobre o charco, tropeçam depois em novos obstáculos.

O trabalho, criando o hábito do esforço, seria a melhor escola do caráter; mas a sociedade ensina a odiá-lo, impondo-o precocemente, como uma ignomínia desagradável ou um envilecimento infame, sob a escravidão de jugos e horários, executado por fome ou por avareza, até que o homem fuja dele como de um castigo: apenas poderia amá-lo quando fosse uma ginástica espontânea de seus gostos e de suas aptidões. Assim, a sociedade completa sua obra; os que não naufragam em função da educação malsã, encalham no trabalho embrutecedor. Na complexa atividade moderna, as vontades claudicantes são toleradas; suas incongruências permanecem ocultas enquanto os atos se referem a vulgares automatismos da vida diária; mas, quando uma circunstância nova os obriga a buscar uma solução, a personalidade se agita ao azar e revela seus vícios intrínsecos.

Esses degenerados são indomesticáveis.

Os outros, como Gil Blas, carecem de controlador sobre sua própria conduta e esquecem que a mais leve queda pode ser o passo inicial em direção a uma degradação completa. Ignoram que cada esforço de dignidade consolida nossa firmeza: quanto

O Homem Medíocre

mais perigosa é a verdade que hoje dizemos, tanto mais fácil será amanhã pronunciar outras em alta voz. Nos mundos minados pela hipocrisia tudo conspira contra as virtudes civis: os homens se corrompem uns aos outros, imitam-se no *interlope*,[4] estimulam-se naquilo que é turvo para, afinal, justificarem-se mutuamente. Uma atmosfera tíbia entorpece o que cede pela primeira vez à tentação do injusto; as conseqüências da primeira falta podem ir até o infinito. Os medíocres não sabem evitá-la; em vão seria imaginar que teriam o propósito de voltar ao bom sendero e se emendar. Para as sombras não há reabilitação; preferem desculpar os desvios leves, sem advertir que eles preparam os graves. Todos os homens conhecem essas pequenas fraquezas, que de outro modo seriam perfeitos desde sua origem; mas, enquanto nos caracteres firmes passam como uma roçadeira que não deixa rastro, nos frágeis rasgam um sulco de modo a facilitar a reincidência. Essa é a via do envilecimento. Os virtuosos a ignoram; os honestos se deixam tentar. Como Gil Blas, apenas lhes custa a primeira queda; depois, seguem caindo como a água nas cascatas, em saltos, de pequenez em pequenez, de fraqueza em fraqueza, de curiosidade em curiosidade. Os remorsos da primeira culpa cedem à necessidade de ocultá-la com outras, diante das quais já não se amedrontam. Seu caráter se dissocia e eles se torcem, andam como cegos, tropeçam, caminham aos trancos e barrancos, adotam expedientes, disfarçam suas intenções para, finalmente, ascenderem por caminhos tortuosos, buscando a todo momento cúmplices destros para avançarem nas trevas. Depois das primeiras sondagens, marcham rapidamente, até que as raízes mesmas de sua moral se aniquilam. Assim, resvalam pela tangente, aumentando a hoste de lacaios e parasitas: centenas de Gil Blas carcomem as bases da sociedade que pretendeu modelá-los à sua imagem e semelhança.

---

[4] Termo francês: Diz-se do comércio fraudulento de uma nação nas colônias de outra. (N.T)

Os homens sem ideais são incapazes de resistir às persecuções de excessos materiais semeados em seu caminho. Quando cedem à tentação ficam cevados, como as feras que conhecem o sabor da carne humana.

Pela circunstância de pensar sempre com a cabeça da sociedade, o doméstico é o pontal mais seguro de todos os préjuízos políticos, religiosos, morais e sociais. Gil Blas está sempre com as mãos congestionadas pelo aplauso aos ungidos e com a arma afiada para agredir o rebelde que anuncia uma heresia. A bajulação e a intolerância são as cores de sua bandeira, cujo respeito exige de todos.

É incalculável a infinidade de gentes domésticas que nos rodeiam. Cada funcionário tem um rebanho voraz, submisso aos seus caprichos, como os esfomeados a quem os sacia. Se fossem capazes de vergonha, os bajuladores viveriam mais enrubescidos do que amapolas; longe disso, passeiam sua domesticidade e estão orgulhosos dela, exibindo-a com graça, como brilham na pantera terciopeluda as manchas de sua pele. A domesticação realiza-se de cem maneiras, tentando seus apetites. Nos limites da influência oficial, os meios de aclimatação multiplicam-se, especialmente nos países empesteados pelo funcionalismo. Os pobres de caráter não resistem; cedem a essa hipnotização. A perda de sua dignidade inicia-se quando abrem o olho à prebenda que estremece seu estômago ou nubla sua vaidade, inclinando-se diante das mãos que hoje lhes outorgam o favor e amanhã lhes manejarão a renda. Ainda que já não haja servidores legais, muitos sujeitos, livres da domesticação forçada, vêm a ela voluntariamente, por vocação implícita de sua fraqueza. Estão manchados desde o berço; ainda não havendo necessidade de benefícios, são instintivamente servis. Existem em todas as classes sociais. O preço de sua indignidade varia com a posição e se traduz em formas tão diversas como as pessoas que a exercitam.

O Homem Medíocre   141

Alentando Gil Blas, rebaixa-se o nível moral dos povos e das raças; não é tolerância estimular a velhacaria. A cotização do mérito decai. A mansidão silenciosa é preferida à dignidade altiva. A pele se cobre de mais adereços quando é menos sólida a coluna vertebral; as boas maneiras são mais apreciadas do que as boas ações. Se o Santilhana se enluva para roubar, merece a admiração de todos; se Stockmann se desnuda para salvar um náufrago, é condenado por ato obsceno. Nos povos domesticados chega um momento no qual a virtude parece um ultraje aos costumes.

As sombras vivem com o anelo de castrar os caracteres firmes e decapitar os pensadores alados, não os perdoando o luxo da virilidade ou do cérebro. A ausência de virilidade é elogiada como um refinamento, da mesma forma que os cavalos de passeio. A ignorância aparece como um coquetismo, como a dúvida elegante que inquieta certos fanáticos sem ideais. Os méritos convertem-se em contrabando perigoso, obrigados a se desculparem e se ocultarem, como se fossem ofensivos pela simples existência. Quando o homem digno começa a despertar suspeitas, o envilecimento coletivo é grave; quando a dignidade parece absurda e é coberta de ridículo, a domesticação dos medíocres alcançou seus extremos.

3. A vaidade

O homem é. A sombra parece. O homem põe sua honra no mérito próprio e é juiz supremo de si mesmo; ascende à dignidade. A sombra coloca o seu na estimação alheia e renuncia ao autojulgamento; rebaixa-se à vaidade. Há uma moral da honra e outra da caricatura: ser ou parecer. Quando um ideal de perfeição impele a ser melhor, esse culto dos próprios méritos consolida nos homens a dignidade; quando o afã de parecer arrasta a qualquer rebaixamento, o culto da sombra inflama a vaidade.

142 José Ingenieros

Do amor próprio nascem as duas: irmãs por sua origem, como Abel e Caim; e mais inimigas que ambos, irreconciliáveis. São formas diversas de amor próprio. Seguem caminhos divergentes. Uma floresce sobre o orgulho, zelo escrupuloso fincado no respeito de si mesmo; a outra nasce da soberba, apetite de culminação diante dos demais. O orgulho é uma arrogância originária por nobres motivos e quer aquilatar o mérito; a soberba é uma desmedida presunção e busca alargar a sombra. Catecismos e dicionários colaboraram com a mediocrização moral, subvertendo os termos que designam o exímio e o vulgar. Onde os pais da Igreja diziam *superbia,* como os antigos, fustigando-a, traduziram, os vigaristas, orgulho, confundindo sentimentos distintos. Daí o equívoco entre a dignidade e a vaidade, que justamente é a sua antítese, e o intento de taxar a igual preço os homens e as sombras, com singular desmerecimento dos primeiros.[5]

---

[5] A soberba é nada mais nada menos do que o patológico enaltecimento do ego – o que se chama, em psicologia e teologia, inflação mística. É identificada como uma altivez, sempre despropositada aos olhos atentos, que não pode ser confundida com o orgulho; pois este se revela, ao contrário da soberba, no exercício constante da humildade. Há um conto Indiano que bem revela esta distinção: Indra é vitorioso frente ao monstro viperino Vitra e tão enaltecido fica, que determina a um arquiteto que construa para ele, em memória do seu feito, um imenso palácio. Por mais que o arquiteto se esforce, o palácio, aos olhos de Indra, nunca é bom o bastante para expressar sua magnificência. Cansado, o arquiteto busca o auxílio de Vishnu. Na forma de um menino, Vishnu se apresenta a Indra, o qual fica espantado com a beleza da criança. Atrás da criança, uma centena de formigas marcham palácio adentro. Indra quer saber a todo custo o que significa aquela multidão de pequeninas formigas. O menino, após instruir o deus solar acerca dos eons, do sonho de Vishnu, do seu umbigo, do qual emerge Brahama sobre uma flor de lótus, de quantos universos vão e vêm num simples piscar de olhos do deus supremo, revela ao soberbo Indra que aquelas formigas nada mais eram do que ex-Indras, os quais se transformaram em formigas após inumeráveis nascimentos e mortes, originados justamente pela sua pretensão egocêntrica. Imediatamente, como se estivesse acordando de um pesadelo, Indra percebeu o equivocado caminho que percorria e desistiu imediatamente da construção de qualquer palácio que simbolizasse seus feitos. (N.T.)

O HOMEM MEDÍOCRE 143

Em sua forma embrionária, revela-se o amor próprio como desejo de elogios e temor de censuras: uma exagerada sensibilidade à opinião alheia. Nos caracteres conformados à rotina e aos pré-juízos correntes, o desejo de brilhar em seu meio e o juízo que sugerem ao pequeno grupo que os rodeia, são estímulos para a ação. A simples circunstância de viverem arrebanhados predispõe a perseguir a aquiescência alheia; a estima própria é favorecida pelo contraste ou pela comparação com os demais. Trata-se, até aqui, de um sentimento normal.

Ocorre que, em determinado momento, os caminhos divergem. Nos dignos, o próprio juízo antepõe-se à aprovação alheia; nos medíocres, os méritos são postergados e a sombra é cultivada. Os primeiros vivem para si; os segundos vegetam para os outros. Se o homem não vivesse em sociedade, o amor próprio seria dignidade em todos; vivendo em grupos, apenas o é nos caracteres firmes.

Certas preocupações, reinantes nas mediocracias, exaltam os domésticos. O brilho da glória sobre as frentes eleitas deslumbra os ineptos, como a fartura dos ricos causa zelos nos miseráveis. O elogio do mérito é um estímulo para sua simulação. Obcecados pelo êxito, e incapazes de sonhar a glória, muitos impotentes se envaidecem de méritos ilusórios e virtudes secretas que os demais não reconhecem; crêem-se atores da comédia humana; entram na vida construindo para si um cenário, grande ou pequeno, baixo ou culminante, sombrio ou luminoso; vivem em perpétua preocupação com o juízo alheio a respeito de sua sombra. Consomem sua existência sedentos de distinção em sua órbita, de preocupar seu mundo, de cultivar a atenção alheia por qualquer meio e de qualquer maneira. A diferença, se existe, é puramente quantitativa entre a vaidade do estudante que persegue dez pontos nas provas, a do político que sonha ver-se aclamado ministro ou presidente, a do novelista que aspira à edição de cem mil exemplares e a do assassino que deseja ver seu retrato nos periódicos.

144 JOSÉ INGENIEROS

A exaltação do amor próprio, perigosa nos espíritos vulgares, é útil ao homem que serve a um Ideal. Este o cristaliza em dignidade; aqueles o degeneram em vaidade. O êxito envaidece o tonto, nunca o excelente. Essa antecipação da glória hipertrofia a personalidade nos homens superiores: é a sua condição natural. O atleta não tem, por acaso, bíceps excessivos até a deformidade? A função faz o órgão. O "Eu"[6] é o órgão próprio da originalidade: absoluta no gênio.[7] O que é absurdo no medíocre, no homem superior é um adorno: simples expoente de força. O músculo aumentado não é ridículo no atleta; é, todavia, toda adiposidade, excessiva, por monstruosa e inútil, como a vaidade do insignificante. Certos homens de gênio, Sarmiento, coloquemos por acaso, teria sido incompleto sem sua megalomania.

Seu orgulho nunca excede a vaidade dos imbecis. A aparente diferença guarda proporção com o mérito. A um metro e à simples vista, ninguém vê a pata de uma formiga, mas todos percebem a garra de um leão: do mesmo modo ocorre com o egotismo[8]

---

[6] Este "Eu" maiúsculo deve ser compreendido como o centro da psique, ou *self,* como o chamou Jung, em contraposição ao ego, que é a consciência de nossa individualidade. (N.T.)

[7] Ou seja, no gênio, o ego que habitava o campo consciente da psique é substituído pelo *self.* (N.T.)

[8] Aqui vale a pena lembrar do chamado *principio individuationis* de Niezstche e do processo de individuação de Jung, que são exatamente o contrário de "Egotismo" (há um claro equívoco de conteúdo do termo em Ingenieros): no caso de ambos, o ego cede lugar ao verdadeiro desenvolvimento da personalidade. Vejamos as palavras de Jung: "... nós não cansamos de distinguir entre individualismo e individuação. Individualismo significa deliberada ênfase e preponderância a alguma suposta peculiaridade em lugar de considerações coletivas e obrigações. Mas individuação significa precisamente o melhor e mais completo exercício da plenitude das qualidades coletivas do ser humano, desde que uma adequada consideração da peculiaridade individual conduz a uma melhor *performance* social, do que quando tal peculiaridade é negligenciada" (in *Relation Between the Ego and The Unconsious, The Portable Jung,* editado *by* Joseph Campbell, Penguim Books, 1976, p.122, abreviado). É justamente este o sentido que Ingenieros busca em seu texto. (N.T.)

ruidoso dos homens e a despercebida soberba das sombras. Não podem confundir-se. O vaidoso vive comparando-se com aqueles que o rodeiam, invejando toda excelência alheia e carcomendo toda reputação que não pode igualar; o orgulhoso não se compara com aqueles que julga inferiores e põe sua mirada nos tipos ideais de perfeição que estão muito alto e acendem seu entusiasmo.

O orgulho, subsolo indispensável da dignidade, imprime aos homens certo belo gesto que as sombras censuram. Para tanto, o babélico idioma dos vulgares emaranhou a significação do vocábulo, acabando por ignorar-se se designa um vício ou uma virtude. Tudo é relativo. Se há méritos, o orgulho é um direito; se não os há, trata-se de uma vaidade. O homem que afirma um Ideal e se aperfeiçoa em direção a ele, despreza, com isso, a atmosfera inferior que o asfixia; é um sentimento natural, cimentado por uma desigualdade efetiva e constante. Para os medíocres, seria mais grato que não lhes atirassem à cara essa humilhante diferença; mas olvidam que eles são seus inimigos, oprimindo seu tronco robusto como a hera ao ipê, para afogá-lo com seu número infinito. O digno está obrigado a burlar as mil rotinas, as quais o servil adora sob o nome de princípios; seu conflito é perpétuo. A dignidade é um rompedor de ondas oposto pelo indivíduo à maré que o acossa. É isolamento dos domésticos e desprezo de seus pastores, quase sempre escravos do próprio rebanho.

4. A dignidade

O que aspira a parecer renuncia a ser. Em poucos homens somam-se o engenho e a virtude em um total de dignidade: formam uma aristocracia natural, sempre exígua frente ao número infinito de espíritos omissos. Credo supremo de todo idealismo, a dignidade é unívoca, intangível, intransmutável. É síntese de todas as virtudes que fortalecem o homem e barram a sombra: onde ela falta, não existe sentimento de honra. E assim como os povos sem dignidade são rebanhos, os indivíduos sem ela são escravos.

Os temperamentos adamantinos – *firmeza e luz* – apartam-se de toda cumplicidade; desafiam, ademais, a opinião alheia, se isto for condição de salvar a própria; declinam de todo bem mundano que exija uma abdicação; entregam, afinal, sua vida mesma, antes de trair qualquer um de seus ideais. Vão retos, sozinhos, sem contaminar-se em facções, convertidos em vivo protesto contra todo envilecimento ou servilismo. As sombras vaidosas mancomunam a fim de se desculparem em número, fugindo às íntimas sanções da consciência; domesticadas, são incapazes de gestos viris, falta-lhes coragem. A dignidade implica valor moral. Os pusilânimes são impotentes, como os aturdidos; os primeiros refletem quando convém agir, os segundos agem sem haver refletido. A insuficiência do esforço equivale à desorientação do impulso: o mérito das ações mede-se pelo afã que custam e não por seus resultados. Sem coragem, não há honra. Todas as suas formas implicam dignidade e virtude. Com sua ajuda os sábios acometem à exploração do ignoto, os moralistas minam as sórdidas fontes do mal, os ousados arriscam-se a violar a altura e a extensão, os justos adiamantamse na fortuna adversa, os firmes resistem à tentação e os severos ao vício, os mártires vão à fogueira para desmascarar a hipocrisia, os santos morrem por um Ideal. Para anelar uma perfeição é indispensável: "a coragem – sentenciou Lamartine – é a primeira das eloqüências, é a eloqüência do caráter". Nobre dizer. O que aspira a ser águia deve olhar longe e voar alto; o que se arrasta como um verme renuncia ao direito de protestar se o amassam.

A debilidade e a ignorância favorecem a domesticação dos caracteres medíocres, adaptando-os à vida mansa; a coragem e a cultura exaltam a personalidade dos excelentes, florescendo-a de dignidades. O lacaio pede; o digno merece. Aquele solicita como um favor, enquanto este espera como conseqüência do mérito. Ser digno significa não pedir o que se merece nem aceitar o imerecido. Enquanto os servis trepam entre os malefícios do favoritismo, os austeros ascendem pela escada de suas virtudes. Ou não ascendem por nenhuma.

O Homem Medíocre

A dignidade estimula toda perfeição do homem; a vaidade incita qualquer êxito da sombra. O digno tem escrito um lema em seu brasão: o que tem por preço uma partícula de honra, é caro. O pão sovado na bajulação, que engorda o servil, envenena o digno. Prefere, este, perder um direito a obter um favor; mil anos lhe serão mais leves que medrar indignamente. Qualquer ferida é transitória e pode lhe doer por uma hora; a mais leve domesticidade lhe remorderia toda a vida.

Quando o êxito não depende dos próprios méritos, basta-lhe conservar-se erguido, incólume, irrevogável em sua própria dignidade.[9] Nas lidas domésticas, a obstinada injustiça costuma triunfar sobre o mérito sorridente; a pertinácia do indigno é proporcional ao seu abrandamento. Os homens exemplares desdenham qualquer favor; estimam-se superiores àquilo que pode ser dado sem mérito. Preferem viver crucificados sobre seu orgulho a prosperar arrastando-se; querem, por ocasião da morte, que seu Ideal os acompanhe vestido de branco e desprovido de qualquer mancha de rebaixamento, como se fossem desposá-lo além da morte.

Os caracteres dignos permanecem solitários, sem luzir na anca marca alguma de ferro; são como o gado inquieto e turbulento que pasta pelos ternos capins da campina virgem, sem aceitar a fácil ração dos cochos. Se o seu prado é árido, não importa; com o oxigênio livre, aproveitam mais que em cevas copiosas, com a vanta-

---

[9] Esta atitude tipifica o estóico. Vejamos, a propósito, o que disse Bertrand Russell sobre a filosofia estóica: ... "outros homens têm poder apenas sobre exterioridades; virtude, que sozinha é verdadeiramente boa, descansa inteiramente no indivíduo. Por isso cada homem tem perfeita liberdade, desde que emancipado ele próprio do mundano mundo dos desejos. É apenas por meio de falsos julgamentos que tais desejos prevalecem; o sábio, cujos julgamentos são verdadeiros, é mestre de seu destino em tudo o que ele valoriza, uma vez que nenhuma força externa pode privá-lo da virtude" *(History of Western Philosophy,* Routledge, 1996, p. 262. (N.T.)

gem de que, com relação àquele, toma-se e estas se recebem de alguém. Preferem estar sozinhos, enquanto não podem juntar-se aos seus iguais. Cada flor englobada em um ramalhete perde seu perfume próprio. Obrigado a viver entre desiguais, o digno mantém-se alheio a tudo que estima inferior. Descartes disse que passeava entre os homens como se estes fossem árvores; e Banville escreveu de Gautier: "Era daqueles que sob todos os regimes, são necessária e invencivelmente livres: cumpria sua obra com desdenhosa altivez e com a firme resignação de um deus desterrado".

Ignora, o homem digno, as covardias que adormecem no fundo dos caracteres servis; não sabe desarticular sua cerviz. Seu respeito pelo mérito o obriga a descartar toda sombra que carece dele, a agredi-la sem ameaça, castigá-la se fere. Quando a multidão que obstrui seus anelos é anódina e não tem adversários que combater, o digno se refugia em si mesmo, amoita-se em seus ideais, calando-se e protegendo-se das sombras, ávidas por escutá-lo. Enquanto o clima muda, como é natural no vaivém das estações, espera firme em seu orgulho, como se este fosse o porto próprio e mais seguro para sua dignidade.

Vive com a obsessão de não depender de ninguém; sabe que sem independência material a honra está exposta a mil chagas, e para adquiri-la suportará os mais rudes trabalhos, cujo fruto será sua liberdade no porvir! Todo parasita é um servo; todo mendigo é um doméstico. O esfomeado pode ser rebelde; mas nunca um homem livre. Inimiga poderosa da dignidade é a miséria; ela destroça os caracteres vacilantes e incuba as piores servidões. Aquele que atravessou dignamente uma pobreza é um heróico exemplar de caráter.

O pobre não pode viver sua vida, tantos são os compromissos da indigência; redimir-se dela é começar a viver. Todos os homens altivos vivem sonhando uma modesta independência material; a miséria é uma mordaça que trava a língua e paralisa o coração. É necessário escapar de suas garras para eleger o Ideal mais

O HOMEM MEDÍOCRE 149

alto, o trabalho mais agradável, a mulher mais santa, os amigos mais leais, os horizontes mais risonhos, o isolamento mais tranqüilo. A pobreza impõe o enrolamento social; o indivíduo se inscreve em um grêmio, mais ou menos cotidiano, mais ou menos funcionário, contraindo deveres e sofrendo pressões infamantes que o empurram a domesticar-se. Ensinavam os estóicos os segredos da dignidade: contentar-se com o que se tem, restringindo as próprias necessidades. Um homem livre não espera nada dos outros, não necessita pedir. A felicidade que dá o dinheiro está em não ter que se preocupar com ele; por ignorar esse preceito, não é livre o avarento, nem tampouco é feliz. Os bens que temos são a base de nossa independência; os que desejamos são as algemas recalcadas sobre nossa escravidão. A fortuna aumenta a liberdade dos espíritos cultivados e torna vergonhosa a ridicularia dos palúrdios. Suprema é a indignidade dos que adulam tendo fortuna; esta lhes redimiria todas as domesticidades, se não fossem escravos da vaidade.

Os únicos bens intangíveis são os que acumulamos no cérebro e no coração; quando eles faltam, nenhum tesouro os substitui.

Os orgulhosos têm o culto de sua dignidade; querem possuí-la imaculada, livre de remorsos, sem fraquezas que a aviltem ou a rebaixem. A ela sacrificam bens, honras, êxitos: tudo o que é propício ao crescimento da sombra. Para conservar a estima própria, não vacilam em afrontar a opinião dos mansos e atacar seus préjuízos; passam por indisciplinados ou perigosos entre os que, em vão, tentam malear sua altivez. São raros nas mediocracias, cuja chatura moral os expõe à misantropia; têm certo ar desdenhoso e aristocrático que desagrada os vaidosos mais culminantes, pois os humilha e envergonha. Inflexíveis e tenazes porque levam no coração uma fé sem dúvidas, uma convicção que não trepida, uma energia indômita que a nada cede nem teme, costumam ter aspereza urticante para com os homens amorfos. Em alguns casos podem ser altruístas, ou porque cristãos na mais alta acepção do vocábulo ou porque profundamente afetivos: apresentam, então, um dos caracteres mais sublimes, mais esplendidamente belos e que tanto honram a natureza humana. São os santos da honra, os poetas da dignidade. Sendo heróis, perdoam as covardias dos demais; vitoriosos sempre diante de si mesmos, compadecem-se diante dos que, na batalha da vida, semeiam, em trapos, sua própria dignidade. Se a estatística pudesse nos dizer o número de homens que possuem esse caráter em cada nação, essa cifra bastaria, por si só, melhor do que qualquer outra, para indicar-nos o valor moral de um povo.

A dignidade, afã de autonomia, leva a reduzir a dependência de outros à medida do indispensável, sempre enorme. La Bruyère, que viveu como intruso na domesticidade cortesã de seu século, soube medir o altíssimo preceito que encabeça o *Manual* de Epíteto, a ponto de apropriar-se dele textualmente sem aminguar com isso sua própria glória: "Fazer-se valer por coisas que não dependam dos demais, senão de si mesmo, ou renunciar a fazer-se valer".[10] Essa máxima lhe parece inestimável e de recursos infinitos na vida, útil para os virtuosos e os que têm engenho, tesouro intrínseco dos caracteres excelentes; é, de outro lado, proscrita onde reina a mediocridade, "pois desterraria das Cortes as tretas, as politicagens, os maus ofícios, a baixeza, a bajulação e a intriga". As nações não se encheriam de servis domesticados, senão de varões excelentes que legariam aos seus filhos menos vaidades e mais nobres exemplos. Amando os próprios méritos mais do que a prosperidade indecorosa, cresceria o amor à virtude, o desejo de glória, o culto por ideais de perfeição incessante: na admiração pelos gênios, os santos, os heróis. Essa dignificação moral dos homens assinalaria, na história, o ocaso das sombras.

---

[10] *Se Faire valoir par des choses qui ne dependent point des autres, mais de soi seul, ou renoncer à se faire valoir.*

Capítulo V
A Inveja

1. A paixão dos medíocres

A inveja é uma adoração dos homens pelas sombras, do mérito pela mediocridade. É o rubor na face sonoramente esbofeteada pela glória alheia. É o grilhão que arrasta os fracassados. É a amargura que toma conta do paladar dos impotentes. É um venenoso humor que emana das feridas abertas pelo desengano da insignificância própria. Mesmo não querendo, padecem deste mal, cedo ou tarde, aqueles que vivem escravos da vaidade; desfilam pálidos de angústia, torvos, envergonhados de sua própria tristeza, sem suspeitar que seu ladrido envolve uma consagração inequívoca do mérito alheio. A inextinguível hostilidade dos nécios foi sempre o pedestal de um monumento.

É a mais ignóbil das torpes marcas que enfeiam os caracteres vulgares. Aquele que inveja rebaixa-se sem sabê-lo, confessa-se subalterno; esta paixão é o estigma psicológico de uma humilhante inferioridade, sentida, reconhecida. Não basta ser inferior para invejar, pois todo homem o é de alguém em algum sentido; é necessário sofrer do bem alheio, da dita alheia, de qualquer culminação alheia. Neste sofrimento está o núcleo moral da inveja; morde o coração como um ácido, carcomendo-o como uma polilha, corroendo-o como a ferrugem ao metal.

Entre as más paixões nenhuma lhe avantaja. Plutarco dizia – e o repete La Rochefoucauld – que existem almas corrompidas a

152 José Ingenieros

ponto de jactar-se de vícios infames; mas, nenhuma teve a coragem de confessar-se invejosa. Reconhecer a própria inveja implicaria, de uma só vez, declarar-se inferior ao invejado; trata-se de paixão tão abominável, e tão universalmente detestada, que envergonha o mais impudico e se faz o indizível para ocultá-la.

Surpreende que os psicólogos a olvidem em seus estudos sobre as paixões, limitando-se a mencioná-la como um caso particular dos zelos. Foi sempre tanta sua difusão e sua virulência, que já a mitologia greco-latina lhe atribui origem sobre-humana, fazendo-a nascer das trevas noturnas. O mito lhe atribui cara de velha horrivelmente fraca e exangüe, coberta a cabeça por víboras em vez de cabelos. Sua mirada é áspera e os olhos afundados; os dentes negros e a língua untada com peçonhas fatais; com uma mão segura três serpentes, e com a outra uma hidra ou uma tocha; incuba em seu seio um monstruoso réptil que a devora continuamente e lhe instila seu veneno; está agitada; não ri; o sono nunca cerra a pálpebra sobre seus olhos irritados. Todo sucesso feliz a aflige ou atiça sua angústia; destinada a sofrer, é o verdugo implacável de si mesma.

É paixão traidora e propicia a hipocrisia. Está para o ódio como a gazua para a espada; empregam-na os que não podem competir com os invejados. Nos ímpetos de ódio, pode palpitar o gesto da garra que, num desesperado estremecimento, destroça e aniquila; no sub-reptício repto da inveja, apenas se percebe o arrasto tímido do que busca morder o calcanhar.

Teofrasto acreditou que a inveja se confunde com o ódio ou nasce dele, opinião já anunciada por Aristóteles, seu mestre. Plutarco abordou a questão, preocupando-se em estabelecer diferenças entre as duas paixões *(Obras Morais,* II). Diz que, à primeira vista, confundem-se; parecem brotar da maldade, e quando se associam tornam-se mais fortes, como as enfermidades que se complicam. Ambas sofrem do bem e gostam do mal alheio; mas, esta semelhança não basta para confundi-las, se atendemos às suas diferen-

O HOMEM MEDÍOCRE 153

ças. Apenas se odeia o que se crê mal e nocivo; ao contrário, toda prosperidade excita a inveja, como qualquer resplendor irrita os olhos enfermos. Podem-se odiar as coisas e os animais; apenas se pode invejar aos homens. O ódio pode ser justo, motivado; a inveja é sempre injusta, pois a prosperidade não causa dano a ninguém. Estas duas paixões, como plantas da mesma espécie, nutrem-se e fortificam-se por causas equivalentes: odeia-se mais aos mais perversos e inveja-se mais aos mais meritórios. Por isso Temístocles dizia, em sua juventude, que ainda não havia realizado nenhum ato brilhante, porque ainda ninguém o invejava. Assim como as cantárides prosperam sobre os trigais mais vermelhos e as roseiras mais florescentes, a inveja alcança os homens mais famosos por seu caráter e por sua virtude. O ódio não é desarmado pela boa ou má fortuna; a inveja sim. Um sol que ilumina perpendicularmente desde o mais alto ponto do céu reduz a nada ou a muito pouco a sombra dos objetos que estão debaixo: assim, observa Plutarco, o brilho da glória apequena a sombra da inveja e a faz desaparecer.

O ódio que causa injúria e ofende é temível; a inveja que cala e conspira é repugnante. Algum livro admirável diz que ela é como as cáries dos ossos; esse livro é a bíblia, quase seguramente, ou deveria sê-lo. As palavras mais cruéis que um insensato atira à cara não ofendem a centésima parte das que o invejoso vai semeando constantemente pelas costas; este ignora as reações do ódio e expressa sua inquinação tartamudeando, incapaz de encrespar-se em ímpetos viris: dir-se-ia que sua boca está amargada por um fel que não consegue cuspir nem tragar. Assim como o azeite apaga a cal e aviva o fogo, o bem recebido contém o ódio nos nobres espíritos e exaspera a inveja nos indignos. O invejoso é ingrato, como luminoso é o sol; a nuvem, opaca e a neve, fria assim o é naturalmente.

O ódio é retilíneo e não teme a verdade: a inveja é torcida e trabalha a mentira. Invejando, sofre-se mais do que odiando: como esses tormentos enfermiços que se tornam terroríficos de noite, amplificados pelo horror das trevas.

O ódio pode ferver nos grandes corações; pode ser justo e santo; muitas vezes o é, quando quer borrar a tirania, a infâmia, a indignidade. A inveja é de corações pequenos. A consciência do próprio mérito suprime toda minguada vilania; o homem que se sente superior não pode invejar, nem inveja nunca o louco feliz, que vive com delírio das grandezas. Seu ódio está de pé e ataca de frente. César aniquilou Pompeu, sem baixezas; Donatello venceu com seu "Cristo" o de Brunelleschi, sem rebaixamentos; Nietzsche fulminou Wagner sem invejá-lo. Assim como a genialidade pressente a glória e dá aos seus predestinados certos ademanes apocalípticos, a certeza de um obscuro porvir torna míopes e répteis os medíocres. Por isso os homens sem méritos seguem sendo invejosos, apesar dos êxitos obtidos por sua sombra mundana, como se um remorso interior lhes gritasse que não passam de usurpadores. Essa consciência de sua mediocridade é um tormento; compreendem que apenas podem permanecer no cume impedindo que outros cheguem até ele e os descubram. A inveja é uma defesa das sombras contra os homens.

Com os distintos enunciados, os clássicos aceitam o parentesco entre a inveja e o ódio, sem confundir ambas as paixões. Convém, todavia, sutilizar o problema, distinguindo outras que se lhe parecem: a emulação e os zelos.

A inveja, sem dúvida, arraiga como eles uma tendência afetiva, mas possui caracteres próprios que permitem diferenciá-la. Inveja-se o que os outros já têm e se desejaria ter, sentindo que o próprio é um desejo sem esperança. Os zelos referem-se àquilo que já se possui e se teme perder. A emulação, por seu turno, é um estímulo em direção a algo que outros também anelam, havendo a possibilidade de alcançá-lo.

Um exemplo tomado nas fontes mais notórias ilustrará a questão. Invejamos a mulher que o próximo possui e nós desejamos, quando sentimos a impossibilidade de disputá-la. Zelamos a mulher que nos pertence, quando julgamos incerta sua possessão e tememos que

O HOMEM MEDÍOCRE   155

outro possa compartilhar dela ou levá-la consigo. Competimos seus favores em nobre emulação, quando vemos a possibilidade de consegui-los em igualdade de condições com outros que a eles aspiram. A inveja nasce, pois, do sentimento de inferioridade em relação a seu objeto; os zelos derivam do sentimento de possessão comprometida; a emulação surge do sentimento de potência que acompanha toda nobre afirmação da personalidade.

Por deformação da tendência egoísta, alguns homens estão naturalmente inclinados a invejar aos que possuem tal superioridade por eles desejada em vão; a inveja é maior quando mais impossível se considera a aquisição do bem cobiçado. É o reverso da emulação; esta é uma força propulsora e fecunda, sendo aquela uma remora que trava e esteriliza os esforços dos invejosos. Bem o compreendeu Bartrina, em seu admirável quinteto:

A emulação é sempre nobre: o ódio mesmo pode sê-lo algumas vezes. A inveja é uma covardia própria dos débeis, um ódio impotente, uma incapacidade manifesta de competir e de odiar.

> *A inveja e a emulação*
> *parentes dizem que são;*
> *ainda que em todo*
> *diferentes ao final*
> *também são parentes*
> *o diamante e o carvão*

O talento, a beleza, a energia, quiseram ver-se refletidos em todas as coisas e intensificados em projeções inúmeras; a estultícia, a fealdade e a impotência sofrem tanto ou mais pelo bem alheio que pela própria desdita. Por isso toda superioridade é admirativa e toda subjacência é invejosa. Admirar é sentir-se crescer na emulação com os maiores.

Um ideal preserva-se da inveja. O que escuta ecos de vozes proféticas ao ler os escritos dos grandes pensadores; o que sente gravar-se em seu coração, com caracteres profundos como cicatrizes, seu clamor visionário e divino; o que se extasia contemplando as supremas criações plásticas; o que goza de íntimos calafrios frente às obras mestres acessíveis aos seus sentidos, e se entrega à vida que palpita nelas, e se comove até encherem-se de lágrimas os olhos, e o coração buliçoso se lhe arrebata em febre de emoção; este tem um nobre espírito e pode incubar o desejo de criar tão grandes coisas como as que sabe admirar. O que não se comove lendo Dante, mirando Leonardo, ouvindo Beethoven, pode jurar que a Natureza não acendeu em seu cérebro a tocha suprema, nem passeará jamais sem véu diante de seus olhos míopes que não sabem admirá-la nas obras dos gênios.

A emulação presume um afã de equivalência, implica a possibilidade de um nivelamento; saúda os fortes que vão a caminho da glória, marchando ela também. Apenas o impotente, convicto e confesso, envenena seu espírito hostilizando a marcha dos que não pode seguir.

Toda a psicologia da inveja está sintetizada em um fábula, digna de incluir-se nos livros de leitura infantil. Um ventrudo sapo grasnava em seu pântano quando viu resplandecer no mais alto de uma pedra um vaga-lume. Pensou que nenhum ser teria direito de luzir qualidades que ele mesmo não possuiria jamais. Mortificado pela sua própria impotência, saltou em direção a ele e o encobriu com seu ventre gelado. O inocente vaga-lume ousou perguntar ao seu algoz: Por que me tapas? E o sapo, congestionado pela inveja, apenas conseguiu interrogá-lo: Por que brilhas?

2. Psicologia dos invejosos

Sendo a inveja um culto involuntário do mérito, os invejosos são, apesar de tudo, seus naturais sacerdotes.

O próprio Homero encarnou já, em Tersites, o invejoso dos tempos heróicos; como se seus estigmas físicos fossem exíguos para expô-lo ao opróbrio eterno, em um simples verso nos dá a linha sombria de sua moral, dizendo-o amigo de Aquiles e de Ulisses: pode medir-se pelas excelências das pessoas que inveja.

O HOMEM MEDÍOCRE

Shakespeare traçou uma silhueta definitiva em seu Iago feroz, ração de infâmias e covardias, capaz de todas as traições e de todas as falsidades. O invejoso pertence a uma espécie moral raquítica, mesquinha, digna de compaixão ou de desprezo. Sem coragem para ser assassino, resigna-se a ser vil. Rebaixa os outros, desesperando da própria elevação.

A família oferece variedades infinitas, pela combinação de outros estigmas com o fundamental. O invejoso passivo é solene e sentencioso; o ativo é um escorpião atrabiliário. Todavia, lúgubre ou bilioso, nunca sabe rir um riso inteligente e são. Sua graça é falsa: ri a contrapelo.

Quem não topa com eles em seu mundo intelectual? O invejoso passivo é de cepa servil. Se intenta praticar o bem, equivoca-se até o assassinato: dir-se-ia que é um míope cirurgião predestinado a ferir os órgãos vitais e a respeitar a víscera cancerosa. Não retrocede diante de nenhuma baixeza quando um astro se levanta em seu horizonte: persegue o mérito até dentro de sua tumba. É sério, por incapacidade de rir-se; atormenta-o a alegria dos satisfeitos. Proclama a importância da solenidade e a prática; sabe que seus congêneres aprovam tacitamente essa hipocrisia que escuda a irremediável inferioridade: não vacila em sacrificar-lhes a vida de seus próprios filhos, empurrando-os, se é necessário, na mesma borda de sua tumba.

O invejoso ativo possui uma eloqüência intrépida, dissimulando com uma coleção de palavras sua estreiteza de idéias. Pretende sondar os abismos do espírito alheio, sem haver podido nunca desenredar o próprio. Parece possuir mil línguas, como o clássico monstro rebelesiano. Por todas elas destila sua insidiosidade de víbora em forma de elogio reticente, pois a viscosidade urticante de sua falsa apologia é o máximo de sua valentia moral. Multiplica-se até o infinito; tem mil pernas e se insinua onde quer; semeia a intriga entre seus próprios cúmplices e, chegado o caso, os trai. Sabendo-se de antemão repudiado pela glória, refugia-se em academias onde os

medíocres se acobertam de vaidade; se alguma inexplicável paterni-
dade complica a quietude da madureza estéril, podeis jurar que sua
obra é fruto do esforço alheio. E é covarde para ser completo; arras-
ta-se ante os que turvam suas noites com a auréola do engenho luminoso, beija a mão do que o conhece e o despreza, humilha-se diante
dele. Sabe-se inferior; sua vaidade apenas aspira a desquitar-se com
as frágeis compensações do ardil ao nível da terra.

Apesar de seus temperamentos heterogêneos, o destino
costuma agrupar os invejosos em câmaras ou em círculos, servin-
do-lhes de argamassa o comum sofrimento pela fortuna alheia. Ali
desafogam sua pena íntima difamando os invejados e vertendo todo
seu fel como uma homenagem à superioridade do talento que os
humilha. São capazes de invejar os grandes mortos, como se os
detestassem pessoalmente. Há quem inveje Sócrates, Napoleão,
crendo igualar-se a eles, rebaixando-os; para isso endeusarão a um
Brunetière ou um Boulanger. Todavia, esses prazeres malignos pouco
aminguam sua desventura, que está em sofrer toda felicidade e em
martirizar-se de toda glória. Rubens assim pressentiu ao pintar a
inveja, em um quadro da Galeria Medicea, sofrendo entre a pompa
luminosa da inolvidável regência.

O invejoso crê marchar em direção ao calvário quando
observa que outros escalam o cume. Morre no tormento de invejar
aquele que o ignora ou o despreza, verme que se arrasta sobre o
pedestal da estátua.

Todo rumor de asas parece estremecê-lo, como se fosse uma
burla aos seus vôos galináceos. Maldiz a luz, sabendo que em suas
próprias trevas não amanhecerá um só dia de glória. Se pudesse
organizar uma caça às águias ou decretar um apagão de astros...

O que é para outros causa de felicidade, pode ser objeto
de inveja. A inépcia para satisfazer um desejo ou fartar um apetite
determina essa paixão que faz sofrer do bem alheio. O critério para
valorar o invejado é puramente subjetivo: cada homem se crê a
medida dos demais, segundo o juízo que tem de si mesmo.

O Homem Medíocre 159

Sofre-se a inveja apropriada às inferioridades que se sentem, seja qual for seu valor objetivo. O rico pode sentir emulação ou zelos pela riqueza alheia; mas, invejará o talento. A mulher bela terá zelos de outra formosura; mas, invejará as ricas. É possível sentir-se superior em cem coisas e inferior em uma só; este é o ponto frágil por onde tenta seu assalto, a inveja.

O sujeito elevado encontra seu conjunto de invejosos na esfera de seus colegas mais imediatos, entre os que desejariam elevar-se de idêntica maneira. É um acidente inevitável de toda culminação, ainda que em algumas profissões seja mais célebre; os homens de letras não ficam atrás, mas os cômicos e as rameiras teriam o privilégio, se não existissem os médicos. A *envidia mediorum* é memorável desde a Antigüidade: conheceu-a Hipócrates. A arte descreve-a com freqüência, para deleite dos enfermos sobreviventes às drogas.

O motivo da inveja confunde-se com o da admiração, sendo ambas aspectos de um mesmo fenômeno. A admiração, todavia, nasce no forte e a inveja no subalterno. Invejar é uma forma aberrante de render homenagem à superioridade. O gemido que a insuficiência arranca à vaidade é uma forma especial de elogio.

Toda culminação é invejada. Na mulher, a beleza. O talento e a fortuna, no homem. Em ambos a fama e a glória, qualquer que seja a sua forma.

A inveja feminina costuma ser polida e perversa; a mulher dá seu arranhão com unha afiada e lustrosa, morde com dentes revestidos de ouro, aperta com dedos pálidos e finos. Toda maledicência lhe parece escassa para traduzir seu despeito; nela deve ter pensado Apeles, quando representou a inveja guiando, com mão felina, a calúnia.

Aquela que nasceu bela – e a beleza para ser completa requer, entre outros dons, a graça, a paixão e a inteligência – tem assegurado o culto da inveja. Suas mais nobres superioridades serão adoradas pelas invejosas; nelas cravarão seus incisivos, como sobre uma lima, sem advertir que a paixão as converte em vestais.

160   JOSÉ INGENIEROS

Mil línguas viperinas lhe queimarão o incenso de suas críticas; as miradas oblíquas das sofredoras fuzilarão sua beleza pelas costas; as almas tristes lhe elevarão suas exaltações em forma de calúnias, torvas como o remordimento que as sufoca, mas não as detém.

Quem leu a sétima metamorfose, no livro segundo de Ovídio, não olvidará jamais que a instância de Minerva foi Aglaura, transfigurada em pedra, castigando assim sua inveja de Hersea, a amada de Mercúrio. Ali está escrita a mais perfeita alegoria da inveja, devorando víboras para alimentar seus furores, como não a perfilou poeta algum da era pagã.

O homem vulgar inveja as fortunas e as posições burocratas. Crê que ser endinheirado e funcionário é o supremo ideal dos demais, partindo do que é o seu ideal. O dinheiro permite ao medíocre satisfazer suas vaidades mais imediatas; o destino burocrático lhe assinala um sítio no escalão do Estado e lhe prepara ulteriores jubilações. Daí que o proletário inveje o burguês, sem renunciar a substituí-lo; por isso mesmo a escala do orçamento é uma hierarquia de invejas, perfeitamente graduadas pelas cifras das prebendas.

O talento – em todas as suas formas intelectuais e morais: como dignidade, como caráter, como energia –, é o tesouro mais invejado entre os homens. Há no doméstico um sórdido afã de nivelá-lo todo, um obtuso horror à individualização excessiva; perdoa o portador de qualquer sombra moral, perdoa a covardia, o servilismo, a mentira, a hipocrisia, a esterilidade, mas não perdoa aquele que sai das filas dando um passo adiante. Basta que o talento permita elevar nas ciências, nas artes ou no amor, para que os medíocres estremeçam de inveja. Assim se forma em torno de cada astro uma nebulosa grande ou pequena, grupo de maledicentes ou legião de difamadores: os invejosos necessitam unir esforços contra seu ídolo, de igual maneira que, para afear uma beleza venusiana, aparecem por milhares as pústulas da varíola.

A dita dos fecundos martiriza os eunucos, vertendo em seu coração gotas de fel que o amargam por toda a existência; esta dor

O Homem Medíocre 161

é a glória involuntária dos outros, a sanção mais indestrutível de seu talento na ação ou pensar. As palavras e as burlas do invejoso perdem-se no pântano onde se arrasta, como sibilos de répteis que saúdam o vôo sereno da águia que passa na altura. Sem ouvi-los.

3. Os roedores da glória

Todo aquele que se sente capaz de criar para si um destino com seu talento e com seu esforço está inclinado a admirar o esforço e o talento dos demais; o desejo da própria glória não pode sentir-se coibido pela legítima exaltação alheia. O que tem méritos, sabe quanto custam e os respeita; estima nos outros o que desejaria que se estimara em si próprio. O medíocre ignora esta admiração aberta: muitas vezes se resigna a aceitar o triunfo que desborda as restrições de sua inveja. Aceitar, todavia, não é amar. Resignar-se não é admirar.

Os espíritos de escassa imaginação são malévolos; os grandes gênios são admirativos. Estes sabem que os dons naturais não se transmutam em talento ou gênio sem um esforço, que é a medida de seu mérito. Sabem que cada passo em direção à glória tem custado vigílias, meditações profundas, divagações sem fim, consagração tenaz, a esse pintor, a esse poeta, a esse filósofo, a esse sábio; e compreendem que eles acaso consumiram seu organismo, envelhecendo prematuramente; e a biografia dos grandes homens lhes ensina que muitos renunciaram ao repouso e ao pão, sacrificando um ou outro, às vezes ambos, em favor da meditação ou da leitura que os iluminasse. Essa consciência do que o mérito importa revela-se antes de tudo como respeito. O invejoso, que o ignora, apenas vê o resultado a que outros chegam e ele não, sem suspeitar com quantos espinhos está semeado o caminho da glória.

Todo escritor medíocre é candidato a "critiqueiro". A incapacidade de criar o empurra a destruir. Sua falta de inspiração o induz a rumorejar o talento alheio, encobrindo-o com especiosidades que denunciam uma irreparável depreciação.

Os grandes gênios são equânimes para criticar os seus iguais, como se reconhecessem neles uma consangüinidade em linha direta; no êmulo não vêem, nunca, um rival. Os grandes críticos são ótimos autores que escrevem sobre temas propostos por outros, como os versificadores com pé forçado; a obra alheia é uma ocasião para exibir as idéias próprias. O verdadeiro crítico enriquece as obras que estuda e em tudo aquilo que toca deixa um rastro de sua personalidade.

Os critiqueiros são, por instinto, inimigos da obra, desejam achincalhá-la pela simples razão de que eles não a escreveram. Nem saberiam escrevê-la quando o criticado lhes contestasse: faça-a melhor. Têm as mãos travadas pela cinta métrica; seu afã de medir os demais responde ao sonho de rebaixá-los até sua própria medida. São, por definição, prestamistas, parasitas, vivem do alheio, pois se limitam a embaralhar com mãos avessas o mesmo que aprenderam no livro que desacreditam. Quando um grande escritor é erudito, reprovam-no, como desprovido de originalidade; se não o é, apressam-se a culpá-lo de ignorância. Se emprega um arrazoado que usaram outros, chamam-no de plagiário, ainda que assinale as fontes de sua sabedoria; se omite assinalá-las, por grandes vulgares, é acusado de improbidade. Em tudo encontram motivo para maldizer e invejar, revelando sua intensa angústia. O que os faz sofrer, em suma, é que outros sejam admirados e eles não.

O critiqueiro medíocre é incapaz de agrupar três idéias fora do fio em que a rotina o conduz; sua tosca ignorância o obriga a confundir o mármore com a rocha fragmentária e a voz com o falsete, inclinando-se a supor que todo escritor original é um herege. Os grosseiros dariam o que não têm por saber escrever um pouquinho, como para incorporar-se à crítica profissional. É o sonho dos que não podem criar. Permite uma maledicência medrosa e que não compromete, feita de mendacidade prudente, restringindo as per-

O HOMEM MEDÍOCRE 163

versidades para que resultem mais agudas, sacando aqui uma migalha e dando ali um arranhão, cobrindo com véus tudo o que pode ser objeto de admiração, rebaixando sempre com a oculta esperança de que possam aparecer num mesmo nível os críticos e os criticados. O escritor original sabe que atormenta os medíocres; cutuca-os essa paixão que os enferma diante do brilho alheio. O desespero dos fracassados é o laurel que melhor recompensa seu luminoso labor. À glória de um Homero chega sempre pareada a ridicularia de um Zóilo.

Fermentam em cada gênero de atividade intelectual, como chagas da originalidade: não perdoam aquele que incuba em seu cérebro essa larva sediciosa. Vivem para maculá-lo, sonham seu extermínio, conspiram com uma intemperança de terroristas e esgrimem sórdidas calúnias que fariam enrubescer a um paquiderme. Vêem um perigo em cada astro e uma amcaça em cada gesto; tremem pensando que existem homens capazes de subverter rotinas e pré-juízos, de acender novos planetas no céu, de arrancar sua força aos raios e às cataratas, de infiltrar novos ideais às raças envelhecidas, de suprimir a distância, de violar a gravidade, de estremecer os governos...

Quando se eleva um astro eles assomam por todos os pontos cardeais para entoar o coro involuntário de sua difamação. Aparecem às dúzias, aos milhares como liliputenses em torno de um gigante. Os contrabaixistas de arraial cobrirão de opróbrio a glória dos supremos sinfonistas. Gazeteiros insignificantes, consumarão biografias sobre algum distante pensador que os ignora. Muitos que em vão intentaram acertar uma mancha de cor, deixarão cair o turbilhão de prosa como se uma ferida com pus se abrisse sobre telas que viverão pelos séculos afora. Qualquer promíscuo das palavras hostilizará aquele que escreve pensamentos duradouros. As mulheres feias demonstrarão que a beleza é repulsiva e as velhas sustentarão que a juventude é insensata; vingarão sua desgraça no amor, dizendo que a castidade é suprema entre todas as virtudes, quando já em vão sairão às ruas para oferecer a própria aos transeuntes. E os demais, todos em coro, repetirão que o gênio, a santidade e o heroísmo são aberrações, loucuras, epilepsia, degeneração; negarão a excelência do engenho, a virtude e a dignidade; porão esses valores por debaixo de sua própria penumbra, sem advertir que onde a genialidade sobra o medíocre não chega. Se a este lhe derem para eleger entre Shakespeare ou Sarcey, não vacilaria um minuto: murmuraria o nome do primeiro com a firma do segundo.

Os espíritos rotineiros são rebeldes à admiração: não reconhecem o fogo dos astros porque nunca tiveram em si uma chispa. Jamais se entregam de boa-fé aos ideais ou às paixões que lhe tomam o coração; preferem opor-lhes mil raciocínios para se privarem do prazer de admirá-los. Confundirão sempre o equívoco e o cristalino, rebaixando todo ideal até as baixas intenções que supuram em seus cérebros. Esmiuçaram todo o belo, olvidando que o trigo moído em farinha não pode já germinar em áureas espigas, frente ao sol. "É um grande sinal de mediocridade – disse Leibnitz – elogiar sempre moderadamente". Pascal dizia que os espíritos vulgares não encontram diferença entre os homens: descobrem-se mais tipos originais à medida que se possui maior engenhosidade. O critiqueiro é parcimonioso; admira um pouco todas as coisas, mas nada lhe merece uma admiração decidida. O que não admira o melhor, não pode melhorar. O que vê os defeitos e não as belezas, as culpas e não os méritos, as discordâncias e não as harmonias, despenca definitivamente a um baixo nível onde vegeta com a ilusão de ser um crítico. Os que não sabem admirar não têm porvir, estão inabilitados para ascender em direção a uma perfeição ideal. É uma covardia aplacar a admiração; deve ser cultivada como um fogo sagrado, evitando que a inveja a cubra com sua pátina ignominiosa.

A maledicência escrita é inofensiva. O tempo é um coveiro equânime: enterra na mesma fossa os critiqueiros e os maus autores. Enquanto os invejosos murmuram, o gênio cresce; ao largo ficam aqueles oprimidos e este sente desejos de compadecimento, a fim de impedir que sigam morrendo a fogo lento.

O Homem Medíocre 165

O verdadeiro castigo destes parasitas está no mudo sorriso dos pensadores. O que critica um alto espírito estende a mão esperando uma esmola de celebridade; basta ignorá-lo e deixá-lo com a mão estendida, negando-lhe a esperada notoriedade que lhe conferiria eventual réplica. O silêncio do autor mata o postulante; sua indiferença o asfixia. Algumas vezes supõe que o levaram em conta e que se adverte sua presença; sonha que o nomearam, aludiram, refutaram, injuriaram. Tudo é, sem embargo, simples sonho; deve resignar-se a invejar na penumbra, de onde não consegue sair. O que tem consciência de seu mérito não se presta a inflar a vaidade do primeiro indigente que lhe sai ao passo pretendendo distraí-lo, obrigando-o a perder seu tempo; elege seus adversários entre seus iguais, entre seus condignos. Os homens superiores podem imortalizar com uma palavra os seus lacaios ou os seus sicários. Há que ser evitada essa palavra; de alguns critiqueiros apenas temos notícias porque algum gênio o honrou com seu pontapé.

4. Uma cena dramática – seu castigo

O castigo dos invejosos estaria em cobri-los de favores, para fazê-los sentir que sua inveja é recebida como uma homenagem e não como um golpe de estilete. É mais generoso, mais humanitário. Os bens que o invejoso recebe constituem sua mais desesperadora humilhação; se não é possível agasalhá-lo, é necessário ignorá-lo. Nenhum enfermo é responsável por sua doença, nem poderíamos proibir-lhe que emitisse suas largas queixas; a inveja é uma enfermidade e nada há mais respeitável que o direito de se lamentar quando se padecem congestões de vaidade.

O invejoso é a única vítima de seu próprio veneno; a inveja o devora, como o câncer, a víscera; afoga-o, como a hera, a quaresmeira. Por isso Poussin, em uma tela admirável, pintou este monstro mordendo os próprios braços, ao mesmo tempo em que sacode a terrível cabeleira de serpentes que o ameaçam de todos os lados.

Dante considerou os invejosos indignos do inferno. Na sábia distribuição de penas e castigos, incluiu-os no purgatório, o que convém à sua condição de medíocre.

Jazem amontoados em um círculo de pedra cinzenta, sentados junto a um paredão, lívido como suas caras chorosas, cobertos por cilícios, formando um panorama de cemitério vivente. O sol lhes nega a luz; têm os olhos cosidos com arames, porque nunca puderam ver o bem do próximo. Fala por eles a nobre Sapia, desterrada por seus concidadãos; foi tal a sua inveja, que sentiu louco regozijo quando eles foram derrotados pelos florentinos. E falam outros, com vozes trágicas, enquanto distantes roncos de trovões recordam as palavras que Caim pronunciou depois de matar Abel. Porque o primeiro assassino da lenda bíblica tinha que ser um invejoso.

Levam, todos, o castigo em sua culpa. O espartano Antístenes, ao saber que o invejavam, contestou com acerto: pior para eles, pois terão que sofrer o duplo tormento de seus males e de meus bens. Os únicos gananciosos são os invejados; é grato sentir-se adorado de joelhos.

A maior satisfação do homem excelente está em provocar a inveja, estimulando-a com os próprios méritos, acossando-a a cada dia com maiores virtudes, a fim de ter a dita de escutar suas exaltações. Não ser invejado é uma garantia inequívoca de mediocridade.

Capítulo VI
A Velhice Niveladora

1. As cãs

Encanecer é uma coisa muito triste; as cãs são uma mensagem da natureza que nos adverte acerca da proximidade do crepúsculo. E não há remédio. Arrancar as primeiras – e quem não o faz? – é como tirar o badalo do sino que toca o *Angelus,* pretendendo, com isso, prolongar o dia.

As cãs visíveis correspondem a outras mais graves que não vemos: o cérebro e o coração, todo o espírito e toda a ternura, encanecem ao mesmo tempo que a cabeleira. A alma de fogo sob a cinza dos anos é uma metáfora literária, desgraçadamente incerta. A cinza afoga a chama e protege a brasa. O engenho é a chama; a brasa é a mediocridade.

As verdades gerais não são irrespeitáveis; deixam entreaberta uma fresta por onde escapam as exceções particulares. Por que não dizer a conclusão desconsoladora? Ser velho é ser medíocre, com rara exceção. A máxima desdita de um homem superior é sobreviver a si mesmo, nivelando-se com os demais. Quantos se suicidariam se pudessem advertir essa passagem terrível, do homem que pensa ao homem que vegeta, do que empurra ao que é arrastado, do que ara sulcos novos ao que se escraviza nos passos da rotina![1] Velhice e mediocridade costumam ser desditas paralelas.

---

[1] Por isso Nietzsche disse em seu *Humano Demasiadamente Humano* (1886, parágrafo 3º), a respeito do espírito livre: "Antes morrer do que viver aqui". (N.T.)

O "gênio fulgura até na sepultura" é uma exceção muito rara nos homens de gênio excelente, se são longevos; costuma confirmar-se quando morrem a tempo, antes que a fatal opacidade crepuscular empane os resplendores do espírito. Em geral, se morrem tarde, uma pausada neblina começa a velar sua mente com achaques da velhice; se a morte se empenha em não vir, os gênios tornam-se estranhos a si mesmos, sobrevivência que os leva até a incompreensão de sua própria obra. Com eles ocorre do mesmo modo que a um astrônomo, quando perde seu telescópio e acaba por duvidar de seus anteriores descobrimentos, ao ver-se impossibilitado de confirmá-los com a simples vista.

A decadência do homem que envelhece está representada por uma regressão sistemática da intelectualidade. Ao princípio, a velhice mediocriza todo homem superior; mais tarde, a decrepitude inferioriza o velho já medíocre.

Tal afirmação é um simples corolário de verdades biológicas. A personalidade humana é uma formação contínua, não uma entidade fixa; organiza-se e desorganiza-se, evolui e involui, cresce e amingua, intensifica-se e esgota-se. Há um momento em que alcança sua máxima plenitude; depois dessa época é incapaz de acrescentar-se e logo costumam apresentar-se os sintomas iniciais do declínio, as oscilações da chama interior que se apaga.

Quando o corpo se nega a servir todas as nossas intenções e desejos, ou quando estes são medidos em previsão de fracassos possíveis, podemos afirmar que começou a velhice. Deter-se para meditar uma intenção nobre equivale a matá-la; o gelo invade traiçoeiramente o coração e a personalidade mais livre se amansa e domestica. A rotina é o estigma mental da velhice; a economia é o seu estigma social. O homem envelhece quando o cálculo utilitário se sobrepõe à alegria juvenil. Quem se põe a olhar se o que tem lhe bastará para todo o porvir possível, já não é jovem; quando opina que é preferível ter de mais a ter de menos, está velho; quando seu afã de possuir excede sua possibilidade de viver, já está moralmen-

O Homem Medíocre 169

te decrépito. A avareza é uma exaltação dos sentimentos egoístas próprios da velhice. Muitos séculos antes dos psicólogos modernos estudarem-na, o próprio Cícero escreveu palavras definitivas: "Nunca ouvi dizer de um velho que tenha se esquecido do lugar em que escondera seu tesouro" *(De Senectute,* c. 7). E deve ser verdade, se tal disse quem se propôs a defender os foros e os encantos da velhice.

As cãs são avarentas e a avareza é uma árvore estéril: a humanidade pereceria se tivesse que se alimentar de seus frutos. A moral burguesa da economia tem envilecido gerações de povos e povos inteiros; há graves perigos em predicá-la, pois, como ensinou Maquiavel, "mais causa dano aos povos a avareza de seus cidadãos do que a rapacidade de seus inimigos".

Essa paixão de colecionar bens que não desfrutam incrementa-se com os anos, ao contrário das outras. O que é pouco generoso na juventude pode chegar a assassinar por dinheiro na velhice. A avareza seca o coração, fecha-o à fé, ao amor, à esperança, ao ideal. Se um avarento possuísse o sol, deixaria o universo às escuras, a fim de evitar que o seu tesouro se gastasse. Além de aferrar-se ao que tem, o avarento se desespera por ter mais, sem limite; é mais miserável quanto mais tem: para esconder fortunas que não desfruta, renuncia à dignidade e ao bem-estar; esse afã de perseguir o que não gozará nunca, constitui a mais sinistra das misérias.

A avareza, como paixão envilecedora, iguala-se à inveja. É a pústula moral dos corações envelhecidos.

2. Etapas da decadência

A personalidade individual se constitui por sobreposições sucessivas da experiência. Já se falou em "estratificação" do caráter; a palavra é exata e merece conservar-se para ulteriores desenvolvimentos.

Em suas capas primitivas e fundamentais jazem as inclinações recebidas hereditariamente dos antepassados:[2] a "mentalidade da espécie". Nas capas medianas encontram-se as sugestões educativas da sociedade: a "mentalidade social". Nas capas superiores florescem as variações e aperfeiçoamentos recentes de cada um, os rasgos pessoais que não são patrimônio coletivo: a "mentalidade individual".

Assim como nas formações geológicas, as sedimentações mais profundas contêm os fósseis mais antigos, as primitivas bases da personalidade individual guardam zelosamente o capital comum à espécie e à sociedade. Quando os estratos recentemente constituídos vão desaparecendo por obra da velhice, o psicólogo descobre, pouco a pouco, a mentalidade do medíocre, da criança, do selvagem, cujas vulgaridades, simplismos e atavismos reaparecem à medida que as cãs vão tomando o lugar dos cabelos.

Inferior, medíocre ou superior, todo homem adulto atravessa um período estacionário, durante o qual aperfeiçoa suas aptidões adquiridas, mas não adquire novas. Mais tarde, a inteligência entra em seu ocaso.

As funções do organismo começam a decair a certa idade. Essas declinações correspondem aos inevitáveis processos de regressão orgânica. As funções mentais, da mesma forma que as outras, decaem quando começam a esmorecer as engrenagens celulares de nossos centros nervosos.

É evidente que o indivíduo ignora o seu próprio crepúsculo; nenhum velho admite que sua inteligência diminuiu. O que escreve isto hoje acreditará, provavelmente, no contrário, quando passar dos setenta anos. Objetivamente considerado, todavia, o fato é indiscutível, ainda que poderá haver discrepância para assinalar limi-

---

[2] Aquilo que Jung chamou de arquétipos e que formam, junto com o instinto, o inconsciente coletivo. (N.T.)

O Homem Medíocre

tes gerais à idade em que a velhice prepondera em nosso corpo. Compreende-se que para esta função, como para todas as demais do organismo, a idade de envelhecer difere de indivíduo para indivíduo; os sistemas orgânicos em que se inicia a involução são distintos em cada um. Há quem envelhece antes por seus órgãos digestivos, circulatórios ou psíquicos; e há quem conserve íntegras algumas funções até além dos limites comuns. A longevidade mental é um acidente; não é a regra.

A velhice inequívoca é a que põe mais rugas no espírito que na fronte. A juventude não é simples questão de estado civil e pode sobreviver a alguma cã: é um dom de vida intensa, expressiva e otimista. Muitos adolescentes não o têm e alguns velhos desbordam dele. Há homens que nunca foram jovens; em seus corações, prematuramente consumidos, não encontrarão calor as opiniões extremas nem alento os exageros românticos. Neles, a única precocidade é a velhice. Há, pelo contrário, espíritos de exceção que guardam algumas originalidades até seus últimos anos, envelhecidos tardiamente. Todavia, em alguns antes e em outros depois, devagar ou depressa, o tempo consome sua obra e transforma nossas idéias, sentimentos, paixões e energias.

O processo de involução intelectual segue o mesmo curso que o de sua organização, mas invertido. Primeiro desaparece a "mentalidade individual", mais tarde a "mentalidade social", e, por último, a "mentalidade da espécie".

A velhice começa por fazer todo indivíduo um homem medíocre. A míngua mental pode, sem embargo, não se deter ali. As engrenagens celulares do cérebro seguem esmorecendo, a atividade das associações neurônicas atenua-se cada vez mais e a obra destruidora da decrepitude é mais profunda. Os achaques seguem desmantelando sucessivamente as capas do caráter, desaparecendo, uma depois da outra, suas aquisições secundárias, as que refletem a experiência social. O ancião se inferioriza, ou seja, volta pouco a pouco à sua primitiva mentalidade infantil, conservando as aquisições mais antigas de sua personalidade, que são, afinal, as melhor consolidadas. É notório que a infância e a senectude se tocam; todos os idiomas consagram essa observação em refrões fartamente conhecidos. Isto explica as profundas transformações psíquicas dos velhos: a modificação total de seus sentimentos (especialmente os sociais e altruístas), a negligência progressiva para acometer novas empresas (com a discreta conservação dos hábitos consolidados por antigos automatismos) e a dúvida ou a apostasia das idéias mais pessoais (para retornar, primeiro, às idéias comuns ao seu meio e logo àquelas professadas na infância ou pelos antepassados).

A melhor prova disso – que os ignorantes costumam citar contra a ciência – encontramos nos homens de mais elevada mentalidade e de cultura melhor disciplinada; é freqüente neles, ao entrar a ancianidade, uma modificação radical de opiniões acerca dos mais altos problemas filosóficos, à medida que decaem as aptidões originariamente definidas durante a idade viril.

3. A bancarrota dos engenhosos

Este quadro não é exagerado nem esquemático. A marcha progressiva do processo impede advertir essa evolução nas pessoas que nos rodeiam; é como se uma claridade se apagasse tão pouco a pouco que pudesse chegar à escuridão absoluta sem advertir em momento algum a transição.

À natural lentidão do fenômeno, agregam-se as diferenças com que ele reveste cada indivíduo. Os que apenas haviam logrado adquirir um reflexo da mentalidade social, pouco têm a perder nesta inevitável bancarrota: é o empobrecimento de um pobre. E quando, em plena senectude, sua mentalidade social se reduz à mentalidade da espécie, inferiorizando-se, a ninguém surpreende essa passagem da pobreza à miséria.

O Homem Medíocre 173

No homem superior, no talento ou no gênio, notam-se claramente esses estragos. Como não chamaria a nossa atenção um antigo milionário que passeasse a nosso lado vestido em inimagináveis andrajos? O homem superior deixa de sê-lo, nivelase. Suas idéias próprias, organizadas no período de aperfeiçoamento, tendem a ser ocupadas por idéias comuns ou inferiores. O gênio – entenda-se bem – nunca é tardio, ainda que possa revelarse tardiamente seu fruto; as obras pensadas na juventude e escritas na madureza podem não mostrar a decadência, mas sempre a revelam as obras pensadas na velhice mesma. Lemos a segunda parte do *Fausto* por respeito ao autor da primeira; não podemos sair dele sem recordar que "nunca segundas partes foram boas", adágio inapelável se a primeira foi obra da juventude e a segunda é fruto da velhice.

É atribuído a Kant um exemplo acabado desta metamorfose psicológica. O jovem Kant, verdadeiramente "crítico", havia chegado à convicção de que os três grandes baluartes do misticismo: Deus, liberdade e imortalidade da alma, eram insustentáveis diante da "razão pura"; o Kant envelhecido, "dogmático", encontrou, em contrapartida, que esses três fantasmas são postulados da "razão prática", e, portanto, indispensáveis. Quanto mais se predica a volta de Kant, no contemporâneo movimento neokantista, tanto mais ruidosa e irreparável apresenta-se a contradição entre o jovem e o velho Kant. O mesmo Spencer, monista como ele só, acabou por entreabrir uma porta ao dualismo com seu "incognoscível". Virchow acreditou, em plena juventude, na patologia celular, sem suspeitar que acabaria por renegar suas idéias de filósofo naturalista. Da mesma forma que eles, outros decaíram em sua inarredável decrepitude.

Para citar apenas os mortos do passado, Lombroso caiu, em seus últimos anos, em ingenuidades infantis explicáveis por sua progressiva debilidade mental, a ponto de chorar conversando com a alma de sua mãe em uma sessão espírita. James, que em sua juventude foi porta-voz da psicologia evolucionista e biológica, acabou por emaranhar-se em especulações morais que apenas ele compreendeu. Por fim, Tolstoi, cuja juventude foi pródiga de admiráveis novelas e escritos, que o classificaram como escritor anarquista, nos últimos anos escreveu artigos desprovidos de mérito que não firmaria qualquer gazeteiro vulgar, para extinguir-se em uma peregrinação mística, que colocou em ridículo as horas últimas de sua vida física. A mental havia terminado muito antes.

4. Psicologia da velhice

A sensibilidade atenua-se nos velhos e embotam-se suas vias de comunicação com o mundo que os rodeia; os tecidos se endurecem e tornam-se menos sensíveis às dores físicas. O velho tende à inércia, busca o menor esforço; assim como a negligência é uma velhice antecipada, a velhice é uma negligência que chega fatalmente em uma hora da vida. Sua característica é uma atrofia dos elementos nobres do organismo, com desenvolvimento dos inferiores; uma parte dos capilares se obstrui e amíngua o fluxo sangüíneo para os tecidos; o peso e o volume do sistema nervoso central reduzem-se, como os de todos os tecidos propriamente vitais; a musculatura flácida impede manter o corpo ereto; os movimentos perdem sua agilidade e precisão. No cérebro diminuem as permutas nutritivas, alteram-se as transformações químicas e o tecido conjuntivo prolifera, fazendo degenerar as células mais nobres. Quebrado o equilíbrio dos órgãos, não pode subsistir o equilíbrio das funções: a dissolução da vida intelectual e afetiva segue esse curso fatal perfeitamente estudado por Ribot no capítulo final de sua psicologia dos sentimentos.

À medida que envelhece, torna-se o homem infantil, tanto por sua inaptidão criadora como por seu achatamento moral. Ao período expansivo sucede o de concentração; a incapacidade para o assalto aperfeiçoa a defesa. A insensibilidade física é acompanhada de analgesia moral; em vez de participar da dor alheia, o velho

O Homem Medíocre 175

acaba por não sentir a própria dor; a ansiedade de prolongar sua vida parece advertir-lhe que uma forte emoção pode gastar energia, e se endurece contra a dor como a tartaruga se retrai debaixo de sua couraça quando pressente o perigo. Assim chega a sentir um ódio oculto por todas as forças vivas que crescem e avançam, um surdo rancor contra todas as primaveras.

A psicologia da velhice denuncia idéias obsessivas absorventes. Todo velho crê que os jovens o desprezam e desejam sua morte para suplantá-lo. Traduz tal mania por hostilidade à juventude, considerando-a muito inferior à de seu tempo, juízo que estende aos novos costumes quando já não pode se adaptar a eles. Ainda nas coisas pequenas exige a maior parte, contrariando toda iniciativa, desdenhando toda intrepidez e escarnecendo dos ideais, sem recordar que em outro tempo pensou, sentiu e fez tudo o que agora considera comprometedor e detestável.

Essa é a verdadeira psicologia do homem que envelhece. A idade atenua ou anula o zelo, o ardor, a aptidão para criar, descobrir ou simplesmente saborear a arte, para ter a curiosidade desperta. Omito as raríssimas exceções que exigiriam, cada uma, um exame particular. Para a maioria dos homens, o debilitamento vital suprime, em seguida, o gosto por essas coisas supérfluas. Assinalemos, também, com a velhice, a hostilidade decidida contra as inovações: novas formas artísticas, novos descobrimentos, novas maneiras de tratar problemas científicos. O fato é tão notório, que não exige provas. Ordinariamente, em estética sobretudo, cada geração renega a que se lhe segue. A explicação comum a esse misoneísmo, é a existência de hábitos intelectuais já "organizados", que seriam comovidos por um contraste violento, se ainda existisse uma capacidade de emoção ou de paixão. Isto é precisamente o que falta nos velhos, pela modorra de sua vida afetiva. Agrega Ribot que a essa dissolução dos sentimentos superiores segue-se a de todos os sentimentos altruístas e a dos ego-altruístas, perdurando até o fim os egoístas, cada vez mais isolados e predominantes na personalidade do velho. Estes mesmos naufragam na ulterior senilidade.

Os diversos elementos do caráter dissolvem-se em ordem inversa à de sua formação. Os que foram adquiridos no final são menos ativos, deixam sulcos pouco persistentes, são adventícios, descoordenados. Isto se revela na regressão da memória senil; os fantasmas das primeiras impressões juvenis seguem rodando na mente, quando já desapareceram as recordações mais próximas, as do dia anterior. A falta de plasticidade faz com que os novos processos psíquicos não deixem rastro, sejam muito débeis, enquanto os antigos estão gravados profundamente na matéria mais sensível e apenas se borram com a destruição dos órgãos.

Com o crescimento dos neurônios no homem jovem, e seu poder de criar novas associações, explicaria Cajal a capacidade de adaptação do homem e sua aptidão para variar seus sistemas ideológicos; a detenção destas funções nos anciãos, ou nos adultos de cérebro atrofiado pela falta de ilustração ou outra causa, permite compreender as convicções imutáveis, a inadaptação ao meio moral e as aberrações misoneístas. Concebe-se, igualmente, que a falta de associação de idéias, a torpeza intelectual, a imbecilidade, a demência, podem produzir-se quando – por causas mais ou menos mórbidas – a articulação entre os neurônios chega a ser frouxa; vale dizer, quando se debilitam e deixam de estar em contato, ou quando a memória se desorganiza parcialmente. Para formular esta hipótese, Cajal teve em conta a conservação maior das memórias juvenis; as vias de associação criadas há muito tempo e exercitadas durante alguns anos adquiriram indubitavelmente uma força maior por terem sido organizadas na época em que o cérebro possuía seu grau mais alto de plasticidade.

Sem conhecer esses dados modernos, observou Lucrécio (III, 452) que a ciência e a experiência podem crescer ao longo da vida, mas a vivacidade, a prontidão, a firmeza, e outras louváveis qualidades diminuem e tornam-se lânguidas com a superveniência da velhice: *Ubi jam validis quassatum est viribus aebi corpus, el obtusis ceciderunt viribus artus, claudicat ingenium, delirat linguaque mensque.*

O Homem Medíocre 177

Montaigne, velho, estimava que aos vinte anos cada indivíduo anuncia o que dele pode se esperar; dizia, ainda, que nenhuma alma obscura até esta idade tornou-se luminosa depois: "Se o espinho não pica nascendo, não picará jamais",[3] agrega que quase todas as grandes ações da história foram realizadas antes dos trinta anos *(Essais,* libr. I, cap. LVII).

À distância de séculos, um espírito absolutamente diverso chega às mesmas conclusões. "O descobrimento do segundo princípio da energética moderna foi feito por um jovem: Carnot tinha vinte e oito anos ao publicar sua memória. Meyer, Joule e Helmoltz tinham vinte e cinco, vinte e seis e vinte e cinco anos, respectivamente; nenhum destes grandes inovadores haviam chegado aos trinta anos quando se deram a conhecer. As épocas em que seus trabalhos apareceram não representam o momento em que foram concebidos; passaram-se alguns anos antes que tivessem desenvolvimento suficiente para serem expostos e antes que eles encontrassem meios de publicá-los. Assombra a juventude destes mestres da ciência; estamos acostumados a considerar que esta é privilégio de alguma idade avançada, e nos parece que todos eles faltaram com o respeito aos mais velhos, permitindo-se abrir novos caminhos à verdade. Dir-se-ia que a solução destes problemas por verdadeiros rapazes foi uma excepcional e singular casualidade; fácil é comprovar que ocorre o mesmo em todos os domínios da ciência: a grande maioria dos trabalhos que assinalaram novos horizontes foram a obra de jovens que acabavam de passar os vinte anos. Não é este o lugar para buscar as causas e conseqüências deste fato; mas é útil recordá-lo, pois ainda que assinalado mais de uma vez, está muito longe de ser conhecido pelos que se dedicam a ensinar a juventude. Os trabalhos de homens jovens são de caráter principalmente inovador; o mecanismo da instrução

---

[3] *Si l'epine ne pique pas en naissant, a peine pirquerat-t-elle jamais.* Vale a pena aqui lembrar outra passagem de William Blake no mesmo poema citado em nota anterior: "aquele cuja face não dá um brilho, jamais se tornará uma estrela". (N.T.)

pública não deve ser obstáculo a eles... permitindo-lhes desde cedo desenvolver livremente suas aptidões nos instintos superiores, em vez de esgotar prematuramente, como ocorre agora, um grande número de talentos científicos originais". E para que suas conclusões não pareçam improvisadas, W. Ostwald desenvolveu-as em seu último livro sobre os grandes homens, onde o problema do gênio juvenil está analisado com critério experimental.

Por isso as academias costumam ser cemitérios onde se glorificam homens que já deixaram de existir para sua ciência ou para sua arte. É natural que a elas cheguem os mortos ou os agonizantes; dar entrada a um jovem significaria enterrar um vivo.

5. A virtude da impotência

Deve ser verdade o que se afirma desde Lucrécio e Montaigne até Ribot e Ostwald; os velhos não renunciarão aos seus protestos contra os jovens, nem estes acatarão em silêncio a hegemonia das cãs.

Os velhos olvidam que foram jovens e estes parecem ignorar que serão velhos: o caminho a percorrer é sempre o mesmo, da originalidade à mediocridade, e desta à inferioridade mental.[4]

Como nos surpreender, então, que os jovens revolucionários terminem sendo velhos conservadores? Por que estranhar, da mesma forma, a conversão religiosa dos ateus chegados à velhice? Como poderia o homem ativo, empreendedor aos trinta anos, não

---

[4] Heráclito desenvolveu o conceito de *enantiondromia:* tudo no tempo se transforma no seu oposto. Assim, do vivo nasce o morto; do feio, o belo; do dia, a noite; da criança, o velho; do mal, o bem; e assim por diante. Os pares de opostos estão em eterno movimento (fluxo eterno, mudança eterna; ao contrário do que pensava Parmênides, para quem "nada mudava"). Esse pensamento é fundamental no Oriente: *yang-yin* (China, Coréia e Japão) *lingam-yoni* (Índia) etc. (N.T.)

ser apático e prudente aos oitenta? Como nos assombrar de que a velhice nos faça avarentos, misantropos, ranzinzas, quando nos vão entorpecendo paulatinamente os sentidos e a inteligência, como se uma mão misteriosa fosse cerrando uma por uma todas as janelas entreabertas frente à realidade que nos rodeia?

A lei é dura, mas é lei. Nascer e morrer são os términos invioláveis da vida; ela nos diz com voz firme que o normal não é nascer nem morrer na plenitude de nossas funções. Nascemos para crescer; envelhecemos para morrer. Tudo o que a natureza nos oferece para o crescimento, nos subtrai preparando a morte.

Sem embargo, os velhos protestam que não se lhes respeitam o bastante, enquanto os jovens se desesperam pelo excessivo deste respeito. A história é de todos os tempos. Cícero escreveu seu *De Senectute* com o mesmo espírito que hoje Faguet escreve certas páginas de seu ensaio sobre *La Vieillesse*. Aquele se queixava de que os velhos foram pouco respeitados durante o império; este se queixa de que sejam menos respeitados na democracia. Assombram as palavras de Faguet quando afirma que os velhos não são escutados, pretendendo ver nisso a negação de uma competência maior. Alega que nos povos primitivos, como hoje entre os selvagens, são os velhos os que governam: a gerontocracia se explica ali, onde não há mais ciência que a experiência e os velhos sabem tudo, pois qualquer caso novo lhes resulta familiar por terem visto muitos similares. Disse Faguet que o livro posto em mãos dos jovens é o inimigo da experiência que os velhos monopolizam. E se desespera porque o velho tem caído no ridículo, ainda que cometa a imprudência de julgá-lo com verdade: "Convenhamos, de boa-fé, que se presta a isso: é obstinado, é maníaco, é verboso, é contista, é fastidioso, é ranzinza e seu aspecto é desagradável".[5] Nenhum jovem escrevera uma silhueta mais sintética que esta, incluída em seu volume sobre o culto da incompetência.

---

[5] *Convenons de bonne grâce qu'il prête à cela: il est entété, il est maniaque, il est verbeux, il est conteur, il est ennuyeux, il est groundeur, et son aspect est désagréable.*

Faguet opina que o velho está desterrado das mediocracias contemporâneas. Grave erro, que apenas prova sua velhice.

Toda sociedade em decadência é propícia à mediocracia e inimiga de qualquer excelência individual; por isso aos jovens originais se lhes fecha o acesso ao governo, até que tenham perdido a aresta própria, esperando que a velhice os nivele, rebaixando-os aos modos de pensar e sentir que são comuns ao seu grupo social. Por isso as funções diretivas costumam ser patrimônio da idade madura; a "opinião pública" dos povos, das classes ou dos partidos, costuma encontrar, nos homens que foram superiores e começam já a decair, o expoente natural de sua mediocridade. Na juventude, são considerados perigosos; apenas nas épocas revolucionárias governam os jovens; a Revolução Francesa foi executada por eles e, da mesma forma, a emancipação de ambas as Américas. O progresso é obra de minorias ilustradas e atrevidas. Enquanto o indivíduo superior pensa com sua própria cabeça, não pode pensar com a cabeça das maiorias conservadoras.

Não há, pois, a falta de respeito que, em suas velhices respectivas, assinalaram Platão, Aristóteles e Montesquieu, antes que Faguet. Afirmar que pelo caminho da velhice se chega à mediocridade, é a aplicação simples de uma lei geral que rege todos os organismos vivos e os prepara para a morte. Por que estranhar esta decadência mental se estamos acostumados a ver despregarem-se as folhas e desfolharem-se as árvores quando o outono chega perseguido pelo inverno?

Admiremos os velhos pelas superioridades que tenham possuído na juventude. Não incorramos na simplicidade de esperar uma velhice santa, heróica ou genial detrás de uma juventude equívoca, mansa e opaca; a velhice não põe flores onde apenas houve malefícios, antes bem ceifa a excelência com sua foice niveladora. Os velhos representativos que ascendem ao governo e às dignidades, depois de terem passado seus melhores anos na inércia ou em orgias, no tapete verde ou entre rameiras, na expectativa apática ou

O Homem Medíocre

na resignação humilhada, sem uma palavra viril, sem um gesto altivo, esquivando-se à luta, temendo os adversários e renunciando aos perigos, não merecem a confiança de seus contemporâneos nem tampouco têm direito a catonizar. Suas palavras grandiloqüentes parecem pronunciadas em falsete e provocam risos. Os homens de caráter elevado não fazem à vida a injúria de malgastar a sua juventude, nem confiam à incerteza das cãs a iniciação de grandes empresas que apenas podem conceber as mentes frescas e realizar braços viris.

A experiência viril complica a tontice dos medíocres, mas pode convertê-los em gênio; a madureza abranda o perverso, tornando-o inútil para o mal. O diabo não sabe mais por ser velho, do que por ser diabo. Se se arrepende não é por santidade, senão por impotência.

Capítulo VII
A Mediocracia

1. O clima da mediocracia

Em raros momentos a paixão caldeia a história e os idealismos se exaltam: quando as nações se constituem e quando se renovam. Primeiro é secreta ânsia de liberdade, luta pela independência mais tarde, logo há a crise de consolidação institucional, depois da veemência de expansão ou pujança de energias. Os gênios pronunciam palavras definitivas; plasmam, os estadistas, seus planos visionários; põem, os heróis, seu coração, na balança do destino.

É, todavia, fatal que os povos tenham largas intercadências de indigestão. A história não conhece um único caso em que altos ideais trabalhem com ritmo contínuo a evolução de uma raça. Há horas de palingenesia e há também de apatia, com vigílias e sonhos, dias e noites, primaveras e outonos, em cujo alternar-se infinito se divide a continuidade do tempo.

Em certos períodos a nação repousa dentro do país. O organismo vegeta; o espírito se amodorra. Os apetites acossam os ideais, tornando-se dominadores e agressivos. Não há astros no horizonte nem estandartes nos campanários. Nenhum clamor de povo se percebe; não ressoa o eco de grandes vozes animadoras. Todos se apinham em torno do manto oficial para alcançar alguma migalha da merenda. É o clima da mediocridade. Os estados tornam-se mediocracias, que os filólogos inexpressivos prefeririam denominar "mesocracias".

184 José Ingenieros

Entra na penumbra o culto pela verdade, o afã de admiração, a fé em crenças firmes, a exaltação de ideais, o desinteresse, a abnegação, tudo o que está no caminho da virtude e da dignidade. Em um mesmo diapasão utilitário, esfriam-se todos os espíritos. Fala-se por refrãos, como discorria Pança; acredita-se por catecismos, como predicava Tartufo; vive-se de expedientes, como ensinou Gil Blas. Todo o vulgar encontra fervorosos adeptos nos que representam os interesses militantes; seus mais enaltecidos porta-vozes resultam escravos em seu clima. São atores aos quais está proibido improvisar: de outro modo romperiam o molde a que se ajustam as demais peças do mosaico.

Platão, sem querê-lo, ao dizer da democracia: "é o pior dos bons governos, mas é o melhor entre os maus", definiu a mediocracia. Transcorreram séculos; a sentença conserva sua verdade. Na primeira década do século XX, acentuou-se a decadência moral das classes governantes. Em cada comarca, uma facção de vivedores detém as engrenagens do mecanismo oficial, excluindo de seu seio a quantos desdenham ter cumplicidade em suas empresas. Aqui são castas adventícias, ali sindicatos industriais, acolá facções de parlapatões. São grupelhos e se intitulam partidos. Intentam disfarçar com idéias seu monopólio do Estado. São bandoleiros que buscam a encruzilhada mais impune para expoliar a sociedade.

Políticos sem-vergonha existiram todos os tempos e sob todos os regimes; mas encontram melhor clima nas burguesias sem ideais. Onde todos podem falar, calam os ilustrados; os enriquecidos preferem escutar os mais vis enganadores. Quando o ignorante se crê igualado ao estudioso, o fanfarrão ao apóstolo, o parlapatão ao eloqüente e o mentiroso ao digno, a escala de mérito desaparece em uma vergonhosa nivelação de vilania. Isso é a mediocracia: os que nada sabem acreditam dizer o que pensam, ainda que cada um apenas acerte a repetir dogmas ou auspiciar voracidades. Esse achatamento moral é mais grave que a aclimatação da tirania; ninguém pode voar onde todos se arrastam. Convenciona-se chamar urbanidade à hipocrisia, distinção à efeminação, cultura à timidez,

O Homem Medíocre

tolerância à cumplicidade; a mentira proporciona estas denominações equívocas. E os que assim mentem são inimigos de si mesmos e da pátria, desonrando nela os seus pais e os seus filhos, carcomendo a dignidade comum.

Nestes parênteses de cortiça aventuram-se as mediocracias por senderos ignóbeis. A obsessão de acumular tesouros materiais, ou o torpe afã de usufruí-los na folga, borra do espírito coletivo todo rastro de sonho. Os países deixam de ser pátrias, qualquer ideal parece suspeito. Os filósofos, os sábios e os artistas estão demais; o peso da atmosfera estorva suas asas, que deixam de voar. Sua presença mortifica os traficantes, todos os que trabalham pelo lucro, os escravos da economia e da avareza. As coisas do espírito são desprezadas; não lhe sendo propício o clima, seus cultivadores são contados; não chegam a incomodar a mediocracia; estão proscritos dentro do país, que mata a fogo lento seus ideais, sem necessitar desterrá-los. Cada homem fica preso entre mil sombras que o rodeiam e o paralisam.

Sempre há medíocres. São perenes. O que varia é seu prestígio e sua influência. Nas épocas de exaltação renovadora mostram-se humildes, são tolerados; ninguém os percebe, não ousam imiscuir-se em nada. Quando se entibiam os ideais e dá lugar, o qualitativo, ao quantitativo, começa-se a contar com eles. Apercebe-se, então, seu número, que se mancomunam em grupos e se arrebanham em partidos. Cresce sua influência na justa medida em que o clima se atempera; o sábio é igualado ao analfabeto, o rebelde ao lacaio, o poeta ao prestamista. A mediocridade se condensa, converte-se em sistema, é incontrastável.

Enaltecem-se ganhões, pois não florescem gênios: as criações e as profecias são impossíveis se não estão na alma da época. A aspiração do melhor não é privilégio de todas as gerações. Atrás de uma que há realizado um grande esforço, arrastada ou comovida por um gênio, a seguinte descansa e se dedica a viver de glórias passadas, comemorando-as sem fé; as facções disputam os mecanismos administrativos, competindo em manusear todos os sonhos. A míngua destes se disfarça com excesso de pompa e de palavras; cala-se qualquer protesto dando participação nas festividades; proclamam-se as melhores intenções e se praticam baixezas abomináveis; mente a arte; mente a justiça; mente o caráter. Tudo mente com a anuência de todos; cada homem põe preço à sua cumplicidade, um preço razoável que oscila entre um emprego e uma condecoração.

Os governantes não criam tal estado de coisas e de espírito: representam-nos. Quando as nações dão em baixio, alguma facção se apodera da engrenagem constituída ou reformada por homens geniais. Florescem legisladores, pululam arquivistas, contam-se os funcionários por legiões: as leis se multiplicam sem que isso implique o reforço de sua eficácia. As ciências convertem-se em mecanismos oficiais, em institutos e academias onde jamais brota o engenho e ao talento mesmo, se lhe impede que brilhe: sua presença humilharia com a força do contraste. As artes tornam-se indústrias patrocinadas pelo Estado, reacionário em seus gostos e adverso a toda previsão de novos ritmos ou de novas formas; a imaginação de artistas e poetas parece aguçar-se em descobrir os caminhos da prebenda e filtrar-se por elas. Em tais épocas os astros não surgem. Folgam: a sociedade não os necessita; basta-lhe sua corte de funcionários. O nível dos governantes baixa até o ponto zero; a mediocracia é uma confabulação dos zeros contra as unidades. Cem políticos torpes juntos não valem um estadista genial. Some dez zeros, cem, mil, todos os da matemática e não haverá quantidade alguma, nem sequer negativa. Os políticos sem ideal marcam o zero absoluto no termômetro da história, conservando-se limpos de infâmia e de virtude, eqüidistantes de Nero e de Marco Aurélio.

Uma apatia conservadora caracteriza esses períodos; entibia-se a ansiedade das coisas elevadas, prosperando contra elas o afã de suntuosos formulários. Os governantes que não pensam parecem prudentes; os que nada fazem intitulam-se repousados; os que não roubam resultam exemplares. O conceito de mérito torna-se

O HOMEM MEDÍOCRE 187

negativo: as sombras são preferíveis aos homens. Busca-se o originariamente medíocre ou o mediocrizado pela senilidade. Em vez de heróis, gênios ou santos, reclamam-se discretos administradores. O estadista, o filósofo, o poeta, os que realizam, predicam e cantam alguma parte de um ideal, estão ausentes. Nada têm que fazer. A tirania do clima é absoluta: nivelar-se ou sucumbir. A regra conhece poucas exceções na história. As mediocracias negaram sempre as virtudes, as belezas, as grandezas, deram veneno a Sócrates; a cruz, a Cristo; o punhal, a César; o desterro, a Dante; a prisão, a Galileo; o fogo, a Bruno; e, enquanto isso, escarneciam desses homens exemplares; aplainando-os com sua sanha ou armando contra eles algum braço enlouquecido, ofereciam sua servidão a governantes imbecis ou punham seu ombro para sustentar as mais torpes tiranias. A um preço: que estas garantiam às classes fartas a tranqüilidade necessária para usufruir seus privilégios.

Nestas épocas de lenocínio, a autoridade é fácil de exercitar: as cortes se povoam de servis, de retóricos que parolam *pane lucrando,* de aspirantes a algum ministério, de alguns pulchinelas[1] em cujas consciências está sempre dependurado o alvará ignominioso. As mediocracias caracterizam-se nos apetites dos que anseiam viver delas e no medo dos que temem perder a mamata. A indignidade civil é lei nestes climas. Todo homem declina sua personalidade ao converter-se em funcionário: não leva visível a corrente ao pé, como o escravo, mas a arrasta ocultamente, amarrada em seu destino. Cidadãos de uma pátria são capazes de viver por seu esforço, sem a cevada oficial. Quando tudo se sacrifica a esta, sobrepondo o apetite às aspirações, o sentido moral se degrada e a decadência se aproxima. Em vão se buscam remédios na glorificação do passado. Deste afundamento, os povos não emergem louvando o que foi, senão semeando o porvir.

---

[1] De Paolo Cinelli, comediante napolitano do século XVI. Refere-se a um personagem burlesco das farsas e pantomimas italianas. (N.T.)

2. A pátria

Os países são expressões geográficas e os estados são formas de equilíbrio político. Uma pátria é muito mais e é outra coisa: sincronismo de espíritos e de corações, temperatura uniforme para o esforço e homogênea disposição para o sacrifício, simultaneidade na aspiração da grandeza, no pudor da humilhação e no desejo da glória. Quando falta esta comunidade de esperanças, não há pátria, não pode havê-la: há que ter sonhos comuns, anelar juntos grandes coisas e se sentirem todos decididos a realizá-las, com a segurança de que, ao marcharem em busca de um ideal, ninguém ficará na metade do caminho contando suas misérias. A pátria está implícita na solidariedade sentimental de uma raça e não na confabulação dos politiqueiros que medram à sua sombra.

Não basta acumular riquezas para criar uma pátria: Cartago não o foi. Era uma empresa. As áureas minas, as indústrias em plena atividade e as chuvas generosas fazem de qualquer país um rico empório; necessita-se, todavia, de ideais de cultura para que nele haja uma pátria. Rebaixa-se o valor deste conceito quando aplicado a países que carecem de unidade moral, mais parecidos com empresas de usurários autóctones ou exóticos do que com legiões de sonhadores, cujos ideais se assemelhem a um arco, estendido em direção a um objetivo de dignificação comum.

A pátria tem intermitências: sua unidade moral desaparece em certas épocas de rebaixamento, quando se eclipsa todo afã de cultura e se ensenhoreiam vis apetites de mando e de enriquecimento. E o remédio contra essa crise de achatamento não está no fetichismo do passado, senão na semeadura do porvir, concorrendo a criar um novo ambiente moral propício a toda culminação da virtude, do engenho e do caráter.

Quando não há pátria não pode haver sentimento coletivo da nacionalidade – inconfundível com a mentira patriótica explorada em todos os países pelos mercadores e militares. Apenas é possí-

O Homem Medíocre 189

vel na medida em que marca o ritmo uníssono dos corações para um nobre aperfeiçoamento e nunca para uma ignóbil agressividade que fira o mesmo sentimento de outras nacionalidades.

Não há maneira mais baixa de amar a pátria do que odiando as pátrias de outros homens, como se todas não fossem igualmente dignas de engendrar em seus filhos iguais sentimentos. O patriotismo deve ser emulação coletiva para que a própria nação ascenda às virtudes de que dão exemplo outras melhores; nunca deve ser inveja coletiva que faça sofrer da superioridade alheia e mova a desejar o achatamento dos outros até o próprio nível. Cada pátria é um elemento da Humanidade; o anelo da dignificação nacional deve ser um aspecto de nossa fé na dignificação humana. Ascende cada raça ao seu mais alto nível, como Pátria, e pelo esforço de todos remontará o nível da espécie, como Humanidade.

Enquanto um país rico não é pátria, seus habitantes não constituem uma nação. O zelo da nacionalidade apenas existe nos que se sentem mancomunados para perseguir o mesmo ideal. Por isso é mais fundo e pujante nas mentes conspícuas; as nações mais homogêneas são as que contam com homens capazes de senti-lo e servi-lo. A exígua capacidade de ideais impede aos espíritos bastos ver no patriotismo um alto ideal; os trânsfugas da moral, alheios à sociedade em que vivem, não podem concebê-lo; os escravos e os servos têm apenas um país natal. Apenas o homem digno e livre pode ter uma pátria.

Pode tê-la; não a tem sempre, pois tempos existem em que apenas existe na imaginação de poucos: um, dez, acaso um centenar de eleitos. Ela está então neste ponto ideal para onde converge a aspiração dos melhores, de quantos a sentem sem medrar de ofício as empresas da política. Nestes poucos está a nacionalidade, nos quais vibra; mantêm-se alheios a seu afã os milhões de habitantes que comem e lucram no país.

O sentimento enaltecedor nasce em muitos sonhadores jovens, mas permanece rudimentar ou se distrai no apetite comum; em poucos eleitos chega a ser dominante, antepondo-se a pequenas tentações de piara ou de confraria. Quando os interesses venais se sobrepõem ao ideal dos espíritos cultos, que constituem a alma de uma nação, o sentimento nacional degenera e se corrompe: a pátria é explorada como uma indústria.[2] Quando se vive fartando grosseiros apetites e ninguém pensa que no canto de um poeta ou na reflexão de um filósofo pode estar uma partícula da glória comum, a nação se abisma. Os cidadãos voltam à condição de habitantes. A pátria à do país.

Isso ocorre periodicamente: como se a nação necessitasse mover sua mirada em direção ao porvir. Tudo se torce e se abaixa, desaparecendo a delicadeza individual na comum: dir-se-ia que na culpa coletiva se esfuma a responsabilidade de cada um. Quando o conjunto se dobra como no naufrágio de uma embarcação, parece que, por efeito de relatividade, nenhuma coisa se dobrará. Apenas o que se levanta e olha, de outro plano, os que navegam, adverte seu movimento, como se frente a eles fosse um ponto imóvel: um farol na costa.

Quando as misérias morais assolam um país, culpa é de todos os que por falta de cultura e de ideal não souberam amá-lo como pátria: de todos os que viveram dela sem trabalhar por ela.

3. A política das piaras

Causa profunda desta contaminação geral é, em nossa época, a degeneração do sistema parlamentar: todas as formas de parlamentarismo. Antes presumia-se que para governar se requeria certa ciência, e a arte de aplicá-la; agora se tem admitido que Gil Blas, Tartufo e Sancho são os árbitros inapeláveis desta ciência e desta arte.

---

[2] Especialmente com relação ao soberano, todos os contratualistas – de Hobbes a Rosseau –, entendem que deveria, ele, ter em vista o chamado bem comum: paz, autoproteção, vontade geral etc. (N.T.)

O Homem Medíocre

191

A política se degrada, converte-se em profissão. Nos povos sem ideais, os espíritos subalternos medram com torpes intrigas de antecâmara. Na baixamar sobe a ralé e se juntam os traficantes. Toda excelência desaparece, eclipsada pela domesticidade. Instaura-se uma moral hostil à firmeza e propícia ao relaxamento. O governo vai de mãos dadas com a gentalha que abocanha o orçamento. Abaixam-se os adarves e alçam-se os muladares. Os loureirais se esgotam e os capinzais se multiplicam. Os palacianos se esfregam com os malandrins. Progressam malabaristas e acrobatas. Ninguém pensa, onde todos lucram; ninguém sonha, onde todos tragam. O que antes era sinal de infâmia ou covardia, torna-se título de astúcia; o que outrora matava, agora vivifica, como se houvesse uma aclimatação ao ridículo; sombras envilecidas se levantam e parecem homens; a improbidade se pavoneia e ostenta, em vez de ser envergonhada e pudorosa. O que nas pátrias se cobria de vergonha, nos países cobre-se de honras.

As jornadas eleitorais convertem-se em toscas negociatas de mercenários ou em pugilatos de aventureiros. Sua justificação está a cargo de eleitores inocentes, que vão à paródia como a uma festa.

As facções de profissionais são adversas a todas as originalidades. Homens ilustres podem ser vítimas do voto: os partidos adornam suas listas com certos nomes respeitados, sentindo a necessidade de se protegerem atrás do brasão intelectual de alguns seletos. Cada piara se forma um estado maior que desculpe sua pretensão de governar o país, encobrindo ousadas piratarias com o pretexto de sustentar interesses de partidos. As exceções não são toleradas em homenagem às virtudes: as piaras não admiram nenhuma superioridade; exploram o prestígio do pavilhão para dar passo ao seu mercado de contrabando; descontam no banco do êxito, mercê da firma prestigiosa. Para cada homem de mérito há dezenas de sombras insignificantes.

À parte destas exceções, que existem em todas as partes, a massa de "eleitos do povo" é subalterna, repleta de vaidosos, desonestos e servis.

192 José Ingenieros

Os primeiros esbanjam sua fortuna por ascender ao Parlamento. Ricos terratenentes ou poderosos industriais pagam a peso de ouro os votos colecionados por agentes impudicos; senhores adventícios abrem suas carteiras para comprar o único diploma acessível à sua mentalidade amorfa; asnos enriquecidos aspiram a ser tutores de povos, sem mais capital que sua constância e seus milhões. Necessitam ser alguém; crêem consegui-lo incorporando-se às piaras.

Os desonestos são legião; assaltam o Parlamento para se entregarem às especulações lucrativas. Vendem seu voto a empresas que mordem as arcas do Estado; prestigiam projetos de grandes negócios com o erário, cobrando seus discursos a tanto por minuto; pagam com destinos e dádivas oficiais os seus eleitores, comercializam sua influência para obter concessões em favor de sua clientela. Sua gestão política costuma ser tranqüila: um homem de negócios está sempre com a maioria. Apóia todos os governos.

Os servis vagam pelos Congressos em virtude da flexibilidade de seus espinhaços. Lacaios de um grande homem, ou instrumentos cegos de sua piara, não ousam discutir a chefia daquele ou as consignações desta. Não se lhes pede talento, eloqüência ou probidade: basta com a certeza de sua fidelidade. Vivem de luz alheia, satélites sem cor e sem pensamento, ungidos ao carro de seu cacique, dispostos sempre a bater palmas quando ele fala e a se levantarem quando é chegada a hora de uma votação.

Em certas democracias novícias, que parecem chamar-se repúblicas por burla, os congressos formigam de mansos protegidos das oligarquias dominantes. Medram piaras submissas, servis, incondicionais, afeminadas: as maiorias miram o condutor, esperando uma guinada ou um sinal. Se algum se aparta, está perdido; os que se rebelam estão proscritos sem apelação.

Há casos isolados de engenho e de caráter, sonhadores de algum apostolado ou representantes de desejos indomáveis; se o tempo não os domestica, eles servem os demais, justificando-os com sua presença, aquilatando-os.

O Homem Medíocre

É ilusão crer que o mérito abre as portas dos parlamentos envilecidos. Os partidos – ou o governo em seu nome – operam uma seleção entre seus membros, às expensas do mérito ou em favor da intriga. Um soberano quantitativo e sem ideais prefere candidatos que tenham sua mesma compleição moral: por simpatia e por conveniência.

As mais abstrusas fórmulas da química orgânica parecem balbúcios infantis frente às reviravoltas do parlamento medíocre. O desprezo dos homens probos não o atemoriza jamais. Confia em que o baixo nível do representante aprova a insensatez do representado. Por isso certos homens imprestáveis adaptam-se maravilhosamente ao *desideratum* do sufrágio universal; o rebanho se prosterna diante dos fetiches mais ocos e os preenche com sua alambicada tontice.

Os cúmplices, grandes ou pequenos, aspiram a converter-se em funcionários. A burocracia é uma convergência de voracidades em espreita. Desde que foram inventados os *Direitos do Homem,* todo imbecil os sabe de memória para explorá-los, como se a igualdade diante da lei implicasse uma equivalência de aptidões.[3] Esse afã de viver às expensas do Estado rebaixa a dignidade. Cada eleitor que cruza as ruas, depressa, preocupado, a pé, em automóvel, de blusa, agasalhado, jovem, maduro, a qualquer hora, pode assegurar que se está domesticando, envilecendo-se: busca uma recomendação ou a leva em seu bolso.

O funcionário cresce nas modernas burocracias. Outrora, quando foi necessário delegar parte de suas funções, os monarcas elegiam homens de mérito, experiência e fidelidade. Pertenciam quase todos à casta feudal; os grandes cargos a vinculavam à causa do senhor. Junto a esta, formavam-se pequenas burocracias locais.

---

[3] Vale a pena lembrar que os modernos preceitos constitucionais que se referem à igualdade diante da lei justamente demandam tratamento igual aos iguais e desigual aos desiguais. (N.T.)

Crescendo as instituições de governo, o funcionalismo cresceu, chegando a ser uma classe, um ramo novo das oligarquias dominantes. Para impedir que fosse altiva, regulamentaram-na, tirando-lhe assim qualquer iniciativa, e afogaram-na na rotina. Ao seu afã de mando, opôs-se uma submissão exagerada. A pequena burocracia não varia; a grande, que é sua chave, varia com a piara que governa. Com o sistema parlamentar sua escravidão foi dupla: do executivo e do legislativo. Esse jogo de influências bilaterais converge a limitar a dignidade dos funcionários. O mérito queda excluído em absoluto; basta a influência. Com ela se ascende por caminhos equívocos. A característica do tosco é acreditar estar apto para tudo, como se a boa intenção salvasse a incompetência. Flaubert contou em páginas eternas a história de dois medíocres que ensaiam o ensaiável: Buvard e Pécuchel. Nada fazem bem, mas a nada renunciam. Eles povoam as mediocracias; são funcionários de qualquer função, crendo-se órgãos valorosos para as mais contraditórias fisiologias.

Conseqüências imediatas do funcionalismo são a servilidade e a bajulação. Existem desde que houve poderosos e favoritos.

Sob cem formas se observa a primeira, implícita na desigualdade humana: onde houve homens diferentes, alguns foram dignos e outros foram domésticos.

O excessivo comedimento e a afetação de agradar ao amo engendram esses carcomas do caráter. Não são delitos diante das leis, nem vícios para a moral de certas épocas: são compatíveis com a "honestidade", mas não com a "virtude". Nunca.

A sensibilidade aos elogios é legítima em suas origens. Eles são uma medida indireta do mérito; fundam-se na estima, no reconhecimento, na amizade, na simpatia e no amor. O elogio sincero e desinteressado não rebaixa a quem o outorga nem ofende a quem o recebe, ainda quando injusto; pode ser um erro, não é uma indignidade. A bajulação o é sempre: é desleal e interessada. O desejo da privança induz a comprazer os poderosos; a conduta do bajulador

O Homem Medíocre   195

mira isso e tudo lhe sacrifica seu ânimo servil. Sua inteligência apenas se aguça para farejar o desejo do amo. Subordina seus gostos ao de seu dono, pensando e sentindo como ele o ordena: sua personalidade não está abolida, mas pouco falta para tanto. Pertence à raça dos "covardes felizes", como os batizou Leconte de Lisle.

A bajulação é uma injustiça. Engana. É desprezível, sempre, o bajulador, ainda quando o faça por uma espécie de benevolência banal ou pelo desejo de agradar a qualquer preço. Racine, em *Fedra,* acreditou ser um castigo divino: "Detestáveis bajuladores, presente o mais funesto. Que possa fazer aos reis a cólera celeste."[4]

Não apenas se adulam reis e poderosos; também se adula o povo. Há miseráveis afãs de popularidade, mais degradantes que o servilismo. Para obter o favor quantitativo das turbas, pode se lhes mentir baixos encômios disfarçados de ideal; mais covardes porque se dirigem às plebes que não sabem descobrir o embuste. Agradar os ignorantes e merecer seu aplauso, falando-lhes sem cessar de seus direitos, jamais de seus deveres, é, afinal, renúncia à própria dignidade.

Nos climas medíocres, enquanto as massas seguem os charlatães, os governantes prestam ouvidos aos lambetas. Os vaidosos vivem fascinados pela sereia que sussurra sem cessar, acariciando sua sombra; perdem todo critério para julgar seus próprios atos e os alheios; a intriga os aprisiona; a bajulação dos servis os arrasta a cometer ignomínias: como essas mulheres que alardeiam sua formosura e acabam por entregá-la a quem as corrompe com elogios desmedidos. O verdadeiro mérito é desconcertado pela bajulação: tem seu orgulho e seu pudor, como a castidade. Os grandes homens dizem de si, naturalmente, elogios que nos lábios alheios os fariam enrubescer; as grandes sombras gozam ouvindo os encômios que temem não merecer.

---

[4] *Détéstables flatteurs, présent le plus funeste.*
Que puisse faire aux rois la colère celeste.

As mediocracias fomentam esse vício de servos. Todo aquele que pensa com cabeça própria, ou tem um coração altivo, aparta-se do pântano onde prosperam os envilecidos. "O homem excelente – escreveu La Bruyère – não pode adular; crê que sua presença importuna nas cortes, como se sua virtude ou seu talento fossem uma reprovação aos que governam". E de seu apartamento aproveitam os que descoram diante de seus méritos, como se existisse uma perfeita compensação entre a inépcia e a classe, entre as domesticidades e os avanços.

De tempo em tempo algum dos melhores se ergue entre todos e diz a verdade, como sabe e como pode, para ela não se extinguir nem se subverter, transmitindo-a ao porvir. É a virtude cívica: o ignóbil é qualificado com justeza; à força de velar os nomes, acabaria por perder-se, nos espíritos, a noção das coisas indignas. Os tartufos, inimigos de toda luz estelar e de toda palavra sonora, persignam-se diante do herético que devolve seus nomes às coisas. Se dependesse deles, a sociedade se transformaria em uma cova de mudos, cujo silêncio não fosse interrompido por nenhum clamor veemente e cuja sombra não fosse rasgada pelo resplendor de nenhum astro.

Todo idealista leu com lírica emoção as três histórias admiráveis que conta Vigny em seu *Stello* imorredouro. Ter um ideal é crime que não perdoam as mediocracias. Morre Gilbert, morre Chatterton, morre Andrés Chénier. Os três são assassinados pelos governos, com arma distinta, segundo os regimes. O idealista é imolado nos impérios absolutos, da mesma maneira que nas monarquias constitucionais e nas repúblicas burguesas.

Quem vive para um ideal não pode servir a nenhuma mediocracia. Tudo conspira nela para que o pensador, o filósofo e o artista se desviem de sua rota; e quando se apartam desta, perdem-na para sempre. Temem, por isso, a politicagem, sabendo que é o orbe dos medíocres. Em sua rede podem cair prisioneiros.

O Homem Medíocre 197

Todavia, quando reina outro clima e o destino os leva ao poder, governam contra os servis e os rotineiros; rompem a monotonia da história. Seus inimigos o sabem; nunca um gênio foi enaltecido por uma mediocracia. Chegam contra ela, apesar de tudo, a desmantelá-la, quando se prepara um porvir.

4. Os arquétipos da mediocracia

Os pró-homens das mediocracias eqüidistam do bárbaro legendário – Tibério ou Facundo – e do gênio transmutador – Marco Aurélio ou Sarmiento. O gênio cria instituições e o bárbaro as viola: os medíocres as respeitam, impotentes para forjar ou destruir. Esquivos à glória e rebeldes à infâmia, se lhes reconhece por uma circunstância inequívoca: seus iguais não ousam chamá-los gênios por temor ao ridículo e seus adversários não poderiam fazêlos sentar no banquinho de imbecis sem flagrante injustiça. São perfeitos em seu clima; andam de soslaio na história, à mercê de cem cumplicidades e conjugam em sua pessoa todos os atributos do ambiente que os repuxa. Obsequiosos por equívocas hierarquias militares, por opacos títulos universitários ou pela excessiva pulcritude de discursos improvisados por linhagens adventícias, adornam seu espírito com as rotinas e o pré-juízo com os quais embotam as crenças da mediocridade dominante. São passo-curto sempre; sua marcha não pode em momento algum comparar-se ao vôo de um condor nem ao arrasto de uma serpente.

Todas as piaras inflam algum exemplar predestinado a possíveis culminações. Selecionam o acabado protótipo entre os que compartilham suas paixões ou suas voracidades, seus fanatismos ou seus vícios, suas prudências ou suas hipocrisias. Não são privilégio de tal casta ou partido: sua leviandade universal flutua em todos os pântanos políticos. Pensam com a cabeça de algum rebanho e sentem com seu coração. Produtos de seu clima, são irresponsáveis: ontem, de sua opacidade; hoje, de sua preeminência; amanhã, de seu ocaso. Joguetes, sempre, de alheias vontades. Entre eles elegem as repúblicas, seus presidentes; buscam os tiranos, seus favoritos; nomeiam os reis, seus ministros; enchem os parlamentares, seus gabinetes. Sob todos os regimes: nas monarquias absolutas e nas repúblicas oligárquicas. Sempre que abaixa a temperatura espiritual de uma raça, de um povo ou de uma classe, encontram propício clima os obtusos e os senis. As mediocracias evitam as alturas e os abismos. Intranqüilas sob o sol meridiano e timoratas na noite, buscam seus arquétipos na penumbra. Temem a originalidade e a juventude; adoram os que nunca poderão voar ou os que têm já as asas esmorecidas.

Adventícias matilhas de medíocres, vinculadas pela rede de apetites comuns, ousam chamar-se partidos. Ruminam um credo, fingem um ideal, agrupam fantasmas consulares e recrutam uma hoste de lacaios. Isso basta para que disputem, a cotoveladas, o apoderamento das prebendas governamentais. Cada rebanho elabora sua mentira, erigindo-a em dogma infalível. Os pícaros somam esforços para enaltecer a hombridade de seu fantasma: chama-se lirismo à sua inépcia, decoro à sua vaidade, ponderação à sua negligência, prudência à sua covardia, fé ao seu fanatismo, eqüanimidade à sua impotência, distração aos seus vícios, liberalidade à sua folga, madureza à sua falta de vigor. A hora os favorece: as sombras se alargam quanto mais avança o crepúsculo. Em certo momento, a ilusão cega muitos, calando toda veraz dissidência.

A irresponsabilidade coletiva borra a cota individual do erro: ninguém enrubesce quando todas as faces podem reclamar sua parte na vergonha comum.

Destas balbúrdias saem a galope uns e outros arquétipos, ainda que nem sempre os menos imprestáveis.

Vivem durante anos na espreita; escudando-se em rancores políticos ou em prestígios mundanos, atirando-os como vinagre no olho dos inexpertos. Enquanto jazem em letargia por irredimíveis inépcias, simulam-se proscritos por misteriosos méritos. Clamam

O Homem Medíocre 199

contra os abusos do Poder, aspirando a cometê-los em benefício próprio. Em tempos ruins, os facciosos seguem dourando-se mutuamente, sem que a resignação ao jejum diminua a magnitude de seus apetites. Esperam seu turno, mansos sob o torniquete. Recitam, então, entre si, a máxima de De Maistre: "Saber esperar é o grande meio para chegar".[5]

A paciente expectativa converge à culminação dos menos inquietantes. Rara vez um homem superior os arregimenta com mãos vigorosas, convertendo-os em comparsa que medra à sua sombra; quando lhes falta esse denominador absoluto, desorbitam-se como asteróides de um sistema planetário cujo sol se extingue. Todos confabulam, então, em tácita transação, emprestando o ombro aos que podem agüentar mais encômios em justa equivalência de méritos ambíguos. O grupo se infla com solidariedade de *loggia;* cada cúmplice converte-se em um fio de teia estendida para capturar o governo.

Compreende-se a travessa seleção das facções oligárquicas e o pomposo envaidecimento do medíocre que elas consagram. Seus encomiastas, empenhados em purificá-lo de toda mancha pecaminosa, intentam obstruir a verdade chamando romantismo à sua reiterada incompetência para todas as empresas. Outros chamam orgulho à sua vaidade e idealismo à sua negligência; mas o tempo dissipa o equívoco, devolvendo seu nome a esses dois vícios emaranhados no mesmo tronco: o orgulho é compatível com o idealismo, mas o primeiro é a antítese da vaidade e o segundo da negligência.

Repuxados os pró-homens de lata, seus cúmplices acabam de azougá-los com demulcentes crisóis. Suas chagas chegam a parecer coquetismos, como as verrugas das cortesãs. Ungindo-os árbitros da ordem e da virtude, declaram prescritas suas velhas pústulas; incondicionalismo para com regimes mais turvos,

---

[5] *Savoir Attendre est le grand moyen de parvenir.*

expoliações e paixões por jogatinas, ridículos infortúnios de dom-juanismo epigramático. Os lábios dos adulões saciam-se naquela água do rio do esquecimento, que borra qualquer memória do passado; não advertem que depois de malgastar uma vida inteira no vício, todo puritanismo cheira a benzina, como as luvas que passam pela lavanderia.

Onde medram oligarquias sob disfarces democráticos prosperam esses pavões-reais pomposos, tensos pela vaidade: um travesso os desinflaria se os alfinetasse ao passar, descobrindo o nada absoluto que ocupa seu interior. Vácuo não significa alígero.

Nunca foi a tontice medida de santidade. Sem sangue de hienas, de que necessitam os tiranos, tampouco têm o de águia, próprio de iluminados; corre em suas veias uma linfa tonta e vaidosa, própria, em estirpe, de pavões com quinta-essência no real, simbólica ave que soma candorosamente a zonzeira e a fatuidade. São termômetros morais de certa época: quando a mediocracia encuba pavões, não têm atmosfera os aquilinos.

A resignada passividade explica certas culminações: o porvir de alguns arquétipos estriba em ser, eles, admirados contra outros. Fogem para engrandecer. Com muitos lustros de andar em desalinho, não borram suas culpas; em seu passo descobre-se uma inveterada pusilanimidade que foge de escaramuças com inimigos que os têm humilhado até sangrar. Não pode haver virtude sem galhardia; não a demonstra quem se esquiva com temerosos afastamentos à batalha por tantos anos oferecida à sua dignidade. Essa perda de ânimo não é, por certo, o clássico valor gauchesco dos coronéis americanos; nem se parece com o gesto do leão encolhido para melhor efetuar o salto. Eles vagabundeiam com o "dom da espera do batrácio oportunista" de que fala Ramos Mejía. O homem digno pode emudecer quando recebe uma ferida, temendo, acaso, que seu desdém exceda a ofensa; mas chega sua sentença, e chega em estilo nunca usado para adular nem para pedir, mais terrível que cem espadas. Cada verbo é uma flecha cujo alcance finca

O Homem Medíocre

na elasticidade do arco: a tensão moral da dignidade. E o tempo não borra uma sílaba do que assim se fala.

***

Os arquétipos costumam interromper seus humilhados silêncios com inócuas pirotecnias verbais; de tarde em tarde, os cúmplices apregoam alguma misteriosa elucubração tartamudeada, ou não, diante de assembléias que certamente não a escutarão. Eles não atinam em sustentar a reputação com que os adornam: desertam o parlamento no dia mesmo em que os elegem, como se temessem colocar-se em descoberto e comprometer os empresários de sua fama.

Completa-se a inflação destes aeróstatos confiando-lhes subalternas diplomacias de festival, em cujo aparato suntuoso pavoneiam suas ocas vaidades. Seus cúmplices lhes atribuem algum talento diplomático ou perspicácia internacional, até complicarem-se em lustrosas prebendas, nas quais se apagam em tíbias penumbras, junto ao resplandecer de seus colaboradores mais antigos. Nunca desalentadas, as oligarquias seguem mimando estas criaturas, com a esperança de que acertarão um golpe no cravo depois de atingir cem na ferradura. Ungidos emissários diante de uma nação irmã, sua casuística de sacristia envenena profundos afetos, como se por arte de encantamento germinassem cizânias inextinguíveis no coração dos povos.

Arquivistas e papelistas confabulam a fim de causar zelos e fervor burocrático nos ingênuos e captar a confiança dos rotineiros. Plutarcos bem remunerados transformam em mel tudo o que é amargo, apurando em encômios seus vinagres mais crônicos, como se hipotecassem seu engenho descontando prebendas futuras. Completam com vãs artimanhas o vazio do tonto, sem suspeitar a insuficiência da tramóia. Nem o pavão se parece com a águia, nem o corcel com a mula: se lhes reconhece o passar, vendo seu bico ou ouvindo o barulho de sua ferradura.

Sua gravitação negativa seduz os caracteres domesticados: não pensam, não roubam, não oprimem, não sonham, não assassinam, não faltam à missa, que mais? Quando as facções forjam a Fênix, enaltecem-na como seu símbolo perfeito. Possuem cosméticos para suas fisionomias enrugadas: a grandiloqüência rançosa de programas em cujo pé se buscaria de imediato a firma de Bertoldo, se os vastos desmaios não traduzissem prudentes reticências de Tartufo. É preferível que estejam coalhadas de vulgaridades e escritas em péssimo estilo; fazem mais o gosto da clientela. Um programa abstrato é perfeito: parece idealista e não lastima as idéias que crê ter cada cúmplice. De cada cem, noventa e nove mentem da mesma forma: a grandeza do país, os sagrados princípios democráticos, os interesses do povo, os direitos do cidadão, a moralidade administrativa. Tudo isso, se não é insolência consuetudinária, resulta de uma tontice enternecedora; simula dizer muito e não significa nada. O medo às idéias concretas oculta-se sob o disfarce das vaguezas cívicas.

Não se envergonham de escalar o poder montados sobre a ignomínia. Obtemperam a toda vilania que converja para seu objeto: quando falam de civismo, seu alento empesteia o pântano originário. Sua moral encobre o vício, pelo simples fato de usufruí-lo. Empurrados por torcidos caminhos, seguem semeando nos mesmos sulcos. Para aproveitar aos indignos, tiveram que os humilhar mansamente; as honras que não se conquistam devem ser pagas com baixezas. "Não pode ser virtuoso aquele que foi engendrado em ventre impuro", dizem as Escrituras; os que se enaltecem fechando os olhos e implicando-se em artifícios de estrumeira, sofrendo os manuseios dos matulões, mentindo a si mesmos para saciarem o desejo de toda uma vida, não podem redimir-se do pecado original ainda que, Faustos insubordinados, pretendam escapar ao malefício de seus Mefistófeles.

O Homem Medíocre — texto

O povo os ignora; está separado deles pelo zelo das facções. Para se prevenirem de abordagens indiscretas, fogem à circulação: como se de perto não resistissem ao assédio dos curiosos. Mantêm-se alheios a todo estremecimento da raça. Em certas horas, as turbas podem ser seus cúmplices: o povo nunca. Não poderia sê-lo; nas mediocracias desaparece. Dir-se-ia que consente porque não existe, substituído por grupelhos que medram.

Depositários da alma das nações, os Povos são entidades espirituais inconfundíveis com os partidos. Não basta ser multidão para ser Povo: não o seria a unanimidade dos servis.

O povo encarna a consciência mesma dos destinos futuros de uma nação ou de uma raça. Aparece nos países os quais um ideal converte em nações e reside na convergência moral dos que sentem a pátria mais alta do que as oligarquias e as seitas. O povo – antítese de todos os partidos – não se conta por números. Está onde um homem apenas não se complica com o envilecimento comum; frente às hostes domesticadas ou fanáticas, esse único homem livre, ele apenas, é todo: Povo e Nação e Raça e Humanidade.

***

Os arquétipos da mediocracia passam pela história com a pompa superficial de fugitivas sombras chinesas.

Jamais chega aos seus ouvidos um insulto ou uma louvação, nunca se lhes dizem "heróis" ou "tiranos"; na fantasia popular despertam um eco uniforme, que em todas as partes se repete: "o pavão"!, em uma síntese mais definitiva que uma lápide. Seu trinômio psicológico é simples: vaidade, impotência e favoritismo.

Vivem de deslumbramentos, que apenas dizem respeito às formas. A austera sobriedade do gesto é atributo dos homens; a suntuosidade das aparências é galardão das sombras. Depois de incubar suas ansiedades, trêmulos de humildade diante de seus cúmplices, encobrem-se de fumaça e pavoneiam-se de fatuidades; olvidam que se envaidecer de uma posição é confessar-se inferior a ela. Acumulam ruidosos artifícios para alucinar as imaginações domésticas; rodeiam-se de lacaios, adotam pleonásticas nomenclaturas, centuplicam os expedientes, enfeitam-se em trens luxuosos, navegam em complicados bucentauros,[6] sonham com recepções além-mar. Oferecem ambos os flancos à risonha ironia dos burlões, pondo em tudo certo fausto de segunda mão, que recorda às cortes e senhorias de opereta. Sua ênfase melodramática recordaria personagens de Hugo e faria cócegas ao egotismo volteriano de Stendhal.

Em seu adonismo contemplativo não cabe a ambição, que é enérgico esforço por acrescentar em obras os próprios méritos. O ambicioso quer ascender, até onde suas próprias asas possam levá-lo; o vaidoso crê encontrar-se já nos supremos cumes cobiçados pelos demais. A ambição é bela entre todas as paixões, enquanto a vaidade não a envilece. Por isso é respeitável nos gênios e ridícula nos tontos.

Pavoneiam-se de permanentes altissonâncias. Suspeitam que existem ideais e se fingem seus sustentáculos; incorrem sempre no que é mais conforme à moral de sua mediocracia. Suspeitam a verdade, às vezes, porque ela entra em todas as partes, mais sutil do que a bajulação; todavia, mutilam-na, atenuam-na, corrompem-na, com acomodações, com muletas, com remendos que disfarçam. Em certos casos, a verdade pode mais que eles; salta à vista apesar de tudo e é o seu castigo. Paramentam-se de boas intenções, quando menos forças vão tendo para convertê-las em atos; a inata manada de pavões se escamoteia em suas conversações puritanas.

---

[6] Galeão suntuoso, com a figura de um centauro com corpo de boi esculpido à proa, no qual navegava o doge de veneza por ocasião das suas núpcias simbólicas com o mar. (N.T.)

O Homem Medíocre

Torna-se cômica a inépcia em seus disfarces de idealismo; são inconsistentes os vagos princípios que aplicam ao compasso de oportunistas conveniências. O tempo descobre aos que têm a moral em peças, para mostrá-la, ainda que de seu pano jamais cortem um traje para cobrir a sua mediocridade.

São tributários do sétimo pecado capital: em sua impotência, há frouxidão. Renunciam à autoridade e conservam a pompa; aquela poderia lustrar o mérito, esta adorna a vaidade. Gostam de folgar; desistem de fazer o muito pouco que poderiam; evitam todo firme labor; apartam-se de qualquer combate, declarando-se espectadores. Podem praticar o mal por inércia e o bem por equívoco; entregam-se aos acontecimentos por incapacidade de orientá-los. "Os negligentes – dizia Voltaire – não são nunca mais do que gente medíocre, de qualquer classe que sejam".[7] Por detestáveis que sejam os governantes, nunca são piores que quando não governam. O mal que fazem os tiranos não é um inimigo visível; a inércia dos poltrões, ao contrário, implica um misterioso abandono da função pelo órgão, a acefalia, a morte da autoridade por uma caquexia inacessível aos remédios. Grande inconsciência é governar povos quando a enfermidade ou a velhice tiram do homem o governo sobre si mesmo.

A falta de inspirações intrínsecas os tornam sensíveis à coação dos conspiradores, à intriga dos domésticos, à bajulação dos palacianos, às opressões dos burocratas, às intimidações dos gazeteiros, às influências das sacristias. Sua conduta transluz frouxidão em quantos lhes acercam; nem basta para ocultá-la sua aparatosa investida contra moinhos de vento. Quando chegam ao poder, renunciam-no de fato, convencidos de sua impotência para usá-lo; entregam-se ao curso da corrente, como os nadadores incipientes. Cavaleiros de potros cujo galopar ignoram, cerram os

---

[7] *Les Paresseux ne sont jamais que des gents médiocres, en quelque genre que ce soit.*

olhos e abandonam as rédeas: essa inépcia para tomá-las com suas mãos inexpertas chamam-na submissão à democracia.

O favoritismo é sua escravidão frente a cem interesses que os acossam; ignoram o sentimento da justiça e o respeito do mérito. O verdadeiro justo resiste à tentação de não sê-lo quando envolve algum benefício; o medíocre cede sempre. Professa uma abstrata eqüidade nos casos que não ferem a valoração de seus cúmplices; mas se complica de fato em todas as suas traquinagens. Nunca, absolutamente, pode haver justiça em preferir o lacaio ao digno, o oblíquo ao reto, o ignorante ao estudioso, o intrigante ao gentil-homem, o medroso ao valente. Essa é a corruptela das mediocracias: antepor a influência ao mérito. No favoritismo, atolam-se os que pisam firmes e avançam os que se arrastam brandamente: como nos mangues. Quando o mérito joga na cara dos arquétipos os crassos erros por eles cometidos, argúem aqueles, humildemente, que não são infalíveis; mas sua vilania está em sublinhar a desculpa com tentadores oferecimentos, acostumados que estão a comercializar a honra. Não pode ser juiz quem confunde o diamante com a bazófia; quando se aceita a responsabilidade de governar, "equivocar-se é uma culpa", como sentenciou Epíteto. Nas mediocracias, ignora-se que a dignidade nunca chega de joelhos aos estrados dos que mandam.

Repetem com freqüência o legendário juízo de Midas. Pã ousou comparar sua flauta de sete orifícios com a lira de Apolo. Propôs uma lide ao deus da harmonia e foi árbitro o ancião rei frígio. Ressoaram de Pã os acordes rústicos e Apolo cantou ao compasso de suas melodias divinas. Decidiram todos que a flauta era incomparável à lira, unânimes todos, menos o rei, que reclamou a vitória para aquela. De pronto cresceram entre seus cabelos duas milagrosas orelhas: Apolo restou vingado e Pã se refugiou à sombra. O juiz, confuso, quis ocultá-las sob sua coroa. Um serventuário do rei as descobriu: correu a um distante vale, cavou um poço e contou ali seu segredo. Todavia, a verdade não se enterra: floresceram roseirais que, agitados pela brisa, repetem eternamente que Midas teve orelhas de asno.

O HOMEM MEDÍOCRE

A história castiga com tanta severidade como a lenda: página de crônica dura mais do que um roseiral. Ninguém pergunta se os crucificadores de Cristo, os algozes de Bruno e os burladores de Colombo foram velhacos ou enternecidos. Sua condenação é a mesma e irrefutável. A justiça é o respeito ao mérito. Um Marco Aurélio sabe que em cada geração há dez ou vinte espíritos privilegiados, e seu gênio consiste em fomentá-los todos; um Pança os exclui de sua ilha, usando somente aqueles que se domesticam, vale dizer, os piores, como caráter e moralidade. Sempre são injustos os que escutam o servil sem interrogar o digno. Nunca pedem favor os que merecem justiça. Nem o aceitam. Consideram natural que os perversos prefiram os seus similares; é exato que "a torpeza do burguês, mortificado pela natural soberba da superioridade, busca consagrar o seu igual, cujo acesso lhe é fácil e em cuja psicologia encontra os mcios de ser satisfeito e compreendido". Hora chega em que as injustiças dos governantes se pagam com formidáveis interesses compostos, irremissivelmente. Feitas a um só, ameaçam a todos os melhores; deixá-las impunes significa fazer-se seu cúmplice. Cedo ou tarde há um acerto de contas, ainda que seus erros não terminem jamais; os arquétipos das mediocracias aprendem na própria carne que por um cravo se perde uma ferradura.

Como a Midas o divino Apolo, os dignos castigam os semvergonha com a perenidade de sua palavra; podem equivocar-se, porque é humano; mas, se dizem as verdades, ela dura no tempo. Essa é sua espada; raras vezes a sacam, pois logo se gasta uma arma que se desembainha com freqüência; se o fazem, vai direto ao coração, como a do famoso romance.

E o temor dos lacaios evidencia a segurança da pontaria que toca o amo.

Para serem completos, são sensíveis aos fanatismos. A maioria reza com os mesmos lábios que usam para mentir, como Tartufo; inseguros de arrostar na terra a sanção dos dignos, desejariam postergá-la ao céu. Se em seu poder estivesse, cortariam a língua dos sofistas e as mãos dos escritores; fechariam as bibliotecas para que nelas não conspirassem engenhos originais. Preferem a bajulação dos ignorantes ao conselho do sábio. Subjazem a todos os dogmas. Se coronéis, usam escapulário em vez de espada; se políticos, consultam a Monita[8] para interpretarem as Magnas Cartas das nações. Sob seu império, a hipocrisia – mais funesta que a semvergonhice mesmo – torna-se sistema. Neste combate incessante, renovado em tantos dramas ibsenianos, os amorfos convertem-se em colunas da sociedade, e o que desnuda uma sombra parece um sedicioso inimigo do povo. Todos os avisados golpeiam-se o peito para medrar. As hostes de sacristia crescem e crescem, absorvendo, minando, agrupando: como uma herpes mortal que engrandece em silêncio até manchar de forma ignominiosa a fisionomia de toda uma época.

***

As mediocracias negam aos seus arquétipos o direito de eleger sua oportunidade. Colocam-nos no governo quando seu organismo vacila e seu cérebro apaga: querem o inútil ou o obtuso. Homens repudiados na juventude são consagrados na velhice: nesta idade em que as boas intenções são um cansaço dos maus costumes. Elegem os que usaram escravizar seu ventre, comendo até fartar-se e bebendo até aturdir-se, devastando sua saúde em noites sem-fim, rebaixando sua dignidade na insolvência dos tapetes verdes, tornando-se impróprios para todo esforço continuado e fecundo, preparando essas decrepitudes, nas quais o rim se fossiliza e o fígado dulcifica. Essa é a melhor garantia para o rebanho rotineiro; seu ódio à originalidade o impele em direção aos homens que começam a mumificar-se em vida.

---

[8] Do livro apócrifo de advertências aos jesuítas, intitulado *Monita Privata Societatis Iesu*. (N.T.)

O HOMEM MEDÍOCRE

Enquanto a velhice vai borrando os últimos traços personais dos arquétipos, seus cúmplices confabulam para ocultar sua progressiva brandura, eximindo-o de toda faina, administrando-lhe ingênuas ficções. Pouco a pouco o ancião foge de suas residências naturais e se isola; regateia as ocasiões de mostrar-se em plena luz, exibindo-se em reduzidas janelas, onde os pavões podem luzir, de longe, os cem olhos de Argos plantados em sua traseira. Incertos já para pensar, necessitam, mais que nunca, da fumaça de todos os incensários: a bajulação acaba por cobri-los de lubricidade. As apologias redobram à medida que eles vão desaparecendo, minado o cérebro por vergonhosas enfermidades contraídas no trato lupanário das cortesãs.

O crepúsculo sobrevém implacável, a fogo lento, gota a gota, como se o destino quisesse desnudar seu vazio, peça por peça, demonstrando-o aos mais obstinados, aos que poderiam duvidar se morressem num golpe só, sem essa pausada descoloração.

São sombras ao serviço de suas hostes contíguas. Ainda que não vivam para si, têm que viver por elas, mostrando-se de longe para atestar que existem, e evitando até a força do vento que os poderia dobrar como a uma folha de catálogo abandonada à intempérie.

Ainda que desfaleçam, não podem abandonar a carga; em vão o remorso repetirá aos seus ouvidos as clássicas palavras de Propércio: "É vergonhoso carregar sobre a cabeça um fardo que não se pode levar: logo se dobram os joelhos, esquiva o peso" (III, IX, 5). Os arquétipos sentem sua escravidão; mas, devem morrer nela, custodiados pelos cúmplices que alimentaram sua vaidade.

As casas de governo podem ser seu féretro; as facções o sabem e disputam seus vices, que aguardam cautelosamente. Seus nomes restam enumerados nas cronologias; desaparecem da história. Seus descendentes e beneficiários esforçam-se em vão por alargar sua sombra e viver dela.

Basta que um homem livre os denuncie para que a posteridade os amortalhe; sobra uma palavra apenas, – se é virtuosa, estóica, incorruptível, decidida a sacrificar-se sem olhar para trás contanto que seja leal à sua dignidade – sobra uma palavra apenas para borrar as bajulações dos palacianos, em vão depuradas na hora fúnebre. Alguns fartos comensais, não podendo referir-se ao que foram, atrevem-se a elogiar o que poderiam ser...; crêem que morre uma esperança como se esta fosse possível em organismos minados pelas carcomas da juventude e pelas decrepitudes da velhice.

É natural que morra com cada um sua piara: trocam-se muitas em cada era de penumbra. A mediocracia as tira como velhos naipes cujas cartas já estão marcadas pelo uso, entrando em seu lugar novos, nem melhores nem piores. Os dignos, alheios à partida cujas armadilhas ignoram, apartam-se de todas as politicagens que medram à sombra da pátria; cultivam seus ideais e acendem uma chispa em sua homenagem, esperando outro clima moral ou preparando-o. E não mancham seus lábios nomeando os arquétipos: seriam, por acaso, imortalizados.

5. A aristocracia do mérito

O progressivo acontecimento da democracia, permitindo a igualdade entre todos, dificultou a culminação dos melhores? É indiferente que se trate de monarquias ou de repúblicas; o século XIX começou a unificar a essência dos regimes políticos, nivelando todos os sistemas, aburguesando-os.

Um pensador eminente glosou esta verdade: a mediocracia não tolera as exceções ilustres. Se o gênio é um solilóquio magnífico, uma voz da natureza na qual fala toda uma nação ou uma raça, não é um privilégio excessivo – pergunta-se – que um aumente a voz em nome de todos? A democracia renega tais soberanos que

O HOMEM MEDÍOCRE 211

se enaltecem sem plebiscitos e não aduzem direitos divinos. O que antes foi Verbo no gênio, torna-se agora palavra e é distribuída entre todos que, juntos, crêem raciocinar melhor do que um apenas. A civilização parece concorrer a este lento e progressivo desterro do homem extraordinário, aumentando e iluminando as medianias. Quando a maioria não sabia pensar, era justo que um o fizesse por todos: faculdade exposta aos perigosos excessos. Todavia, o homem providencial vai sendo desnecessário à medida que os demais pensam e querem. "Em tanta difusão da soberania: que necessidade há de grandes epopéias pensadas, realizadas ou escritas?". Essa parece, transitoriamente, a fórmula do nivelamento, e poderia traduzir-se assim: à medida que se difunde o regime democrático, restringe-se a função dos homens superiores.

Seria verdade imbatível, definitiva, se o devir igualitário fosse uma orientação natural da história e se, em sendo assim, se efetuasse com ritmo permanente, sem tropeços. E não é assim. Não o foi nunca; nem nunca será, segundo parece. A natureza se opõe a toda nivelação, vendo na igualdade a morte; as sociedades humanas, para seu progresso moral e estrutural, necessitam do gênio mais do que do imbecil e do talento mais do que da mediocridade. A história não confirma a presunção igualitária: não suprime Leonardo para endeusar Pança, nem rebaixa Bertoldo para adorar Goethe. Uns e outros têm a sua razão de viver; ademais, não prospera um no clima do outro. O gênio, em sua oportunidade, é tão insubstituível como o medíocre na própria; mil, cem mil medíocres não fariam, então, o que faz um gênio. Cooperam em sua obra os idealistas que o precedem ou que o seguem; nunca os conservadores, que são seus inimigos naturais, nem as massas rotineiras, que podem ser seu instrumento, mas não seu guia.

É irônico repetir que os estados não necessitam nunca do governante genial. O culto do governante mediano, mas honesto, é próprio de mercadores que temem o mal, sem conceber o superior. Por que a história renegaria o gênio, o santo e o herói? Em horas solenes, os povos tudo esperam dos grandes homens; nas épocas decadentes, bastam os vulgares. Há um clima que exclui o gênio e busca o fátuo; durante o achatamento crepuscular, enquanto as academias se povoam de míopes e de funcionários, governam, o estado, os charlatães ou os pavões. No entanto, há outro clima em que eles não servem; então, apinha de astros o horizonte. Durante a borrasca, toma o timão um Sarmiento, que comanda um povo em direção ao seu Ideal; na aurora, olha longe um Ameghino e descobre alguma Verdade em formação. E ainda varia em seus domínios; forma-se ao seu redor, como o halo em torno dos astros, uma particular atmosfera na qual sua palavra ressoa e sua chispa ilumina: é o clima do gênio. E um apenas pensa e faz: marca um evo.

Ao que diz "igualdade ou morte", replica a natureza "a igualdade é a morte". Aquele dilema é absurdo. Se fosse possível um constante nivelamento, se tivessem sucumbido alguma vez todos os indivíduos diferenciais, os originais, a humanidade não existiria. Não poderia existir como término culminante da série biológica. Nossa espécie saiu das precedentes como resultado da seleção natural; apenas há evolução onde podem selecionar-se as variações dos indivíduos. Igualar todos os homens seria negar o progresso da espécie humana. Negar a civilização mesma.

***

Resta o fato atual e contingente: o advento progressivo do regime democrático, nas monarquias e nas repúblicas, favoreceu seu declínio público durante o último século?

Praticamente a democracia tem sido uma ficção, até agora. É uma mentira de alguns que pretendem representar todos. Ainda que nela acreditaram por alguns momentos Lamartine, Heine e Hugo, ninguém mais infiel que os poetas idealistas ao verbo da equivalência universal; a maioria é abertamente hostil. Outra é a posição do problema. É simples.

O Homem Medíocre 213

Até agora não existiu uma democracia efetiva. Os regimes que adotaram tal nome foram ficções. As pretendidas democracias de todos os tempos foram confabulações de profissionais para se aproveitarem das massas e excluírem os homens eminentes. Sempre foram mediocracias. A premissa de sua mentira foi a existência de um "povo" capaz de assumir a soberania do Estado. Tal não existe: as massas de pobres e ignorantes não tiveram, até hoje, aptidão para se governarem: trocaram de pastores.

Os maiores teóricos do ideal democrático foram de fato individualistas e partidários da seleção natural: *perseguiam a aristocracia do mérito contra os privilégios das castas.* A igualdade é um equívoco ou um paradoxo, segundo os casos. A democracia foi uma miragem, como todas as abstrações que povoam a fantasia dos iludidos ou formam o capital dos mendazes. O povo sempre esteve ausente dela.

As castas aristocráticas não são melhores; nelas há, também, crises de mediocridade e tornam-se mediocracias. Os democratas perseguem a justiça para tudo e se equivocam, buscando-a na igualdade; os aristocratas buscam o privilégio para os melhores e acabam por reservá-lo aos mais ineptos. Aqueles borram o mérito no nivelamento; estes o burlam, atribuindo-o a uma classe. Uns e outros são, de fato, inimigos de toda seleção natural. Tanto faz que o povo seja domesticado por bandeiras de brasonados ou de adventícios: em ambas as bandeiras estão igualmente proscritas a dignidade e os ideais. Assim como as tituladas democracias não o são, as pretendidas aristocracias não podem sê-lo. O mérito estorva nas Cortes da mesma forma que nas Tavernas.

Toda aristocracia pôde ser seletiva em sua origem, como de costume; é respeitável o que inicia com seus méritos uma linhagem ou uma ascendência. É evidente a desigualdade humana em cada tempo e lugar; há sempre homens e sombras. Os homens que guiam as sombras são a aristocracia natural de seu tempo e seu direito é indiscutível. É justo, porque é natural. Ao contrário, é ridículo o conceito das aristocracias tradicionais: concebem a sociedade como um despojo reservado a uma casta, que usufrui de seus benefícios sem estar composta pelos melhores homens de seu tempo. Por que os parentes, familiares e lacaios dos que foram outrora os mais aptos, seguirão participando de um poder que não contribuíram para criar? Em nome de que herança?

Se as aptidões se herdam, esse privilégio lhes resulta inútil e poderiam renunciá-lo; se não o herdam, é injusto e devem perdê-lo. Convém que o percam. Toda nobreza hereditária é a antítese de uma aristocracia natural; com o andar do tempo, resulta seu mais vigoroso obstáculo.

O direito divino, que invocam uns, é mentira; o mesmo que os direitos do homem, invocados pelos outros. Aristarcos[9] e demagogos são igualmente medíocres e obstam a seleção das aptidões superiores, nivelando toda originalidade, coibindo todo ideal.

Uma concessão poderia ser feita. Os países sem castas aristocráticas são mais propícios à mediocrização; neles se constituem oligarquias de adventícios, que têm todos os defeitos e as presunções da nobreza, sem possuir suas qualidades. Em sua improvisação, falta-lhes a mentalidade do grão-senhor, composta por atributos que se fincam em uma cultura de séculos: há, sem dúvida, gentes de qualidade e homens que têm classe, como os cavalos de corrida. São mais esquivos ao rebaixamento. Em seus pré-juízos a dignidade pode ter mais parte que nos pré-juízos dos adventícios. É uma diferença que os preserva de muito envilecimento. É preferível obedecer a castas que têm a rotina do mando ou a pandilhas minadas por hábitos de servidão?

O privilégio tradicional do sangue irrita os democratas e o privilégio numérico do voto repugna aos aristocratas. O berço dou-

---

[9] Por alusão a Aristarco, famoso crítico da Antigüidade. Por extensão, crítico severo. (N.T.)

O Homem Medíocre 215

rado não dá aptidões; tampouco as dá a urna eleitoral. A pior maneira de combater a mentira democrática seria aceitar a mentira aristocrática; nos dois casos trata-se de idênticas inaptidões com distintas divisas. As massas inferiores – que poderiam ser o "povo" – e os homens excelentes de cada sociedade – que são a "aristocracia natural" –, costumam permanecer alheios à sua estratégia.

Entre os democratas, encarregados de igualdade, cabem audazes lacaios que pretendem suplantar os seus amos com a ajuda das turbas fanatizadas; entre os aristocratas mofados de tradição, cabem vaidosos que anseiam reduzir os seus serventes com a ajuda dos homens de mérito. A história se repete sempre: as massas e os idealistas são vítimas propiciatórias nestas disputas entre senhores feudais e burgueses de levita.

**

A degeneração mediocrática, que Faguet caracteriza como "um culto da incompetência", não depende do regime político, senão do clima moral das épocas decadentes. Cura quando desaparecem suas causas; nunca por reformas legislativas, que é absurdo esperar dos próprios beneficiários. Em vão são ensaiadas pelos tontos ou simuladas pelos embusteiros: as leis não criam um clima. O direito efetivo é uma resultante concreta da moral.

O apaixonado protesto dos idealistas pode ser um grito de alarme, lançado na sombra; mas o sonho de enaltecer uma democracia resulta ilusório nas épocas de domesticidade moral e de fartura. As facções preferem escutar o falso idealismo de seus fetiches envelhecidos, como se velhos odres pudessem conter o vinho novo. Há que esperar melhores tempos, sem pessimismos excessivos, com a certeza de que a reação chega inevitavelmente a certa hora: os homens superiores a esperam custodiando sua dignidade e trabalhando para seu ideal. Quando a mediocracia esgota os últimos recursos de sua incompetência, naufraga. A catástrofe devolve seu lugar ao mérito e reclama a intervenção do gênio.

O mesmo encalhe mediocrático contribui para restaurar, de tempo em tempo, as forças vitais de cada civilização. Há uma *vis medicatrix naturae* que corrige o envilecimento das nações: a formação intermitente de sucessivas aristocracias do mérito.

O privilégio desaparece e a direção moral da sociedade volta às melhores mãos. Respeita-se sua legitimidade, enaltecem-se essas raras qualidades individuais que implicam a orientação original para novos e fecundos ideais. Todo renascimento se anuncia pelo respeito às diferenças, pelo seu culto. A mediocridade cala, impotente; sua hostilidade torna-se frouxa, ainda que inúmera. Se tivesse voz rebaixaria o mérito mesmo, outorgando-lhe o nível da terra. Do que é útil a todos, não sabe decidir a maioria; nunca foi o rotineiro juiz do idealista, nem o ignorante do sábio, nem o desonesto do virtuoso, nem o servil do digno. Toda excelência encontra seu juiz em si mesma. O mérito de cada um se aquilata na opinião dos seus iguais.

Há aristocracia natural quando o esforço das mentes mais aptas converge a guiar os comuns destinos da nação. Não é prerrogativa dos engenhosos mais agudos, como queriam alguns, em cujo ouvido ressoa como um eco essa "aristocracia intelectual", que foi a quimera de Renan. Na aristocracia do mérito corresponde tanta parte à virtude e ao caráter como à inteligência; de outro modo seria incompleta e seu esforço ineficaz.

Um regime em que o mérito individual fosse estimado por sobre todas as coisas, seria perfeito. Excluiria qualquer influência numérica ou oligárquica. Não haveria interesses criados. O voto anônimo teria tão exíguo valor como o brasão fortuito. Os homens se esforçariam por ser cada vez mais desiguais entre si, preferindo qualquer originalidade criadora à mais tradicional de todas as rotinas.

O HOMEM MEDÍOCRE

Seria possível a seleção natural e os méritos de cada um aproveitariam à sociedade inteira. O agradecimento dos menos úteis estimularia os favorecidos pela natureza. As sombras respeitariam os homens. O privilégio medir-se-ia pela eficácia das aptidões e perder-se-ia com elas.

Transparente é, pois, o credo que em política poderia sugerir-nos o idealismo fundado na experiência.

Opõe-se à democracia quantitativa, que busca a justiça na igualdade, afirmando o privilégio em favor do mérito.

E à aristocracia oligárquica, que assenta o privilégio nos interesses criados, opõe-se da mesma forma, afirmando o mérito como base natural do privilégio.

A aristocracia do mérito é o regime ideal, frente às duas mediocracias que ensombram a história. Tem sua fórmula absoluta: "a justiça na desigualdade".

Capítulo VIII
Os Forjadores de Ideais

1. O clima do gênio

A desigualdade é a força e a essência de toda seleção. Não há dois lírios iguais, nem duas águias, nem dois urucuzeiros, nem dois homens: tudo o que vive é incessantemente desigual. Em cada primavera florescem umas árvores antes do que outras, como se fossem preferidas pela Natureza que sorri ao sol fecundante; em certas etapas da história humana, quando se plasma um povo, cria-se um estilo ou formula-se uma doutrina, alguns homens excepcionais antecipam sua visão à de todos, concretizam-na em um ideal e a expressam de tal maneira, que perdura nos séculos. Arautos, a humanidade os escuta; profetas, acredita neles; capitães, segue-os; santos, imita-os. Enchem uma era ou assinalam uma rota; semeando algum germe fecundo em novas verdades, pondo sua firma em destinos de raças, criando harmonias, forjando belezas.

A genialidade é uma coincidência. Surge como uma chispa luminosa no ponto onde se encontram as mais excelentes aptidões de um homem e a necessidade social de aplicá-las ao desempenho de uma missão transcendental. O homem extraordinário apenas ascende à genialidade se encontra clima propício: a semente melhor necessita da terra mais fecunda. A função reclama o órgão: o gênio faz atual o que em seu clima é potencial.

220 José Ingenieros

Nenhum filósofo, estadista, sábio ou poeta alcança a genialidade enquanto em seu meio se sente exótico ou inoportuno;[1] necessita de condições favoráveis de tempo e de lugar para que sua aptidão se converta em função e marque uma época na história. O ambiente constitui o "clima" do gênio e a oportunidade marca sua "hora". Sem eles, nenhum cérebro excepcional pode elevar-se à genialidade; mas, um ou outro não bastam para criá-la. Nascem muitos gênios excelentes em cada século. Um entre cem, encontra tal clima e tal hora que o destinam fatalmente à culminação: é como se a boa semente caísse em terreno fértil e em vésperas de chuva. Esse é o segredo de sua glória: coincidir com a oportunidade que necessita dele. Entreabre-se e cresce, sintetizando um Ideal implícito no porvir iminente ou remoto: pressentindo-o, intuindo-o, ensinando-o, iluminando-o, impondo-o.

A obra do gênio não é fruto exclusivo da inspiração individual, nem pode mirar-se como um feliz acidente que torce o curso da história; convergem para ele as aptidões pessoais e circunstâncias infinitas. Quando uma raça, uma arte, uma ciência ou um credo preparam seu advento ou passam por uma renovação fundamental, o homem extraordinário aparece, personificando novas orientações dos povos ou das idéias. Anuncia-as como artista ou profeta, desentranha-as como inventor ou filósofo, empreende-as como conquistador ou estadista. Suas obras lhe sobrevivem e permitem reconhecer sua marca, através do tempo. É retilíneo e incontrastável: voa e voa, superior a todos os obstáculos, até alcançar a genialidade. Chegando fora da hora, esse homem viveria inquieto, flutuante, desorientado; seria sempre intrinsecamente um gênio, poderia che-

---

[1] Remete-nos, essa passagem, à lenda de Jonas na barriga da baleia. Intranqüilo no barco, sentindo-se estranho àquele ambiente, Jonas, após o naufrágio, é engolido por uma baleia, dentro da qual passa três dias e três noites (compare os três dias em que Jesus esteve na "mansão dos mortos": o mito se assemelha em tudo). Depois, é expelido pelo respiradouro e retorna ao seu vilarejo como herói. (N.T.)

O Homem Medíocre

gar ao talento se se acomodasse a algumas de suas vocações adventícias, mas não seria um gênio enquanto não lhe correspondesse esse nome pela obra realizada. Não poderia sê-lo desde que lhe falta a oportunidade em seu ambiente.

Outorgar esse título a quantos decolem por determinada aptidão, significa considerar idênticos todos os que se elevam sobre a mediania; é tão inexato como chamar de idiotas a todos os homens inferiores. O gênio e o idiota são os termos extremos da escala infinita. Por havê-lo olvidado, causam riso as estatísticas e as conclusões de alguns antropólogos. Reservemos o título a poucos eleitos. São animadores de uma época, transfundindo-se algumas vezes, em sua geração e com mais freqüência nas sucessivas, herdeiras legítimas de suas idéias ou de seu impulso.

A bajulação prodigaliza com mãos cheias o título de gênio aos poderosos; imbecis existem que se atribuem tal qualidade. Há, sem embargo, uma medida para apreciar a genialidade: se é legítima, reconhece-se pela sua obra, funda em suas raízes e vasta em sua florada. Se poeta, canta um ideal; se sábio, o define, se santo, o ensina; se herói, o executa.

Podemos reconhecer em um homem jovem as mais conspícuas aptidões para alcançar a genialidade; mas é difícil determinar um prognóstico em relação às circunstâncias, que serão ou não favoráveis às suas obras. Enquanto não as vemos, toda apreciação é caprichosa. Por isso, e porque certas obras geniais não se realizam em minutos, senão em anos, um homem de gênio pode passar desconhecido em seu tempo e ser consagrado pela posteridade. Os contemporâneos não costumam marcar o passo na mesma cadência do gênio; mas, se este cumpriu o seu destino, uma nova geração estará habilitada para compreendê-lo.

Em vida, muitos homens de gênio são ignorados, proscritos, subestimados ou escarnecidos. Na luta pelo êxito podem triunfar os medíocres, pois se adaptam melhor às modas ideológicas reinantes; para a glória apenas contam as obras inspiradas por um ideal e consolidadas pelo tempo, que é onde triunfam os gênios. Sua vitória não depende da homenagem transitória que podem outorgar-lhe ou negar-lhe os demais, senão de sua própria capacidade para cumprir a sua missão. Duram apesar de tudo, ainda que Sócrates ingira cicuta, Cristo morra na cruz e Bruno agonize na fogueira: foram os órgãos vitais de funções necessárias na história dos povos ou das doutrinas. Ao gênio, ademais, reconhece-se pela remota eficácia de seu esforço ou de seu exemplo, mais do que pelas frágeis sanções dos contemporâneos.

***

A magnitude da obra genial se calcula pela vastidão de seu horizonte e a extensão de suas aplicações. Nisto se quis fundar certa hierarquia das diversas ordens de gênios, considerados como aperfeiçoamentos extraordinários do intelecto e da vontade.

Nenhuma classificação é justa. Variando o clima e a hora, pode ocorrer a aparição de uma ou outra ordem de genialidade, de acordo com a função social que a suscita; e, sendo a mais oportuna, é sempre a mais fecunda. Convém renunciar a toda estratificação hierárquica dos gênios, afirmando sua diferença e admirando-os por igual: além de certo nível, todas as alturas são excelsas.[2] Ninguém, se não fossem eles mesmos, poderia crer-se habilitado para decretar-lhes níveis e desníveis. Eles se despreocupam destas ninharias; o problema é insolúvel por definição.

Nem hierarquia nem espécies: a genialidade não se classifica. O homem que a alcança é o abandeirado de um ideal. Sempre é

---

[2] Existe um termo *pali* para essa condição: *akanittha.* Entre os Devas *(Maruts),* não há inferior ou superior. Entre os Conhecedores, não há qualquer distinção hierárquica. Cf. Coomaraswamy, *Methaphysics,* edited by Roger Lipsey, Princenton, 1977, p. 265. (N.T.)

O Homem Medíocre

definitivo: é um objetivo na evolução de seu povo ou de sua arte. As histórias, às dúzias, costumam ser crônicas de capitães e conquistadores; as outras formas de genialidade entram nelas como simples acidentes. E não é justo. Homero, Michelangelo, Cervantes e Goethe viveram em seus séculos mais altos que os imperadores; por cada um deles se mede a grandeza de seu tempo. Marcam datas memoráveis, personificando aspirações imanentes de seu clima intelectual. O golpe de asas é tão necessário para sentir ou pensar um credo como para predicá-lo ou executá-lo: todo Ideal é uma síntese. As grandes transmutações históricas nascem como vidências líricas de gênios artísticos, transfundem-se na doutrina de pensadores e realizam-se pelo esforço de estadistas; a genialidade torna-se função nos povos e floresce em circunstâncias irremovíveis, fatalmente.

A exegese do gênio seria enigmática se se limitasse a estudar a biologia dos homens geniais. Esta apenas revela alguns mecanismos de sua aptidão e nem sempre evidentes. Alguns pesquisam seus antepassados, remontando, se podem, nos séculos, por muitas gerações, até juntar um punhado de loucos e degenerados, como se a conjunção dos sete pecados capitais pudesse estalar uma chispa que acendesse o Ideal de uma época. Isso é converter em doutrina uma superstição, dar o nome de ciência a sofismas enganosos. Nem por isso veremos neles simples produtos do meio, olvidando seus singulares atributos. Nem um nem outro. Se tal homem nasce em um clima e chega em tal hora oportuna, sua aptidão preexistente, apropriada a ambos, desenvolve-se até a genialidade.

O gênio é uma força que atua em função do meio.

***

Prová-lo é fácil.

Duas vezes a morte e a glória deram-se as mãos sobre um cadáver argentino. A primeira foi quando Sarmiento se apagou no horizonte da cultura continental; a segunda foi quando apagaram-se, em Ameghino, as fontes mais profundas de nossa ciência. Poucas tumbas, como as suas, viram florescer e entrelaçar-se ao mesmo tempo o cipreste e o laurel, como se no piscar crepuscular de suas vidas se acendessem lâmpadas votivas consagradas à glorificação eterna de seu gênio.

Merecem tal nome; cumpriram uma função social, realizando obra decisiva e fecunda. Ninguém poderá pensar na educação nem na cultura deste continente, sem evocar o nome de Sarmiento, seu apóstolo e semeador; nem pode mente alguma a ele se comparar, entre os que o sucederam no governo e na educação. No desenvolvimento de doutrinas evolucionárias, marcam um rito as concepções de Ameghino; será impossível não advertir a marca de seu passo, e quem o olvide renunciará a conhecer muitos domínios da ciência explorados por ele.

Sarmiento foi o gênio pragmático. Ameghino foi o gênio criador.

2. Sarmiento

Seus pensamentos foram fachos de luz na penumbra da barbárie americana, entreabrindo a visão de coisas futuras. Pensava em tão alto estilo que parecia ter, como Sócrates, algum demônio familiar que alucinasse sua inspiração. Ciclope em sua faina, vivia obcecado pelo afã de educar; essa idéia gravitava em seu espírito como os grandes astros incandescentes no equilíbrio celeste, subordinando à sua influência todas as massas menores de seu sistema cósmico.

Tinha a clarividência do ideal e havia eleito seus meios: organizar, civilizando; elevar, educando. Todas as fontes foram escassas para saciar sua sede de aprender; todas as aversões foram exíguas para coibir sua inquietude de ensinar. Erguido e viril sempre, com a bandeira de seus próprios ideais, seguiu a rota por onde

O HOMEM MEDÍOCRE 225

guiara o destino, prevendo que a glória se mostra em auroras fecundadas pelos sonhos dos que miram mais longe. A América o esperava. Quando urge construir ou transmudar, forma-se o clima do gênio: sua hora soa como fatídico convite a preencher uma página de luz. O homem extraordinário revela-se na aurora, como se obedecesse a uma predestinação irrevogável.

***

Facundo é o clamor da cultura moderna contra o crepúsculo feudal. Criar uma doutrina justa vale ganhar uma batalha para a verdade; mais custa pressentir um ritmo de civilização que realizar uma conquista. Um livro é mais do que uma intenção: é um gesto. Todo ideal pode servir-se com o verbo profético. A palavra de Sarmiento parece baixar de um Sinai. Proscrito no Chile, o homem extraordinário enquadra, por então, seu espírito, no duplo marco da cordilheira muda e do mar clamoroso.

Chegam até ele gemidos de povos que incham de angústia seu coração: parecem sombrear o céu taciturno de sua fronte, inquietada por um relampagueio de profecias. A paixão acende as dantescas fornalhas em que forja suas páginas e elas retumbam com sonoridade plutoniana em todos os âmbitos de sua pátria. Para medir-se, busca o maior inimigo, Rosas, que era também genial na barbárie de seu meio e de seu tempo: por isso existem ritmos apocalípticos nas apóstrofes de *Facundo,* assombroso manual que parece um vôo de águia, lançado sobre os cumes mais conspícuos do planeta.

Seu verbo é anátema: tão forte é o grito que, por momentos, a prosa se enrouquece. A veemência cria seu estilo, tão seu que, sendo castiço, não parece espanhol. Sacode todo um continente com a simples força de sua pena, adiamantada pela santificação do perigo e do desterro. Quando um ideal se plasma em um alto espírito, bastam gotas de tinta para fixá-lo em páginas decisivas; e

226 José Ingenieros

elas, como se em cada linha levassem uma chispa de incêndio devastador, chegam ao coração de milhares de homens, desorbitam suas rotinas, acendem suas paixões, polarizam sua aptidão em direção ao sonho nascente. A prosa do visionário vive: palpita, agride, comove, derruba, aniquila. Em suas frases, dir-se-ia que se retorce a alma da nação inteira, como uma avalanche. Um livro, fruto de imperceptíveis vibrações cerebrais do gênio, torna-se tão decisivo para a civilização de uma raça como a irrupção tumultuosa de infinitos exércitos.

E seu verbo é sentença: resta ferida mortalmente uma era de barbárie, simbolizada em um nome próprio. O gênio se enaltece assim para falar, intérprete da história. Suas palavras não admitem retificação e escapam à crítica. Os poetas deveriam pedir seus ritmos às marés do Oceano para louvar liricamente a perenidade do gesto magnífico: *Facundo!*

***

Disse primeiro. Fez depois...

A política pôs à prova sua firmeza: grande hora foi aquela em que seu Ideal se converteu em ação.

Presidiu a República contra a intenção de todos: obra de um destino benéfico. Acima viveu batalhando como abaixo, sempre agressor e agredido. Cumpria uma função histórica. Por isso, como o herói do romance, seu trabalho foi a luta, seu descanso batalhar.

Manteve-se alheio e superior a todos os partidos, incapazes de contê-lo. Todos dele reclamavam e o repudiavam alternadamente: nenhum, grande ou pequeno, podia ser toda uma geração, todo um povo, toda uma raça, e Sarmiento sintetizava uma era em nossa latinidade americana. Seu acercamento das fac-

O Homem Medíocre 227

ções, compostas por amálgamas de subalternos, tinha reservas e reticências, simples inquirições em direção a um fim claramente previsto, para cuja consecução necessitou ensaiar todos os meios. Gênio executor, o mundo lhe parecia pequeno para abarcá-lo entre seus braços; apenas pôde ser seu o lema inequívoco: "as coisas devem ser feitas; mal, mas devem ser feitas".

Nenhuma empresa lhe pareceu indigna de seu esforço; em todas levou como única tocha seu Ideal. Haveria preferido morrer de sede antes que saciá-la no manancial da rotina. Michelangelesco escultor de uma nova civilização, teve sempre livres as mãos para modelar instituições e ideais, livres de cenáculos e de partidos, livres para golpear tiranias, para aplaudir virtudes, para semear verdades aos punhados. Entusiasta da Pátria, cuja grandeza soube mirar como a de uma própria filha, foi também impiedoso com seus vícios, cauterizando-os com a benéfica crueldade de um cirurgião.

A unidade de sua obra é profunda e absoluta, não obstante as múltiplas contradições nascidas pelo contraste de sua conduta com as oscilações circunstanciais de seu meio. Entre alternativas extremas, Sarmiento conservou a linha de seu caráter até a morte. Sua maturidade seguiu a orientação de sua juventude; chegou aos oitenta anos aperfeiçoando as originalidades que havia adquirido aos trinta. Equivocou-se inúmeras vezes, tantas como apenas podem ser concebidas em um homem que viveu pensando sempre. Mudou mil vezes de opinião nos detalhes, porque nunca deixou de viver; mas, jamais desviou a pupila do que era essencial em sua função. Seu espírito selvagem e divino iluminava como um farol, com alternativas perturbadoras. Era um mundo que se obscurecia e se alumbrava com sossego: incessante sucessão de amanheceres e de crepúsculos fundidos no todo uniforme do tempo. Em certas épocas, pareceu nascer de novo em cada aurora; soube oscilar até o infinito sem deixar nunca de ser ele mesmo.

Mirou sempre em direção ao porvir, como se o passado estivesse morto às suas costas; o ontem não existia, para ele, diante do amanhã. Os homens e povos em decadência vivem relembrando aonde vivem; os homens geniais e os povos fortes apenas necessitam saber aonde vão. Viveu inventando doutrinas ou forjando instituições, criando sempre, em contínua reviravolta de imaginação criadora. Nunca teve paciências resignadas, nem essa imitativa mansidão do que se acomoda às circunstâncias para vegetar tranqüilamente. A adaptação social depende do equilíbrio entre o que se inventa e o que se imita; enquanto o homem vulgar é imitativo e se adapta perfeitamente, o homem de gênio é criador e com freqüência inadaptado. A adaptação é mediocrizadora; rebaixa o indivíduo aos modos de pensar e de sentir que são comuns à massa, borrando suas características propriamente pessoais. Poucos homens, ao finalizarem sua vida, livram-se dela; muitos costumam ceder quando os mecanismos do espírito sentem a ferrugem da velhice. Sarmiento foi uma exceção. Havia nascido "assim" e quis viver como era, sem descolorir-se no semitom dos demais.

Aos setenta anos coube-lhe ser a bandeira da última guerra civil movida pelo espírito colonial contra a afirmação dos ideais argentinos: na *La Escuela Ultrapampeana,* escrita às pressas, encerra-se o ciclo do pensamento civilizador iniciado com *Facundo.* Nestas horas cruéis, quando os fanáticos e os mercadores o agrediam para desbaratar seus ideais de cultura laica e científica, em vão havia intentado, Sarmiento, rebelar-se contra seu destino. Uma fatalidade incontrastável o havia eleito porta-voz de seu tempo, fustigando-o a perseverar sem trégua até a borda mesmo da tumba. Em pleno vigor da velhice, seguiu pensando por si mesmo, sempre alerta para investir contra os que depenavam a asa de seus grandes sonhos: havia ousado desmantelar a tumba mais gloriosa, se houvesse percebido qualquer esperança de que algo ressuscitaria das cinzas.

Havia gestos de águia prisioneira nos desequilíbrios de Sarmiento. Foi "inatual" em seu meio; o gênio importa sempre uma antecipação. Sua originalidade pareceu raiar o desvario. Houve nele, certamente, um desequilíbrio: mas não era intrínseco à sua personalidade, senão extrínseco, entre ela e seu meio. Sua

O Homem Medíocre 229

inquietação não era inconstância, seu labor não era agitação. Seu gênio era uma suprema cordura em tudo o que seus ideais tocavam; parecia o contrário, por contraste com a névoa de mediocridade que o envolvia.

Tinha as desordens que a vida moderna faz sofrer a todos os caracteres militantes; mas a revelação mais indubitável de sua genialidade está na eficácia de sua obra, apesar dos aparentes desequilíbrios. Personificou a maior luta entre o passado e o porvir do continente, assumindo com excesso a responsabilidade de seu destino. Nada lhe perdoaram os inimigos do Ideal que ele representava; tudo lhe exigiram os partidários. O maior equilíbrio possível no homem comum é exíguo comparado com o que necessita ter o gênio: aquele suporta um trabalho igual a um e este empreende-o equivalente a mil. Para isto necessita de uma rara firmeza e de uma absoluta precisão executiva. Onde os outros sofrem vertigens, os gênios escalam; cobram maior pujança quando aumentam as borrascas; parecem águias planando em sua atmosfera natural.

A incompreensão destes detalhes fez com que em todo tempo se atribuísse a insânia à genialidade de tais homens, concretizando-se, ao final, a já conhecida hipótese de seu parentesco com a loucura, cômoda de se aplicar a quantos se elevam sobre os comuns processos do raciocínio rotineiro e da atividade doméstica. Todavia, olvida-se que inadaptado não quer dizer alienado; o gênio não poderia admitir a adaptação à mediocridade.

O culto ao acomodado e ao convencional, deleite para os sujeitos insignificantes, implica apresentar os grandes criadores como predestinados à degeneração ou ao manicômio. É falso que o talento e o gênio povoem os asilos; se enlouquecem, por acaso, dez homens excelentes, encontram-se ao seu lado um milhão de espíritos vulgares: os alienistas estudarão a biografia dos dez e ignorarão a do milhão. E, para enriquecer seus catálogos de gênios enfermos, incluirão em suas listas os homens engenhosos, quando não os simples desequilibrados intelectuais, que são "imbecis com a libré do gênio".

Os homens como Sarmiento podem animar-se pela excessiva função que desempenham; os ignorantes confundem sua paixão com a loucura. Não obstante, julgados na evolução das raças e dos grupos sociais, eles culminam como casos de aperfeiçoamento ativo, em benefício da civilização e da espécie. O devir humano apenas aproveita os originais. O desenvolvimento de uma personalidade genial importa uma variação sobre os caracteres adquiridos pelo grupo; ela incuba novas e distintas energias, que são o começo de linhas de divergência, forças de seleção natural. A desarmonia de um Sarmiento é um progresso, suas discordâncias são rebeliões contra as rotinas, contra os pré-juízos, contra as domesticidades.

Loucura implica sempre desagregação, desequilíbrio, solução de continuidade; com breve esclarecimento, refutou Bovio, o celebrado sofisma. O gênio se abstrai; o alienado se distrai. A abstração ausenta dos demais, a distração ausenta de si mesmo. Cada processo ideativo é uma série; em cada série há um termo médio e um processo lógico; entre as diversas séries há saltos e faltam os termos médios. O gênio, movendo-se reto e rápido dentro de uma mesma série, abrevia os termos médios e descobre a reação distante; o louco, saltando de uma série à outra, privado de termos médios, disparata em vez de razoar. Essa é a aparente analogia entre gênio e loucura; parece que no movimento de ambos faltaram os termos médios; mas, a rigor, o gênio voa, enquanto o louco salta. Um subentende muitos termos médios, o outro não vê nenhum. No gênio, o espírito se ausenta dos demais; na loucura, se ausenta de si mesmo. "A sublime loucura do gênio é, pois, relativa ao vulgo; este, frente ao gênio, não é cordato nem louco: é simplesmente a mediocridade, ou seja, a meia lógica, a meia alma, o meio caráter, a religiosidade convencional, a moralidade acomodada, a politicagem corriqueira, o idioma usual, a nulidade de estilo".

A ingenuidade dos ignorantes tem parte decisiva na confusão. Eles acolhem com facilidade a insídia dos invejosos e proclamam loucos os melhores homens de seu tempo. Alguns se livram desta marca: são aqueles cuja genialidade é discutível, aos quais

O HOMEM MEDÍOCRE

são concedidos apenas alguns talentos especiais em grau excelso. Não acontece assim com os indiscutíveis, que vivem em luta perpétua, como Sarmiento. Quando começou a envelhecer, seus próprios adversários aprenderam a tolerá-lo, ainda que sem o gesto magnânimo de uma admiração agradecida. Seguiram chamando-lhe "o louco Sarmiento".

***

O louco Sarmiento! Essas palavras ensinam mais que cem livros sobre a fragilidade do juízo social. Cabe desconfiar dos diagnósticos formulados pelos contemporâneos sobre os homens que não concordam com marcar o passo nas filas; as medianias, surpreendidas por resplendores inusitados, apenas atinam a justificar-se, frente a eles, recorrendo a epítetos despectivos. Convém confessar essa grande culpa: nenhum americano ilustre sofreu mais burlas de seus concidadãos. Não há vocábulo injurioso que não tenha sido empregado contra ele; era tão grande que não bastou o dicionário inteiro para difamá-lo diante da posteridade. As retorções da inveja destilaram as mais esquisitas quinta-essências; conheceu todas as obliqüidades dos astutos e todas as esquivas dos impotentes. A caricatura o mordeu até sangrar, como a nenhum outro: o lápis teve, volta a volta, firmezas de estilete e matizes de peçonha. Como as serpentes que estrangulam Laocoonte na obra mestre de Belveder, mil tentáculos subalternos e anônimos acossaram sua titânica personalidade, robustecida pela luta.[3]

Os espíritos vulgares apertavam Sarmiento por todas as partes, com a força do número, irresponsáveis diante do porvir. E ele marchava sem contar os inimigos, desbordante e hostil, ébrio de batalhar em uma atmosfera grávida de tempestades, semeando to-

---

[3] Como dizia Nietzsche, "o que não me mata me fortalece". (N.T.)

232 JOSÉ INGENIEROS

dos os ventos, em todas as horas, em todos os sulcos. Depreciava o motejo dos que não o compreendiam; a evidência do juízo póstumo era o único lenitivo às feridas com que seus contemporâneos o prodigalizavam.[4] Sua vida foi um perpétuo florescimento de esperanças em um matagal de espinhos.

Para conservar intactos seus atributos, o gênio necessita de períodos de recolhimento; o contato prolongado com a mediocridade desaponta as idéias originais e corrói os caracteres mais adamantinos. Por isso, com freqüência, toda superioridade é um desterro. Os grandes pensadores tornam-se solitários,[5] parecem proscritos em seu próprio meio. Mesclam-se a ele para combater ou predicar, um tanto excêntricos quando não hostis, sem entregar-se nunca totalmente aos governantes nem às multidões. Muitos gênios eminentes, colhidos pela maré coletiva, perdem ou atenuam sua originalidade, obscurecidos pela sugestão do meio; os pré-juízos mais arraigados no indivíduo subsistem e prosperam; as idéias novas, por serem aquisições pessoais de recente formação, aminguam. Para defender suas folhas mais ternas, o gênio busca isolamentos parciais em seus invernáculos próprios. Se não quer se nivelar demasiado, necessita, de tempo em tempo, olhar-se por dentro, sem que essa defesa de sua originalidade equivalha a uma misantropia. Leva consigo as palpitações de uma época ou de uma geração, que são sua finalidade e sua força: quando se retira, enaltece-se. Desde o cimo formula, com firme claridade, aquele sentimento, doutrina ou esperança que em todos se incuba surdamente. Nele adquirem

---

[4] Como disse Dom Quixote a Sancho Pança, "as feridas havidas no campo de batalha, Sancho irmão, antes dão honra aos cavaleiros que a tiram". (N.T.)
[5] Veja-se, por exemplo, o americano Henry David Thoreau, que deixou a civilização para viver em uma pequena cabana inserida num bosque. Dizia ele sobre a solidão em seu *Walden:* "... no meio de uma fina chuva, enquanto alguns pensamentos sobre a solidão me inundavam, eu deparei subitamente com a agradável sensação da vida na Natureza... uma infinita e incontável amizade a sustentar-me, fazendo as graciosas vantagens da vida em sociedade insignificantes..." (capítulo 5, resumido; N.T.)

O Homem Medíocre   233

claridade meridiana os confusos rumores que serpenteiam na inconsciência de seus contemporâneos. Tal, mais que em nenhum
outro gênio da história, se plasmou em Sarmiento, o conceito da
civilização de sua raça, na hora em que preludiava o surgir de nacionalidades novas entre o caos da barbárie. Para pensar melhor,
Sarmiento viveu só entre muitos, ora expatriado, ora proscrito dentro de seu país, europeu entre argentinos e argentino no estrangei-
ro, provinciano entre portenhos e portenho entre provincianos. Disse
Leonardo que é destino dos homens de gênio estar ausentes em
todas as partes.

Vivem mais alto e fora do turbilhão comum, desconcertando
os seus contemporâneos. São inquietos: a glória e o repouso nunca
foram compatíveis. São apaixonados: dissipam os obstáculos como
os primeiros raios de sol derretem a neve caída em uma noite prima-
veril. Na adversidade, não fraquejam: redobram sua pujança, instru-
em-se. E seguem atrás de seu Ideal, afligindo uns, compadecendo-se
de outros, adiantando-se a todos, sem rendição, tenazes como se
fosse lema seu o velho adágio: apenas está vencido o que assim o
confessa. Nisto finca sua genialidade. Essa é a loucura divina que
Erasmo elogiou em suas páginas imortais e que a mediocridade atirou
no rosto do grande varão que honra todo um continente. Sarmiento
parecia agigantar-se sob o fio dos machados.

3. Ameghino

Sua pupila soube ver na noite, antes que amanhecesse para
todos. Revelou e acreditou: foi a sua missão. O mesmo que
Sarmiento, chegou Ameghino em seu clima e em sua hora. Por singular coincidência, ambos foram mestres de escola, autodidatas,
sem título universitário, formados fora da urbe metropolitana, em
contato imediato com a natureza, alheios a todos os rebaixamentos
exteriores da mentira mundana, com as mãos livres, a cabeça livre,
o coração livre, as asas livres. Dir-se-ia que o gênio floresce me-

lhor nas regiões solitárias, acariciado pelas tormentas, que são sua atmosfera própria; destrói-se nos invernáculos do Estado, em suas universidades domesticadas, em seus laboratórios bem rentáveis, em suas academias fossilizadas e em seu funcionamento hierárquico. Falta-lhe ali o ar livre e a plena luz do sol, que apenas dá a natureza: o adestramento precoce afrouxa os mecanismos da imaginação criadora e desaponta as melhores originalidades. O gênio nunca foi uma instituição oficial.

A vasta obra de Ameghino, em nosso continente e em nossa época, tem os caracteres de um fenômeno natural. Por que um homem, em Luján, dá por juntar ossos de fósseis e os embaralha entre seus dedos, como um naipe composto com milhares de séculos, e acaba por pedir a essas mudas testemunhas a história da terra, da vida, do homem, como se obrasse por predestinação ou fatalidade?

Tinha que ser um gênio argentino, porque nenhum outro ponto da superfície terrestre contém uma fauna fóssil comparável à nossa; tinha que ser em nosso século, porque lhe haveria faltado o conjunto das doutrinas evolucionárias que lhe servem de fundamento; não poderia ser antes de agora, porque o clima intelectual do país não foi propício a isto até que o fecundou o apostolado de Sarmiento; e tinha que ser Ameghino, e nenhum outro homem de seu tempo. Qual outro reunia em tão alto grau sua aptidão para a observação e a análise, sua capacidade para a síntese e a hipótese, sua resistência para o enorme esforço prolongado durante tantos anos, seu desinteresse por todas as vaidades que fazem do homem um funcionário, mas matam o pensador?

Nenhuma convergência de rotinas detém o gênio em sua oportunidade. Ainda que sejam forças todo-poderosas, porque obram contínua e surdamente, o gênio as domina: antes ou depois, mas em dominá-las radica a realização de sua obra. As resistências, que desalentam o medíocre, são seu estímulo; cresce à sombra da inveja alheia. A sociedade pode conspirar contra ele, congre-

O HOMEM MEDÍOCRE 235

gando em seu desfavor a detração e o silêncio. Segue seu caminho, luta, sem cair, sem extraviar-se, dionisiacamente seguro. O gênio, por sua definição, não fracassa nunca. O que não criou não é gênio, não chegou a sê-lo, foi uma ilusão dissipada. Não quer isto dizer que viva do êxito, senão que sua marcha em direção à glória é fatal, apesar de todos os contrastes. O que se detém prova a impotência para marchar. Algumas vezes o homem genial vacila e se interroga ansiosamente sobre o próprio destino: quando mordem seu calcanhar, os invejosos; ou quando o bajulam, os hipócritas. Todavia, em duas circunstâncias se ilumina ou se liberta: na hora da inspiração e na hora da diatribe. Quando descobre uma verdade, parece que em suas pupilas brilha uma luz eterna; quando admoesta os envilecidos, dir-se-ia que refulge em sua fronte a soberania de uma geração.

Firme e serena vontade necessitou Ameghino para cumprir sua função genial. Sem sabê-lo e sem querê-lo ninguém cria coisas que valham ou durem. A imaginação não basta para dar vida à obra: a vontade a engendra. Neste sentido – e em nenhum outro – o desenvolvimento da aptidão nativa requer "uma larga paciência" para que o engenho se converta em talento ou se enalteça em genialidade. Por isso os homens excepcionais têm um valor moral e são algo mais do que objetos de curiosidade: "merecem" a admiração que se lhes professa. Se sua aptidão é um dom da natureza, desenvolvê-la implica um esforço exemplar. Por mais que seus germes sejam instintivos e inconscientes, as obras não se fazem sozinhas. O tempo é aliado do gênio; o trabalho completa as iniciativas da inspiração. Os que sentiram o esforço de criar sabem o que custa. Determinado o Ideal, há que ser realizado: na raça, na lei, no mármore, no livro. A magnitude da tarefa explica por que, havendo tantos engenhos, é tão escasso o número de obras mestres. Se a imaginação criadora é necessária para concebê-las, requer-se, para executá-las, outra rara virtude: a virtude tenaz que Newton batizou como simples paciência, sem medir os absurdos corolários de seu aforismo.

Não diremos, pois, que a imaginação é supérflua e secundária, atribuindo ao gênio o que foi virtude de bois no simbolismo mitológico. Não. Sem aptidões extraordinárias, a paciência não produz um Ameghino. Um imbecil, em cinqüenta anos de constância, apenas conseguirá fossilizar sua imbecilidade. O homem de gênio, no tempo que dura um relâmpago, define seu Ideal; depois, toda sua vida, marcha atrás dele, perseguindo a quimera entrevista.

As aptidões essenciais são nativas e espontâneas; em Ameghino, revelaram-se por uma precocidade de "engenho" anterior a toda experiência. Isso não significa que todos os precoces possam chegar à genialidade, nem sequer ao talento. Muitos são desequilibrados e costumam esgotar em plena primavera; poucos aperfeiçoam suas aptidões até convertê-las em talento; rara vez coincidem com a hora propícia e ascendem à genialidade. Apenas é gênio quem as converte em obra luminosa, com essa fecundidade superior que implica alguma madurez; os mais belos dons requerem ser cultivados, como as terras férteis necessitam ser aradas. Estéreis resultam os espíritos brilhantes que desdenham todo esforço, tão absolutamente estéreis como os imbecis laboriosos; não dá colheitas o campo fértil não trabalhado, nem as dá o campo estéril, por mais que seja arado.

Esse é o profundo sentido moral do paradoxo que identifica o gênio com a paciência, ainda que sejam inadmissíveis seus corolários absurdos. A mesma significação originária da palavra gênio pressupõe algo como uma inspiração transcendental. Tudo o que cheira a cansaço, não sendo fadiga de vôo veloz, é a antítese do gênio. Apenas se justifica a suprema homenagem deste título àquele cujas obras denunciam menos o esforço do contínuo que uma espécie de dom imprevisto e gratuito, algo que opera sem que ele o saiba, pelo menos com uma força e um resultado que excedam suas intenções ou fadigas. Para gregos e latinos, "gênio" queria dizer "domínio"; era aquele espírito que acompanha, guia ou inspira cada homem desde o berço até a tumba, Sócrates teve o mais

O Homem Medíocre 237

famoso. Com a acepção que hoje se dá, universalmente, à palavra "gênio", os antigos não tiveram nenhuma; para expressá-la, antepunham ao substantivo "engenho" um adjetivo que exprimisse sua grandeza ou culminação.

***

Não é lícito denominar gênios a todos os homens superiores. Há tipos intermediários. Os modernos distinguem o homem de gênio do homem de talento, mas olvidam a aptidão inicial de ambos: o "engenho", ou seja, uma capacidade superior à mediana. Apresenta uma graduação infinita, e cada um de seus graus é susceptível de ser educado infinitamente. Permanece na maioria estéril e desorganizado, sem implicar sequer talento. Este último é uma perfeição alcançada por poucos, uma originalidade particular, uma síntese de coordenação, culminante e excelsa, sem ser por isso equivalente ao gênio. Rara vez a máxima intensificação do engenho cria, pressagia, realiza ou inventa; apenas, então, adquire significação social e ascende à genialidade, como no caso de Ameghino. A espécie, sendo exígua, representa infinitas variedades: tantas, quase, como exemplares.

Haveria ligeireza de método e de doutrina em não distinguir as mentes superiores, a ponto de catalogar como gênios muitos homens de talento e ainda certos engenhos desequilibrados, que são sua caricatura. Ensaiou Nordau uma certa diferenciação de tipos. Chama gênio ao homem que cria novas formas de atividade não empreendidas antes por outros ou desenvolve de um modo inteiramente próprio e pessoal atividades já conhecidas; e talento ao que pratica formas de atividade, geral ou freqüentemente praticadas por outros, melhor que a maioria dos que cultivam essas mesmas aptidões. Este juízo diferencial é discreto, pois toma em conta a obra realizada e a aptidão do que a realiza. O homem de engenho implica um desenvolvimento orgânico primitivamente superior: O homem de talento adquire por exercício uma integral excelência de certas disposições que em seu ambiente possui a maioria dos sujeitos normais. Entre a inteligência e o talento apenas há uma diferença quantitativa, que é qualitativa entre o talento e o gênio.

Não é assim, ainda que pareça ser. O talento implica, em algum sentido, certa aptidão inicial verdadeiramente superior, que a educação faz culminar em seu próprio gênero. Dentre essas mentes preclaras, algumas chegarão à genialidade se assim o determinam circunstâncias extrínsecas: sua obra revelará se tiveram funções decisivas na vida ou na cultura de seu povo.

A obra de Ameghino é criadora: isso a caracteriza. Uma imensa fauna paleontológica permanecia envolta em mistério antes que ele a revelasse à ciência moderna e formulasse uma teoria geral para explicar suas migrações nos séculos remotos. Criar é inventar, como expressou Voltaire. O gênio revela-se por uma aptidão na vida social, nas ciências, nas artes, nas virtudes; em tudo se manifesta com antecipações audazes, com uma facilidade espontânea para salvar os obstáculos entre as coisas e as idéias, com uma firme segurança para não se desviar de seu caminho. Em certos casos descobre o novo; em outros acerca-se do remoto e percebe relações entre as coisas distantes, como o definiu Ampère. Não consiste simplesmente em inventar ou descobrir: as invenções que se produzem por casualidade, sem ser expressamente pensadas, não requerem aptidões geniais. O gênio descobre o que escapa à reflexão de séculos ou gerações, induz leis que expressam uma relação inesperada entre as coisas, assinala pontos que servem de centro a mil desenvolvimentos e abre caminhos no infinito conhecimento da natureza.

Em que consiste então? Não é sopro divino, não é demônio, não é enfermidade? Nunca. É mais simples e mais excepcional ao mesmo tempo. Mais simples, porque depende de uma complicada estrutura do cérebro e não de entidades fantás-

O Homem Medíocre 239

ticas; mais excepcional, porque o mundo pulula de enfermos e rara vez se anuncia um Ameghino.

***

Quanto melhor cerebrado está o homem, tanto mais alta e magnífica é sua função de pensar. Ignora-se, todavia, o mecanismo íntimo dos processos intelectuais superiores. Acompanha-os, sem dúvida, modificações nas células nervosas: câmbios de posição e permutas químicas muito complicadas. Para compreendê-las deveríamos conhecer as atividades moleculares e suas relações, além da histologia exata e completa dos centros cerebrais. Isto não basta: são enigmas a natureza da atividade nervosa, as transformações de energia que determina, no momento em que nasce, durante o tempo em que se propaga e enquanto se produzem os fenômenos que acompanham a complexíssima função de pensar. Os conhecimentos científicos distam deste limite. Sem embargo, enquanto a química e a fisiologia permitem acercar-se do fim, existe já a certeza de que esta, e nenhuma outra, é a via para explicar as aptidões supremas de um gênio em função de seu meio.

Nascemos diferentes; há uma variadíssima escala desde o idiota até o gênio. Nasce-se em uma zona deste espectro, com aptidões subordinadas à estrutura e à coordenação das células que intervêm na elaboração do pensamento; a herança concorre a dar um sistema nervoso, agudo ou obtuso, segundo os casos. A educação pode aperfeiçoar essas capacidades ou aptidões quando existem; não pode criá-las, quando faltam: Salamanca não as empresta.

Cada um dispõe da sensibilidade própria de seu aperfeiçoamento nervoso; os sentidos são a base da memória, da associação, da imaginação; de tudo. É o ouvido que faz o músico; o olho leva a mão do pintor. O poder de conceber está subordinado ao de perceber: cada homem tem a memória e a imaginação que correspondem às suas percepções predominantes. A memória não faz o gênio, ainda que não o estorve; mas ela, e o raciocínio circunscrito aos seus dados, não criam nada superior ao real que percebemos. A fecundidade criadora requer o concurso da imaginação, elemento necessário para se sobrepor à realidade algum Ideal. Quando, pois, define-se o gênio como "um grau esquisito da sensibilidade nervosa", enuncia-se a mais importante de suas condições; mas a definição é incompleta. A sensibilidade é o complexo instrumento posto ao serviço das aptidões imaginativas, ainda que estas, em última análise, não possam se formar senão sobre os dados desta mesma sensibilidade.

Nos gênios estéticos é evidente a superintendência da imaginação sobre os sentidos: não é menor nos gênios especulativos como Ameghino, e nos gênios pragmáticos, como Sarmiento. Graças a ela são concebidos os problemas, adivinhadas as soluções, inventadas as hipóteses, estabelecidas as experiências, multiplicadas as combinações. Há imaginação na paleontologia de Ameghino, como na física de Ampère e na cosmologia de Laplace; ela também é patente na visão civilizadora de Sarmiento e na política de César e de Richelieu. Tudo o que leva a marca do gênio é obra da imaginação, seja um capítulo do Quixote ou um pára-raios de Franklin; isso para não falar dos sistemas filosóficos, tão absolutamente imaginativos como as criações artísticas. Mais ainda; muitos são poemas, e seu valor costuma medir-se pela imaginação de seus criadores.

Em toda a gestão de sua doutrina, a genialidade de Ameghino se traduz por uma absoluta unidade e continuidade do esforço, que é a antítese da loucura. Também a ele foi atribuída a condição de louco, sobretudo em sua juventude. Com simpatia risonha, recordava as burlas de vizinhos e crianças da sua escola, quando o viam caminhar, enxada ao ombro, em direção às margens do Luján; para essas mentes simples, tinha que estar louco esse mestre, que passava dias inteiros cavando a terra e desenterrando ossos de animais estranhos, como se algum delírio o transformasse em coveiro de idades extintas. Variando ambientes sem se assimilar a qualquer um, conseguiu passar mais despercebido e atenuar sua reputação de inadaptado.

O Homem Medíocre   241

Basta ler sua imensa obra – centenas de monografias e de
volumes – para compreender que apenas apresente os desequilíbrios
inerentes à sua exuberância. Seus descobrimentos, grandes e úteis,
nunca foram adivinhados ao acaso nem na inconsciência, senão por
uma vasta elaboração; não foram frutos de um cérebro carcomido
pela herança ou pelos tóxicos, senão de engrenagens perfeitamente
treinadas; não ocorrências, senão colheitas de semeaduras prévias;
jamais casualidades, senão claramente previstos e anunciados.

O gênio é uma alta harmonia; necessita sê-lo. É absurdo supor caídos, sob o baixo nível comum, esses mesmos que a admiração dos séculos coloca por cima de todos. As obras geniais apenas
podem ser realizadas por cérebros melhores que os demais; o processo de criação, ainda que tenha fases inconscientes, seria impossível sem uma clarividência de sua finalidade. Antes de se improvisar
em horas de ócio, opera-se após largas meditações e é oportuno,
chegando a tempo de servir como premissa ou ponto de partida para
novas doutrinas e corolários. Nunca tal equilíbrio da obra genial será
mais evidente que na de Ameghino: se tivéssemos que julgar por ela,
o gênio se nos apresentaria como uma tendência ao sistemático equilíbrio entre as partes de um novo estilo arquitetônico.

Isto não exclui que a degeneração e a loucura possam coe-
xistir com a imaginação criadora, afetando especiais domínios da mente
humana; mas a capacidade para a síntese mais vasta não necessita
ser desequilíbrio nem insanidade. Nenhum gênio o foi por sua loucura; alguns, como Rousseau, o foram apesar dela; muitos, como
Nietzsche, foram, pela enfermidade, submergidos na sombra.

***

Ameghino, à parte de todos os que pensam muito e intensamente, se contradisse muitas vezes nos detalhes, ainda que sem
perder nunca o sentido de sua orientação global. Quando as circunstâncias convêm a isso, o gênio especulativo nasce reto desde

sua origem, como um raio de luz que nada torce ou apaga. Basta ouvi-lo para reconhecê-lo: todas as suas palavras concorrem a explicar um mesmo pensamento, por meio de cem contradições nos detalhes e de mil alternativas na trajetória; parecem apalpadelas para melhor delimitar o caminho, sem romper a coerência da obra total; é essa harmonia da síntese que escapa aos espíritos subalternos. Ameghino converge a um fim por todos os senderos; nada o desvia. Olha alto e longe, vai diretamente, sem as prudências que travam o passo às medianias, sem se deter diante dos mil interrogatórios que de todas as partes o acossam, ansiosos por distraí-lo da Verdade, que lhe aponta alguma abertura por entre seu escuro véu.

A verdadeira contradição, a que esteriliza o esforço e o pensamento, reside na descoordenada heterogeneidade que assola as obras dos medíocres. Vivem, estes, com o pesadelo do juízo alheio e falam com ênfase para que muitos os escutem ainda que não os entendam; em seu cérebro aninham-se todas as ortodoxias, não se atrevendo a bocejar sem metrônomo. Contradizem-se, forçados pela circunstância: os rotineiros seriam supremas luminosidades se estas fossem julgadas pela simples incongruência. Para assinalar o ponto de intersecção entre duas teorias, duas crenças, duas épocas ou duas gerações, requer-se um supremo equilíbrio. Nas pequenas contingências da vida ordinária, o homem vulgar pode ser mais astuto e hábil; mas nas grandes horas da evolução intelectual e social, tudo deve esperar-se do gênio. E apenas dele.

Seria absurdo dizer que a genialidade é infalível, não existindo verdades imperfectíveis; cem retificações poderão ser feitas na obra de Ameghino, e muito especialmente em suas hipóteses sobre o sítio de origem da espécie humana. Os gênios podem se equivocar, costumam se equivocar, convém que se equivoquem. Suas criações falsas resultam utilíssimas pelas correções que provocam, as investigações que estimulam, as paixões que acendem, as inércias que removem. Os homens medíocres equivocam-se de maneira vulgar; o gênio, ainda quando se perde, acende uma chispa, e em seu fugaz alumbramento se entrevê alguma coisa ou verdade não suspeitada antes. Não é menor Platão pelos seus erros,

O Homem Medíocre   243

nem tampouco Shakespeare ou Kant. Nos gênios que se equivocam há uma viril firmeza que a todos impõe respeito. Enquanto os
contemporizadores ambíguos não despertam grandes admirações,
os homens firmes obrigam a homenagem de seus próprios adversários. Há mais valor moral em crer firmemente uma ilusão própria,
que em aceitar tibiamente uma mentira alheia.

4. A moral do gênio

O Gênio é excelente por sua moral, ou não é gênio. Todavia,
sua moralidade não se pode medir com preceitos correntes nos catecismos; ninguém mediria a altura do Himalaia com fitas métricas de
bolso. A conduta do gênio é inflexível com respeito aos seus ideais. Se
busca a verdade, tudo sacrifica por ela. Se procura a beleza, nada o
desvia. Se o bem, vai reto e seguro por sobre todas as tentações. E se
é um gênio universal poliédrico, o verdadeiro, o belo e o bom unificam-
se em sua ética exemplar, que é um culto simultâneo por todas as excelências, por todas as idealidades. Como foi em Leonardo e em Goethe.

Por isso é raro. Exclui toda inconseqüência com respeito ao
ideal: a moralidade para consigo mesmo é a negação do gênio. Por ela
se descobrem os desequilibrados, os gananciosos e os simuladores. O
gênio ignora as artes da escalada e as indústrias da prosperidade material. Na ciência busca a verdade, tal como a concebe; esse afã lhe basta
para viver. Nunca tem alma de funcionário. Sobreleva heroicamente
sua pobreza sem assaltar os cofres públicos, sem vender seus livros
aos governos, sem viver de favores e de prebendas, ignorando essa
técnica dos falsos gênios oficiais que simulam o mérito para medrar à
sombra do Estado. Vive como é, buscando a Verdade e decidido a
não torcer um milésimo dela. O que pode domesticar suas convicções
não é, não pode ser nunca, absolutamente, um homem genial.

Nem o é, tampouco, o que concebe um bem e não o pratica.
Sem unidade moral não há gênio. O que predica a verdade e transige

com a mentira, o que predica a justiça e não é justo, o que predica a piedade e é cruel, o que predica a lealdade e atraiçoa, o que predica o patriotismo e o explora, o que predica o caráter e é servil, o que predica a dignidade e se arrasta, todo aquele que usa duplicidades, intrigas, humilhações, esses mil instrumentos incompatíveis com a visão de um ideal, esse não é gênio, está fora da santidade: sua voz se apaga sem eco, não repercute no tempo, como se ressoasse no vazio.

O portador de um ideal vai por caminhos retos, sem reparar que sejam ásperos e abruptos. Não transige nunca movido por vil interesse; repudia o mal quando concebe o bem; ignora a duplicidade; ama na Pátria todos os concidadãos e sente vibrar, na própria, a alma de toda a humanidade; tem sinceridades que dão calafrios aos hipócritas de seu tempo e diz a verdade em tão pessoal estilo que apenas pode ser palavra sua; tolera, nos demais, erros sinceros, recordando os próprios; encrespa-se diante de baixezas, pronunciando palavras que têm ritmos apocalípticos e eficácia de catapulta; crê em si mesmo e em seus ideais, sem pactuar com os pré-juízos e os dogmas de quantos o acossam com furor, de todos os lados. Tal é a culminante moralidade do gênio. Cultiva em grau supremo as mais altas virtudes sem se preocupar de carpir na selva magnífica os malefícios que concentram as preocupações dos espíritos vulgares.

Os gênios ampliam sua sensibilidade na proporção em que elevam sua inteligência; podem subordinar os pequenos sentimentos aos grandes, os próximos aos remotos, os concretos aos abstratos. Então os homens de miras estreitas os supõem sem amor, apáticos, céticos. E se equivocam. Sentem, melhor que todos, o humano. O medíocre limita seu horizonte afetivo a si mesmo, à sua família, aos seus camaradas, à sua facção; mas não sabe estendê-lo até a Verdade ou a Humanidade, que apenas pode apaixonar ao gênio. Muitos homens dariam sua vida para defender sua seita; são raros os que se viram imalados conscientemente por uma doutrina ou por um ideal.

***

O Homem Medíocre 245

A fé é a força do gênio. Para se imanar uma era, é preciso amar seu ideal e transformá-lo em paixão: "golpeia teu coração, que nele está teu gênio", escreveu Stuart Mill, antes que Nietzsche. A intensa cultura não entibia os visionários: sua vida inteira é uma fé em ação. Sabem que os caminhos mais escarpados levam mais alto. Nada empreendem que não estejam decididos a concluir. As resistências são espoletas que os incitam a perseverar; ainda que nuvens de ceticismo escureçam seu céu, são, em definitivo, otimistas e crentes: quando sorriem, facilmente se adverte a áscua crepitante sob sua ironia. Enquanto o homem sem ideais rende-se na primeira escaramuça, o gênio se apodera do obstáculo, provoca-o, cultiva-o, como se nele pusesse seu orgulho e sua glória: com igual veemência a chama acossa o objeto que a obstrui, até acendê-lo, para engrandecer-se a si mesma.

A fé é a antítese do fanatismo. A firmeza do gênio é uma suprema dignidade do próprio Ideal; a falta de crenças solidamente cimentadas converte o medíocre em fanático. A fé se confirma no choque com as opiniões contrárias; o fanatismo teme vacilar diante delas e intenta afogá-las, enquanto agonizam suas velhas crenças. Saulo persegue os cristãos, com sanha proporcional ao seu fanatismo; mas, quando o novo credo se afirma em Paulo, a fé o alenta, infinita; ensina e não persegue, predica e não amordaça. Morre ele pela sua fé, mas não mata; fanático, haveria vivido para matar. A fé é tolerante: respeita as crenças próprias nas alheias. É simples confiança em um Ideal e na suficiência das próprias forças; os homens de gênio se mantêm crentes e firmes em suas doutrinas, melhor do que em puros dogmas ou mandamentos. Permanecem livres das superstições vulgares e com freqüência as combatem: por isso os fanáticos os supõem incrédulos, confundindo seu horror à comum mentira com a falta de entusiasmo pelo próprio Ideal. Todas as religiões reveladas podem permanecer alheias à fé do homem virtuoso. Nada há mais estranho à fé que o fanatismo. A fé é de visionários e o fanatismo de servos. A fé é chama que acende e o fanatismo é uma renúncia. A fé é uma afirmação individual de alguma verdade própria e o fanatismo é uma conjura de hostes para afogar a verdade dos demais.

***

Frente à domesticação do caráter que rebaixa o nível moral das sociedades contemporâneas, toda homenagem aos homens de gênio que sacrificaram sua vida pela Liberdade e pela Ciência, é um ato de fé em seu porvir: apenas neles se podem tomar exemplos morais que contribuam com o aperfeiçoamento da Humanidade. Quando alguma geração se sente enfartada de chatice, de duplicidade, de servilismo, tem que buscar nos gênios de sua raça os símbolos de pensamento e de ação que a estimulem a novos esforços.

Todo homem de gênio é a personificação suprema de um Ideal. Contra a mediocridade, que assedia os espíritos originais, convém fomentar seu culto; robustecer as asas nascentes. Os mais altos destinos se cultivam no caldeirão da admiração. Pôr a própria fé em algum sonho, apaixonadamente, com a mais profunda emoção, é ascender aos cumes onde vive a glória. Ensinando a admirar o gênio, a santidade, o heroísmo, preparam-se climas próprios ao seu surgimento.

Os ídolos de cem fanatismos morreram no curso dos séculos, e forçoso é convir que outros morrerão, implacavelmente ceifados pelo tempo.

Há algo humano, mais duradouro que a supersticiosa fantasmagoria do divino: o exemplo das altas virtudes. Os santos da moral idealista não fazem milagres: realizam magnas obras, concebem supremas belezas, investigam profundas verdades. Enquanto existem corações que acalentem um afã de perfeição, serão comovidos por tudo o que revela fé em um Ideal: pelo canto dos poetas, pelo gesto dos heróis, pela virtude dos santos, pela doutrina dos sábios, pela filosofia dos pensadores.